DIE EAT-CLEAN-DIÄT

DAS GROSSE

EAT-CLEAN

KOCHBUCH

DAS ORIGINAL

Für meine treuen
Eat-Clean-Fans, die mehr wollten
und es jetzt bekommen!

Die Eat-Clean-Bewegung
gäbe es ohne euch nicht!

TOSCA RENO

DIE EAT-CLEAN-DIÄT

DAS GROSSE EAT-CLEAN KOCHBUCH

DAS ORIGINAL

Mehr als
150 Rezepte

südwest

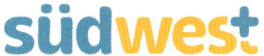

Inhalt

Einführung

WAS BRINGT EATING CLEAN?

Millionen von Menschen in der westlichen Welt sind übergewichtig, wenn nicht sogar fettleibig, und viele davon versuchen, ihre überschüssigen Pfunde mit immer neuen Diäten zu bekämpfen. Laut der Fachzeitschrift *Journal of the American Medical Association* sind 65 Prozent aller Nordamerikaner zu dick. Auch in Europa grassiert die Fettleibigkeit – eine Entwicklung, die laut Hochrechnungen der WHO dazu führt, dass im Jahr 2030 mehr als die Hälfte der Frauen und zwei Drittel der Männer an Übergewicht leiden werden. Wir stecken mitten in der *globesity*-Krise (dieser von der WHO geprägte Begriff setzt sich zusammen aus *global* und *obesity* = Fettleibigkeit). Das Problem ist dabei gar nicht so sehr das Gewicht selbst, das die Menschen mit sich herumschleppen, sondern das, was auf mikroskopischer Ebene im Körper passiert. Übergewicht macht anfällig für eine Reihe von Krankheiten, darunter Diabetes, Osteoporose, Arthritis, Bluthochdruck, Herzkrankheiten, Schlaganfälle, hormonelles Ungleichgewicht und vieles mehr.

Wenn Sie jemals eine Diät gemacht haben, kennen Sie die verschiedenen Phasen, die man dabei durchläuft: anfangen, hungern, aufhören. Und womöglich hatten Sie danach in kürzester Zeit wieder die gleichen Pfunde auf den Hüften, die Sie während der Diät verloren haben – vielleicht sogar mehr. Das nennt man dann Jo-Jo-Effekt. Was man daraus lernt? Die meisten Diäten funktionieren nicht. Fast niemand hält sie langfristig durch – dafür sind sie viel zu qualvoll.

Und genau hier kommt Eating Clean ins Spiel. Ich selbst bin der lebende Beweis dafür, dass diese Art von Lebensstil funktioniert. Mit 40 Jahren wog ich knapp unter 100 Kilo und war eine durchschnittlich deprimierte Hausfrau in der amerikanischen Vorstadt. Mit Eating Clean verlor ich 35 Kilo und landete als Model auf der Titelseite der Fitnesszeitschrift *Oxygen*. Ich konnte kaum glauben, wie fantastisch ich mich plötzlich fühlte – voller Energie, Vitalität und Selbstbewusstsein. Und ich kam mir nicht länger vor wie eine (mittel-)alte Schachtel. Freunde, die mich eine Weile nicht mehr gesehen hatten, behaupteten, ich sähe 20 Jahre jünger aus.

Zugegeben: Anfangs war ich skeptisch, wie einem sechs Mahlzeiten täglich dabei helfen sollten abzunehmen. Eine solche Diät hatte ich nie zuvor gemacht. Und es fühlte sich auch nicht wie eine Diät an, denn ich war niemals hungrig. Bis dato waren Diäten in meiner Vorstellung fest verknüpft mit dem Verzicht auf alles Essbare – mit Ausnahme von Sellerie und Karotten. Irgendwann war dann der Hunger nicht mehr auszuhalten und der Fressanfall unvermeidlich.

Inzwischen halte ich mein neues Gewicht schon seit einigen Jahren. In all dieser Zeit musste ich mich nie mit einem knurrenden Magen und Heißhungerattacken herumschlagen. Ich habe mein Essverhalten unter Kontrolle und weiß genau, was ich essen kann und was mir guttut. Es ist wundervoll, nicht mehr im Nebel gesunder Ernährung herumzustochern, sondern mithilfe von Eating Clean den täglichen Speiseplan ganz bewusst zu gestalten. *Das große Eat-Clean-Kochbuch* bietet Ihnen jeden Tag aufs Neue Unterstützung und Inspiration auf Ihrem Weg in ein schlankes Leben.

Clean Eating wird Sie aber nicht nur dabei unterstützen, schlank zu werden (oder zu bleiben) – auch Ihre Gesundheit, Ihr Energieniveau und Ihr Aussehen werden sich massiv verbessern. Ich lasse bei meiner Hausärztin einmal jährlich eine Kontrolluntersuchung durchführen. Seit ich mit der Eat-Clean-Diät begonnen habe, haben sich meine Blutwerte kontinuierlich verbessert; der beste Beweis für den gesundheitlichen Nutzen einer cleanen Ernährungsweise. Meine Triglyceridwerte, mein LDL-Cholesterin, mein Blutdruck und mein Blutzucker – all diese Werte sind gesunken. Meine Ärztin war baff. Inzwischen sind meine Testergebnisse so gut, dass sie in den Standardtabellen gar nicht mehr vorgesehen sind. Ich freue mich über meine

guten Blutwerte genau so wie früher über eine Eins im Zeugnis – nur immer her damit! Mein Vater starb bereits mit 64 Jahren an einem Herzinfarkt, also viel zu jung. Spätestens seit diesem Tag weiß ich, wie schwerwiegend – wie tödlich – eine ungesunde Ernährungsweise sein kann. Ich wünsche mir für mich, meine Kinder und meine Enkeltochter ein langes, gesundes Leben. Ich will keinen einzigen Tag früher abtreten, als Gott es geplant hat, und deshalb halte ich mich an die Clean-Eating-Grundsätze.

Heutzutage geraten viele Menschen in Panik, wenn sie selbst etwas kochen sollen. Aus lauter Angst, etwas falsch zu machen, oder auch, weil ihnen schlicht die Zeit fehlt zum Kochen, greifen sie lieber zu Fertiggerichten oder höchstens noch zur Nudelpackung. Oder sie bestellen sich lieber gleich eine Pizza oder gehen nach der Arbeit schnell in ein Fast-Food-Lokal. Seit ich damals den Dokumentarfilm *Super Size Me* (ein echter Augenöffner) gesehen habe, esse ich keine Chicken Nuggets mehr und möchte auch Ihnen dringend davon abraten.

Mit dem großen *Eat-Clean-Kochbuch* werden Planung und Zubereitung von gesunden Gerichten zum Kinderspiel. Blättern Sie fürs Erste einfach durch das Buch und merken Sie ein paar Seiten ein mit all den Rezepten, die

Sie auf den ersten Blick besonders ansprechen. Oder überlassen Sie diese Aufgabe Ihren Kindern. Fangen Sie heute noch an und zelebrieren Sie ab sofort Tag für Tag die cleane Küche.

Ich wünsche mir, dass Sie Ihr Essen wieder richtig genießen. Zelebrieren Sie Ihre Mahlzeiten zusammen mit Familie und Freunden, probieren Sie bewusst neue Lebensmittel aus. Gehören Sie zu denen, die meinen, gesundes Essen schmecke nach Pappkarton? Wenn Sie nach dem großen *Eat-Clean-Kochbuch* kochen, werden Sie Ihre Meinung ändern. Und das Beste ist: Sie lernen, sich nährstoffreich zu ernähren, und entdecken Ihren Körper neu – den, der unter einer dicken Schicht schlechter Essgewohnheiten begraben ist.

Ein Kochbuch, das mit cleanen Rezepten gefüllt ist, ist wie eine Lebensversicherung. Sie halten damit die Regeln und Erkenntnisse in der Hand, die Ihnen zu mehr Gesundheit und einem besseren Leben verhelfen. Ich bin mir sicher, dass Ihnen die Gerichte ebenso gut

gefallen werden wie mir. Die Zubereitung ist einfacher, als Sie zunächst vielleicht denken, und der Geschmack ist phänomenal, allein schon deshalb, weil Sie natürliche, vollwertige und cleane Lebensmittel verarbeiten. Nach den Clean-Eating-Prinzipien zu kochen macht Spaß und ist eine lohnende Aufgabe, weil Sie echte Nahrung statt leerer Kalorien auf den Tisch bringen. Selbst meine Töchter stehen gerne mit mir zusammen in der Küche, wenn sie zu Besuch sind, um eine cleane Mahlzeit zuzubereiten. Bei Fischstäbchen und Fertigpizza rümpfen sie ohnehin längst die Nase. Stattdessen fragen sie zum Beispiel nach meiner **Tomaten-Fenchel-Suppe** (S. 101). Am Sonntagmorgen binden wir uns alle eine Schürze um, stellen den Herd an und bereiten ein Familienfrühstück zu mit **Haferporridge** (S. 42), **Smoothies** (S. 34, 45) oder **schmackhaften Gemüsewaffeln** (S. 37). Wir sind eine echte Clean-Eating-Familie!

Ihre Tosca Reno

Clean-Eating-Grundsätze

Egal ob Sie zu dünn oder zu dick sind: Ihr optimales Gewicht erreichen Sie dann, wenn Sie mehr essen. Richtig gehört! Aber Sie müssen das Richtige essen, nämlich cleane und gesunde Lebensmittel. Nachstehend finden Sie die Grundsätze meiner Eat-Clean-Diät. Kopieren Sie sich diese Seite und kleben Sie die Kopie an Ihre Kühlschranktür oder den Küchenschrank, sodass Sie sich die Grundsätze immer wieder vergegenwärtigen können, bis sie Ihnen in Fleisch und Blut übergegangen sind.

- Essen Sie täglich fünf bis sechs kleine Mahlzeiten.
- Essen Sie alle zwei bis drei Stunden etwas.
- Lassen Sie niemals eine Mahlzeit aus, vor allem das Frühstück nicht.
- Beziehen Sie komplexe Kohlenhydrate, Ballaststoffe, Vitamine und Enzyme aus frischem Obst, Gemüse und Vollkorn.
- Nehmen Sie bei jeder Mahlzeit eine Kombination aus fettarmen Proteinen und komplexen Kohlenhydraten zu sich.
- Nehmen Sie täglich ausreichend gesunde Fette (essenzielle Fettsäuren) zu sich (zwei bis drei Portionen).
- Meiden Sie gesättigte Fettsäuren und Transfette.
- Meiden Sie alle hochkalorischen Nahrungsmittel mit geringem oder ohne Nährwert.
- Meiden Sie alle übermäßig verarbeiteten Nahrungsmittel, insbesondere Weißmehl und Zucker.
- Trinken Sie täglich zwei bis drei Liter Wasser.
- Verzichten Sie auf zuckerhaltige Getränke.
- Verzichten Sie möglichst auf Alkohol oder tun Sie Ihr Bestes, um den Konsum einzuschränken.
- Halten Sie sich an angemessene Portionsgrößen – keine Supersize-Menüs!
- Packen Sie jeden Tag eine Kühlbox mit cleanen Lebensmitteln und nehmen Sie sie mit.

DIE WICHTIGSTEN EAT-CLEAN-GRUNDSÄTZE KURZ ERKLÄRT

Im Folgenden finden Sie eine kurze Erklärung zu den wichtigsten Prinzipien meiner Eat-Clean-Diät. Wenn Sie mehr zu den Hintergründen einer cleanen Ernährungsweise wissen wollen oder sich fragen, wie Sie die Prinzipien in Ihren Alltag integrieren können, empfehle ich Ihnen mein Buch *Die Eat-Clean-Diät.*

MEHR ESSEN: SECHS KLEINE MAHLZEITEN AM TAG

Der beste Weg, um abzunehmen, ist nicht, dass Sie weniger essen – im Gegenteil. Statt drei oder weniger Mahlzeiten nehmen Sie ab sofort sechs Mahlzeiten am Tag zu sich. Warum man damit abnimmt? Einerseits kurbelt die permanente Versorgung mit Nährstoffen den Stoffwechsel an, andererseits verhindern Sie dadurch, dass Sie allzu hungrig werden. Verwechseln Sie aber nicht das häufigere Essen mit der Erlaubnis, alles in sich hineinzustopfen, was Ihnen in die Finger kommt. Es geht darum, die richtigen Nahrungsmittel in angemessenen Mengen häufiger zu essen, sodass Hungerattacken keine Chance haben. Jede Mahlzeit sollte dem Stoffwechsel einheizen und möglichst nur nährstoffreiche, cleane Lebensmittel enthalten.

FRÜHSTÜCKEN SIE JEDEN TAG

Wohl jeder hat schon einmal auf das Frühstück verzichtet in dem Glauben, dadurch abzunehmen. Zunächst erscheint das sinnvoll. Wer weniger Kalorien zu sich nimmt, sollte rein rechnerisch gesehen Gewicht loswerden. Aber der Mensch ist nicht das Ergebnis einer Gleichung. Jeder ist ein Unikat, und wie der Körper funktioniert, variiert von Mensch zu Mensch.

Die erste Mahlzeit des Tages verhilft uns zu einer besseren Nährstoffaufnahme, und es ist nachgewiesen, dass Frühstücksfreunde im Lauf des Tages weniger ungesunde Lebensmittel zu sich nehmen als Menschen, die morgens fasten.

BEZIEHEN SIE KOMPLEXE KOHLENHYDRATE, VITAMINE UND BALLASTSTOFFE AUS FRISCHEM OBST, GEMÜSE UND VOLLKORN

Kohlenhydrate sind heute das, was vor ein paar Jahren das Fett war: Teufelszeug! Lassen Sie sich davon nicht einschüchtern: Für einen besseren Kohlenhydratkonsum ist entscheidend, dass es zwei verschiedene Arten davon gibt: einfache (schlechte) Kohlenhydrate, die in Zucker und verarbeiteten Lebensmitteln enthalten sind, und komplexe (gute) Kohlenhydrate, die in Vollkornprodukten stecken. Kohlenhydrate aus Obst und Gemüse gehören zwar zum einfachen Typ, lassen sich wegen ihrer Vorteile aber zur Gruppe der komplexen zählen, da sie natürlich und mit wertvollen Vitaminen, Nährstoffen und Enzymen kombiniert vorkommen. Der darin enthaltene Fruchtzucker zählt zwar zu den einfachen Kohlenhydraten, aber die ebenfalls darin enthaltenen Pflanzenfasern (Ballaststoffe) bremsen die Kohlenhydrataufspaltung so, dass der Blutzuckerspiegel nicht rasant ansteigt.

Einfache Zuckerarten zehren den Körper aus. Einfachzucker entziehen ihm nicht nur B-Vitamine, sondern greifen auch die Knochen an, indem sie die sensible Kalzium-Phosphor-Balance in Knochen und Zähnen stören. Sie richten verheerende Schäden im Zusammenspiel der Hormone bei der Verdauung an, indem sie den Blutzuckerspiegel extrem hochtreiben. Dieser muss dann mit viel Insulin wieder gesenkt werden. Ist das Insulin nicht mehr in der Lage, mit der schieren Masse an raffiniertem Zucker mitzuhalten, sind Fettpolster, Adipositas, alle Arten von Diabetes, Herzleiden, Hirnschläge und Krebs die Folgen.

Am anderen Ende des Spektrums stehen die komplexen Kohlenhydrate, die der Körper langsam verarbeitet. Während sie sich ihren Weg den trägen Fluss im Darm hinunterbahnen, passiert einiges, um diese Kohlenhydrate aufzuspalten. Sie enthalten Ballaststoffe, die wir nur sehr langsam verdauen können, weshalb wir uns nach dem Verzehr komplexer Kohlenhydrate noch lange satt fühlen. Je länger es dauert, die Kohlenhydrate aufzuspalten, desto langsamer und flacher ist der Anstieg des Blutzuckerspiegels und desto langsamer und sanfter fällt die Insulinantwort aus.

KOMBINIEREN SIE ZU JEDER MAHLZEIT FETTARME PROTEINE UND KOMPLEXE KOHLENHYDRATE

Fette, Proteine und Kohlenhydrate sind die Makronährstoffe, aus denen der Körper seine Energie bezieht. Um optimal zu funktionieren, benötigt er alle drei Nahrungsbestandteile.

Wenn Sie sich nach den Grundsätzen meiner Eat-Clean-Diät ernähren, nehmen Sie bei jeder Mahlzeit Proteine zu sich. Proteine werden zum Aufbau fettarmer Muskelmasse benötigt, aber auch zum Auf- und Umbau aller anderen Gewebe im Körper. Ohne Proteine läuft nichts im Körper! Bevorzugen Sie hochwertige Eiweißquellen wie Nüsse, Samen, Hülsenfrüchte, Quinoa, Tofu, Geflügel, Rind, Eier und Fisch.

Komplexe Kohlenhydrate sind ballaststoffreich und fördern die Verdauung. Sie versorgen uns mit Energie, machen uns satt und zufrieden und stabilisieren den Blutzuckerspiegel.

Wenn wir zu jeder Mahlzeit fettarme Proteinquellen mit komplexen Kohlenhydraten kombinieren, bleiben wir lange satt und im Körper wird die Verarbeitung von Kohlenhydraten zu Fett verlangsamt. Proteine können nur in Kombination mit komplexen Kohlenhydraten aus Vollkorn, Früchten und Gemüse gut vom Körper aufgenommen werden. Achten Sie also darauf, Proteinquellen clever zu kombinieren!

WIE VIEL PROTEIN SOLL MAN ESSEN?

Bei vielen Diäten müssen Sie irgendwelche komplizierten Berechnungen durchführen, um Ihren Eiweißbedarf zu ermitteln. Dabei wird aber nicht berücksichtigt, dass ein durchschnittlicher Mensch maximal 25 Gramm Protein pro Mahlzeit aufnehmen kann. Wenn Sie mehr essen, werden diese zusätzlichen Kalorien als Fett gespeichert, so wie es bei überschüssigen Kalorien aus anderen Hauptnährstoffen ebenfalls der Fall ist.

Die wahre Kunst besteht also darin, zu erkennen, worin 25 Gramm Protein enthalten sind.

BEISPIELE FÜR 25 GRAMM PROTEIN		
Lebensmittel	Menge, die 25 Gramm Protein ergibt	Anzahl Kalorien
Eier, nur das Eiweiß	5–7 Eiweiß	115
Eier, ganz	3 Eier	280
Fettarmer Joghurt	480 ml	220
Fettarmer Hüttenkäse	240 ml	115
Molkeproteinpulver	28 g	128
Sojaproteinpulver	28 g	112
Tofu	300 g	274
Putenbrust ohne Haut	112 g	122
Hühnerbrust ohne Haut	112 g	125

BEISPIELE FÜR 25 GRAMM PROTEIN		
Lebensmittel	Menge, die 25 Gramm Protein ergibt	Anzahl Kalorien
Lachs	112 g	234
Thunfisch	112 g	132
Bison	112 g	253
Mageres Rinderfilet	112 g	240
Quinoa	600 g (gekocht)	509
Mandeln oder Pinienkerne	90 g	621
Sojabohnen/ Edamame	60 g	254
Naturbelassene Erdnussbutter	6 EL	600
Mandelbutter	6 EL	570
Linsen	300 g (gekocht)	345

ESSEN SIE GENÜGEND GESUNDE FETTE

Lange Zeit war Fett das schwarze Schaf der Ernährungswelt. Als Wissenschaftler eine Verbindung zwischen gesättigten Fettsäuren und Herzerkrankungen entdeckten, stempelten sie Fett als Killer ab und arbeiteten fortan daran, eine chemisch erzeugte „gesunde" Alternative herzustellen – die Geburtsstunde der Transfette. Inzwischen ist bekannt, dass Transfette ein üblerer Krankmacher sind, als jedes Stückchen Butter und jede Speckschwarte es je sein könnten. Was man heute ebenfalls weiß: Fette sind für uns lebensnotwendig. Es kommt auf die Art und Menge an, in der wir Fett zu uns nehmen.

Die besten Fette liefern fettreiche Kaltwasser- und magere Warmwasserfische. Zu den Ersteren zählen Saibling, Lachs, Heilbutt und Forelle, zu den Letzteren Goldmakrele, Wahoo, Red Snapper, Tilapia (Buntbarsch), Zackenbarsch und noch viele mehr. Abgesehen von Fisch finden sich gesunde Fette in den Nüssen, Samen, Kernen und Ölen vieler Pflanzen, unter anderem von Sonnenblumen, Avocados, Oliven, Erdnüssen und Raps sowie in einigen Gemüsesorten (siehe auch Seite 288 f.).

TRINKEN SIE REICHLICH WASSER

Wasser sollte bei jeder Ihrer sechs täglichen Mahlzeiten auf dem Plan stehen. Es ist die Grundlage allen Lebens. Unser Körper besteht zu 75 Prozent aus Wasser, wovon der Großteil in der Haut steckt, unserem größten Organ. Wasser ist unabdingbar für die Zellfunktionen auf allen Ebenen, es hilft, die Körpertemperatur zu regulieren, hält die Gelenke beweglich und das Gewebe elastisch.

Wenn Sie das Bedürfnis Ihres Körpers nach Wasser ignorieren, kann es leicht passieren, dass Sie Trinken durch Essen ersetzen. Sie verwechseln also Ihren Hunger nach Wasser mit einem Hunger nach Festem. Umgekehrt gilt chronische Dehydrierung als Ursache von Fettleibigkeit. Die Lösung? Trinken Sie mehr Wasser! Versuchen Sie, über den Tag verteilt etwa zehn Gläser zu trinken oder mindestens zwei bis drei Liter.

HALTEN SIE ANGEMESSENE PORTIONSGRÖSSEN EIN

Gehören Sie zu denjenigen, die jahrelang zu große Mengen hochverarbeiteter Lebensmittel in sich hineingeschaufelt haben? Dann ist es im ersten Moment gar nicht so einfach abzuschätzen, wann eine Portionsgröße angemessen ist. In der japanischen Präfektur Okinawa gibt es den Ausdruck *hara hachi bu,* was so viel bedeutet wie: *Fülle den Magen nur zu 80 Prozent.* Das ist eine gute Richtgröße, da die meisten von uns – vorausgesetzt, die Mahlzeit wird ordentlich gekaut und nicht geschlungen – tatsächlich ausreichend satt sind, wenn der Magen zu 80 Prozent gefüllt ist. Wenn ich schätzen muss, wie viel Essen genug oder zu viel für eine Mahlzeit ist, verlasse ich mich auf meine Hände (siehe unten) und höre auf meinen Magen.

Proteinportionen

Sie sollten täglich sechs Portionen Protein zu sich nehmen. Eine angemessene Portion Fleisch oder auch jede andere Art von Eiweiß ist **so groß wie Ihr Handteller.**

Kohlenhydrate aus Obst und Gemüse

Sie sollten pro Tag zwischen vier und sechs Portionen frisches Obst und Gemüse essen. Eine angemessene Portion komplexer Kohlenhydrate daraus füllt Ihre **beiden zu einer Schale geformten Hände.**

Stärkehaltige komplexe Kohlenhydrate

Sie sollten täglich zwei bis vier Portionen komplexer Kohlenhydrate aus Vollkornprodukten oder anderen stärkehaltigen Kohlenhydratquellen zu sich nehmen. Eine angemessene Portion davon füllt **eine hohle Hand.**

Gesunde Fette

Etwa 18 Prozent Ihrer Nahrung sollten aus gesunden Fetten, aus Fisch, Nüssen, Samen und gesunden Ölen bestehen. Nehmen Sie zwei bis drei Portionen dieser Lebensmittel in Ihren täglichen Speiseplan auf, damit Sie ausreichend mit gesunden Fetten versorgt sind. Eine Portion entspricht etwa einer **knappen Handvoll** Nüsse oder **1 bis 2 Esslöffeln** gesundem Öl.

NEHMEN SIE JEDEN TAG EINE KÜHLBOX MIT CLEANEN LEBENSMITTELN MIT

Zu Hause ist es leicht, sich clean zu ernähren, aber sobald Sie einen Schritt vor die Tür treten, lauern an jeder Ecke süße, fettige, ungesunde Verlockungen. Und auch, wenn man jeder Versuchung widersteht, ist es nicht immer ganz leicht abzuschätzen, was in einem Gericht enthalten ist. Oder trauen Sie etwa dem Dressing in Ihrer Kantine? Wenn Sie sichergehen wollen, dass jede Ihrer Mahlzeiten clean ist, machen Sie es sich doch ab sofort zur Angewohnheit, Ihr Essen mitzunehmen. Wenn Sie zu Hause cleane Gerichte kochen, bereiten Sie einfach etwas mehr zu und packen Sie sich eine Portion in eine Frischhaltedose, die Sie zur Arbeit mitnehmen können oder wohin sonst es Sie tagsüber verschlägt. Ich selbst habe immer eine Kühltasche mit cleanen Lebensmitteln dabei und habe es nie bereut.

Das Geheimnis eines schönen Körpers

Für einen schlanken, gesunden Körper ist zu 80 Prozent das ausschlaggebend, was auf Ihrem Teller landet. Alles, was Sie sich in den Mund schieben, formt Ihr Aussehen. Wenn Sie viele süße Donuts und viel fettig Frittiertes essen, werden Sie bald auch so aussehen – teigig und schwer. Wenn Sie dagegen auf frisches Obst, Gemüse und Vollwertkost setzen, sehen Sie gesund, frisch und dynamisch aus. Es liegt ganz bei Ihnen!

Vielleicht gehören Sie zu denen, die glauben, dass sie für einen wohlgeformten und gesunden Körper einfach nur genug trainieren müssten. Das stimmt leider nicht ganz. Ein Bekannter von mir ist jeden Tag sportlich aktiv und spielt Hockey, stemmt Gewichte, joggt oder fährt Drachenboot. Aber nach jedem Training lässt er sich zu Hause auf die Couch fallen und stopft Chips in sich hinein, und zwar aus der größten

Tüte, die er im Supermarkt finden kann. Hat er keine Chips daheim, isst er stattdessen einen riesigen Becher Eiscreme. Er ist definitiv *nicht* in Form, auch wenn sein Bewegungspensum beachtlich ist. Er wiegt ungefähr 15 Kilo zu viel und hat einen schwabbeligen Bauch. Und ich kann mir nicht vorstellen, dass es um seine Blutwerte besonders gut bestellt ist.

Machen Sie nicht den gleichen Fehler zu glauben, dass Sie eine unausgewogene Ernährung mit einem straffen Trainingsprogramm wettmachen könnten. Das können Sie definitiv nicht! Der einzige Weg, der Sie Ihrem gesunden, schlanken Traumkörper näherbringt, sind regelmäßig nährstoffreiche cleane Lebensmittel auf dem Teller.

Manche von uns wissen schon gar nicht mehr, was sie essen sollen und was ihnen guttut. Zu

DIE SCHÖN-UND-GESUND-FORMEL

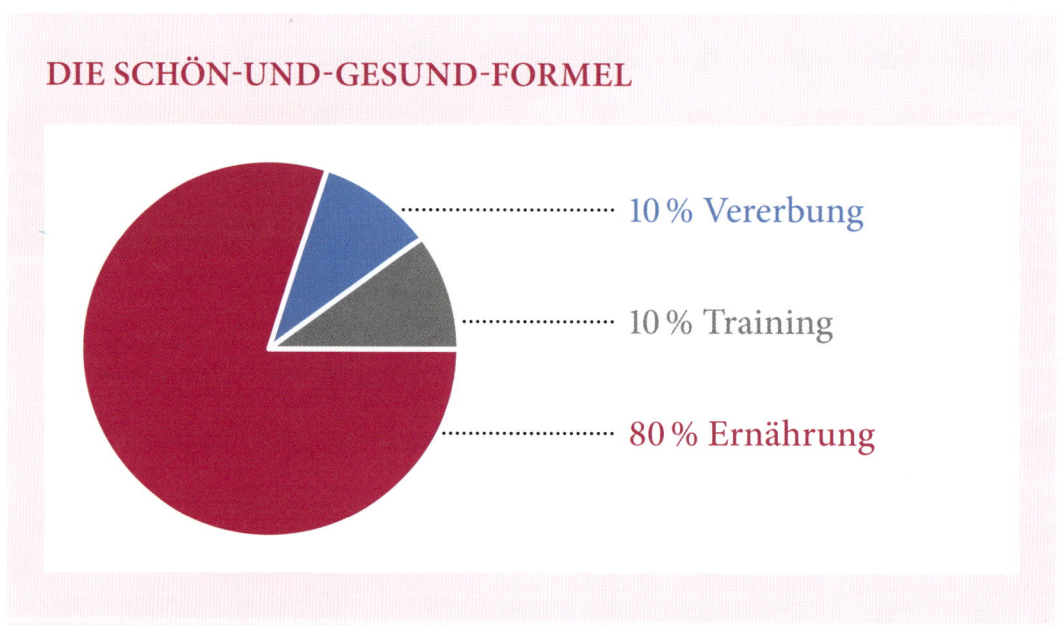

10 % Vererbung

10 % Training

80 % Ernährung

stark haben wir uns in der Vergangenheit darauf verlassen, dass Nahrungsmittelhersteller und Supermärkte uns sagen, was Essen eigentlich ist. Wir glauben, dass wir in den Läden lauter vollwertige Lebensmittel finden, die uns und unseren Lieben Kraft spenden. Vielleicht sind wir da ein bisschen zu vertrauensselig. Und womöglich profitieren die Lebensmittelkonzerne von genau dieser Leichtgläubigkeit. Nicht alles nämlich, was sich in den Regalen stapelt, ist nahrhaftes Essen – ganz im Gegenteil! Aber der Großteil der verpackten, verarbeiteten Lebensmittel will uns genau das weismachen. Schauen Sie sich deshalb die Etiketten genau an. In diesen „Lebensmitteln" sind definitiv viel zu viele nicht cleane Bestandteile enthalten.

Die Basis Ihrer cleanen Mahlzeiten sollten auf jeden Fall vollwertige Lebensmittel sein. Dann werden die Ergebnisse Ihrer Ernährungsumstellung schon bald sichtbar werden, glauben Sie mir. Denken Sie immer daran: Die Art und Weise, wie Sie sich ernähren, ist zu 80 Prozent für Ihre Figur und Ihre Gesundheit verantwortlich. Mit Training können Sie nochmals 10 Prozent beeinflussen; die restlichen 10 Prozent hängen von Ihren Genen ab. Lernen Sie also Ihre Grübchen und Sommersprossen lieben!

Frühstück

1

Frühstück

Portionen: 12
Vorbereitung:
10 Minuten
Zubereitung:
75–90 Minuten

Fit-in-den-Tag-Müsli

Müsli hat einen guten Ruf als gesundes Frühstück, aber die im Handel erhältlichen Fertigmischungen sind in der Regel reich an Zucker, Fett und Kalorien. Meine selbst zubereitete Mischung enthält unter anderem Kokosflocken, Trockenfrüchte und Bienenhonig. Wenn Sie bisher Fertigmischungen gegessen haben, können Sie zur allmählichen Umstellung am Anfang noch etwas (braunen) Zucker hinzufügen. Aber glauben Sie mir, Sie werden ihn bald nicht mehr brauchen, Trockenfrüchte und Honig sorgen für ausreichend Süße.

ZUTATEN

240 g **Haferflocken**

120 g **Mandeln,** grob gehackt

30 g **Cashewnüsse,** grob gehackt

30 g **Kürbiskerne**

30 g **Sonnenblumenkerne**

2 EL **Leinsamen**

20 g **Kokosflocken,** ungesüßt

1 gehäufter EL naturbelassener **brauner Zucker**

70 g **Honig**

60 ml natives **Kokosöl,** zerlassen

1 TL gemahlene **Vanille**

¼ TL **Meersalz**

220 g Ihrer bevorzugten Sorte **getrockneter Früchte,**
z. B. Rosinen, Korinthen, Beeren oder Kirschen (ohne Zuckerzusatz)

NÄHRWERTE/PORTION:
kcal: 324 (aus Fett: 111) |
Eiweiß: 10 g |
Kohlenhydrate: 45 g |
Fett: 13 g (davon
gesättigte Fettsäuren: 4 g,
Transfettsäuren: 0 g) |
Ballaststoffe: 7 g |
Salz: 49 mg |
Cholesterin: 0 mg

ZUBEREITUNG

1. Den Backofen auf 120°C vorheizen. Haferflocken, Mandeln, Nüsse, Kerne, Leinsamen, Kokosflocken und braunen Zucker in einer großen Schüssel mischen.

2. In einer kleinen Schüssel Honig, Kokosbutter, Vanille und Salz verrühren. Beide Mischungen miteinander vermengen und auf zwei Backblechen verteilen.

3. Mischung im Ofen 75 bis 90 Minuten backen. In dieser Zeit zwei- bis dreimal etwas durchmischen, damit das Müsli gleichmäßig angebräunt wird. Aus dem Ofen nehmen und die Trockenfrüchte hinzugeben. Mischung auf Zimmertemperatur abkühlen lassen, bevor sie in einem luftdicht verschlossenen Behälter aufbewahrt werden kann.

Portionen: 4
Vorbereitung:
15 Minuten
Zubereitung:
10 Minuten

Huevos Rancheros

Huevos Rancheros, zu Deutsch „Ranch-Eier", sind ein klassisches mexikanisches Frühstück aus Spiegeleiern auf Maistortillas mit einer Tomaten-Chili-Soße. Da muss ganz schön viel gebraten werden! Meine Version ist gesünder, weil ich die Eier pochiere. Schmeckt genauso gut, ist aber viel fettärmer.

Hinweis: Die Chipotle-Ranchero-Soße muss im Voraus zubereitet werden.

ZUTATEN

1 TL natives **Olivenöl extra**
350 g gekochte **schwarze Bohnen**
2 Zehen **Knoblauch,** fein gehackt
½ TL gemahlener **Kreuzkümmel**
½ TL **Chilipulver**
½ TL **Meersalz**
¼ TL frisch gemahlener **schwarzer Pfeffer**
3 EL **Essig**
8 **Eiweiß**
8 **Vollkorn-Maistortillas,** etwa 13 cm Durchmesser
   (im Idealfall aus gekeimtem Mais)
240 ml **Chipotle-Ranchero-Soße** (siehe Seite 346)
1 **Avocado,** entkernt, in 12 Scheiben geschnitten
frischer **Koriander** zum Garnieren

NÄHRWERTE/PORTION:
kcal: 549 (aus Fett: 145) |
Eiweiß: 28 g |
Kohlenhydrate: 72 g |
Fett: 17 g (davon gesättigte
Fettsäuren: 1,7 g,
Transfettsäuren: 0 g) |
Ballaststoffe: 19 g |
Salz: 632 mg |
Cholesterin: 0 mg

ZUBEREITUNG

1. Olivenöl in einer großen Pfanne bei mittlerer Hitze erwärmen. Schwarze Bohnen, Knoblauch, Kreuzkümmel, Chilipulver, Salz und Pfeffer dazugeben und das Ganze etwa 3 Minuten erhitzen. Pfanne vom Herd nehmen und abdecken, damit die Mischung warm bleibt.

2. In einem Topf ca. 2 l Wasser aufkochen. Essig hineingeben und die Hitze etwas reduzieren. In jedes der vier Schälchen oder Tassen jeweils 2 Eiweiß geben. Nacheinander die Eier vorsichtig aus ihren Gefäßen ins noch leicht siedende Wasser gleiten lassen. Die Eier nach etwa 7 Minuten mit einer Schaumkelle aus dem Wasser heben, abtropfen lassen.

3. Zwei Tortillas leicht überlappend auf einen großen Teller legen. Ein Viertel der in der Pfanne warm gehaltenen Mischung über die Tortillas geben. Anschließend 2 pochierte Eiweiß daraufgleiten lassen, 60 ml Ranchero-Soße darübergeben. Zum Schluss drei Scheiben Avocado neben die Tortillas legen und mit etwas Koriander garnieren. Die drei anderen Portionen auf die gleiche Weise auf den Tellern anrichten.

Portionen: 2
Vorbereitung:
10 Minuten
Zubereitung:
22 Minuten

Gebackene Eier
mit Tomaten, Putenschinken und gerösteten Bröseln

Eine vielfach in Vergessenheit geratene Art der Zubereitung von Frühstückseiern ist das Backen. Dieses Frühstücksgericht ist eine Eiweißbombe, die Sie in Hochform bringt. Wenn Sie morgens wenig Zeit haben, ist dies auch ein empfehlenswertes Abendessen!

ZUTATEN

¼ TL natives **Olivenöl extra**
2 EL **Paniermehl** aus Vollkornweizen
1 Prise **Meersalz**
Eat-Clean-Kochspray (siehe Seite 347)
2 Scheiben fettarmer, nitratfreier **Putenspeck** (ca. 50–60 g),
   in etwa 0,5 cm große Stücke geschnitten
½ mittelgroße **Tomate,** gewürfelt
4 TL frische **Schnittlauchröllchen**
8 **Eiweiß**
⅛ TL frisch gemahlener **schwarzer Pfeffer**

NÄHRWERTE/PORTION:
kcal: 148 (aus Fett: 47) |
Eiweiß: 20 g |
Kohlenhydrate: 7 g |
Fett: 5 g (davon
gesättigte Fettsäuren: 1 g,
Transfettsäuren: 0 g) |
Ballaststoffe: 1 g |
Salz: 482 mg |
Cholesterin: 10 mg

ZUBEREITUNG

1. Backofen auf 175°C vorheizen. Olivenöl in einer kleinen Pfanne bei mittlerer Hitze erhitzen. Paniermehl und Meersalz hinzufügen und unter gelegentlichem Rühren in etwa 2 Minuten goldbraun rösten. Die Pfanne vom Herd nehmen und beiseitestellen.

2. Zwei Auflaufförmchen auf ein Backblech stellen und die Innenseite mit dem Eat-Clean-Kochspray einsprühen. Speck, Tomatenwürfel und die Hälfte des Schnittlauchs gleichmäßig in die beiden Förmchen verteilen. In jede Form 4 Eiweiß geben und mit Pfeffer würzen. Zum Schluss die Hälfte des Paniermehls über beide Förmchen streuen. Backblech in den Backofen schieben und 20 Minuten backen, bis das Eiweiß fest ist. Die gebackene Eiermischung aus den Förmchen heben. Das verbliebene Paniermehl und den Schnittlauch drüberstreuen. Sofort servieren.

Açai-Heidelbeer-Frühstücksshake

Ein Frühstücksshake ist der perfekte Start für alle, die morgens nicht viel Zeit haben. Dieser Shake enthält Haferflocken, die Ihr Durchhaltevermögen stärken, Nussbutter für die Gehirnfunktion und Saft aus Açaibeeren mit vielen Vitaminen, Mineralien und Antioxidantien. Prost!

ZUTATEN

180 ml fettarmer **Naturjoghurt** oder **-kefir**
80 g gefrorene **Heidelbeeren**
120 ml zuckerfreier **Açaibeerensaft**
30 g naturbelassenes **Proteinpulver** (natur oder mit Vanillegeschmack)
20 g **Haferflocken**
1 EL **Weizenkeime**
1 EL **Chiasamen**
1 EL **Haselnussbutter** (oder eine andere Nussbutter ohne weitere Zutaten)
1 TL **Blütenpollen** (optional)
¼ Tasse **Eiswürfel**

NÄHRWERTE/PORTION:
kcal: 346 (aus Fett: 92) |
Eiweiß: 24 g |
Kohlenhydrate 38 g |
Fett: 11 g (davon
gesättigte Fettsäuren: 2 g,
Transfettsäuren: 0 g) |
Ballaststoffe: 7 g |
Salz: 244 mg |
Cholesterin: 6 mg

ZUBEREITUNG

1. Alle Zutaten mit einem Standmixer zu einer cremigen Flüssigkeit verarbeiten.

2. In zwei Gläser gießen und servieren.

Portionen:
16 Stückchen
Vorbereitung:
15 Minuten
Zubereitung:
20–25 Minuten

Nahrhafter Heidelbeer-Mais-Kuchen

Kuchen zum Frühstück? Na, klar doch! Diese Energiebombe ist nicht einfach nur eine süße Verführung, sondern ist gesund und sättigend – genau das, was Sie brauchen, um sich bis zur nächsten Mahlzeit wohlzufühlen. Um die Eat-Clean-Mahlzeit vollkommen zu machen, essen Sie das gekochte Eiweiß von zwei oder drei Eiern dazu.

ZUTATEN

Eat-Clean-Kochspray (siehe Seite 347)
125 g steingemahlenes **Maismehl** (100 % Vollkorn)
125 g **Vollkorn-Weizenmehl**
30 g naturbelassenes **Proteinpulver** (geschmacksneutral)
2 EL **Goldleinsamen,** geschrotet
2 TL **Backpulver**
½ TL **Backnatron**
½ TL **Meersalz**
⅛ TL gemahlene **Muskatnuss**
2 **Eiweiß**
240 ml fettarme **Buttermilch**
110 g **Apfel,** fein gerieben
85 g **Honig**
8 **Datteln,** klein geschnitten
2 EL natives **Kokosöl**
240 g frische oder gefrorene **Heidelbeeren**

NÄHRWERTE/PORTION:
kcal: 117 (aus Fett: 28) |
Eiweiß: 4 g |
Kohlenhydrate: 19 g |
Fett: 3 g (davon
gesättigte Fettsäuren: 2 g,
Transfettsäuren: 0 g) |
Ballaststoffe: 3 g |
Salz: 141 mg |
Cholesterin: 1 mg

ZUBEREITUNG

1. Backofen auf 220° C vorheizen. Eine quadratische Springform (23 × 23 cm) mit dem Eat-Clean-Kochspray besprühen.

2. Mehl, Proteinpulver, Leinsamen, Backpulver, Natron, Salz und Muskat in eine große Schüssel geben und alles gut vermengen. In einer separaten Schüssel Eiweiß, Buttermilch, Apfel, Honig, Datteln und Kokosöl verrühren. Die flüssigen Zutaten mit den trockenen vermischen. Dann die Heidelbeeren unterheben.

3. Die fertige Mischung in die Springform geben und gleichmäßig mit einem Teigschaber verteilen. 20 bis 25 Minuten backen. Der Kuchen ist fertig, wenn an einem in der Mitte des Kuchens hineingesteckten Zahnstocher kein Teigrest mehr hängen bleibt. Bei Zimmertemperatur ist der Kuchen zwei Tage haltbar, für bis zu zwei weitere Tage im Kühlschrank aufbewahren.

Orzo-Frittata
mit Pilzen, Paprika und gelben Zucchini

*Frittata-Omeletts serviere ich gerne am Wochenende zum Frühstück. Sie sind
ein perfektes Gericht, um Gemüsereste zu verarbeiten. In der hier beschriebenen
Variante füge ich noch Orzo-Nudeln (auch Kritharaki oder Nudelreis genannt)
hinzu. Damit ist die Frittata eine gut abgerundete cleane Mahlzeit.*

ZUTATEN

2 **Eier**

5 **Eiweiß**

½ TL **Meersalz**

¼ TL frisch gemahlener **schwarzer Pfeffer**

1 TL natives **Olivenöl extra**

50 g **weiße Champignons,** in dünne Scheiben geschnitten

75 g **orange** oder **rote Paprikaschote,** in Würfel geschnitten

200 g **gelbe Zucchini,** der Länge nach geviertelt
und in dünne Scheiben geschnitten

1 **Knoblauchzehe,** klein geschnitten

200 g gekochte **Orzo-Nudeln**

2 EL frische **Schnittlauchröllchen**

NÄHRWERTE/PORTION:
kcal: 238 (aus Fett: 52) |
Eiweiß: 14 g |
Kohlenhydrate: 32 g |
Fett: 6 g (davon
gesättigte Fettsäuren: 1 g,
Transfettsäuren: 0 g) |
Ballaststoffe: 8 g |
Salz: 356 mg |
Cholesterin: 109 mg

ZUBEREITUNG

1. Den Rost in die mittlere Schiene des Ofens schieben und die Grillfunktion des Backofens anstellen. In einer mittelgroßen Schüssel Eier
und Eiweiß sowie Salz und Pfeffer verquirlen und zur Seite stellen.

2. Olivenöl in einer mittelgroßen ofenfesten Pfanne mit Antihaftbe-
schichtung bei mittlerer Hitze erhitzen. Die Champignons in einer Lage
in die Pfanne geben und etwa 2 Minuten kurz anbraten, bis sie anfangen,
braun zu werden. Paprikawürfel, Zucchini und den Knoblauch hinzufügen und mit einer Prise Meersalz und Pfeffer würzen. Kurz anbraten,
bis das Gemüse weich ist, etwa 2 Minuten.

3. Die Temperatur etwas reduzieren. Die gekochten Nudeln und den
Schnittlauch unterrühren. Nun die Eiermasse darübergießen. Die
Pfanne schwenken, damit sich die Eiermasse gleichmäßig verteilt und
die Orzo und das Gemüse damit bedeckt sind. Die Frittata etwa 4 bis
5 Minuten backen, bis die Eier zu stocken beginnen und auf der Unterseite leicht braun sind. Die Pfanne in den vorgeheizten Backofen geben
und weitere 2 bis 3 Minuten backen, bis die Oberseite fest und leicht
gebräunt ist und die Eier durchgegart sind. Vorsichtig die Pfanne aus
dem Ofen holen – der Griff ist heiß!

4. Mit einem Pfannenwender die äußeren Ränder der Frittata lösen und
sie auf einen großen Teller gleiten lassen. In vier Stücke schneiden und
servieren.

Portionen: 3 × 0,25 l
Vorbereitung:
5 Minuten

Superpower-Smoothie

Dieser Smoothie trägt seinen Namen nicht ohne Grund! Er ist vollgepackt mit Proteinen, gesunden Fetten und Kohlenhydraten, die morgens das Gehirn in Schwung bringen! Wenn Sie es morgens eilig haben, können Sie den Smoothie auch schon am Abend zuvor zubereiten und ihn in einem zugedeckten Gefäß in den Kühlschrank stellen. Freuen Sie sich auf ein super Power-Frühstück, das morgens bereits auf Sie wartet!

ZUTATEN

150 g frische oder gefrorene **Himbeeren**
150 g frische oder gefrorene **Heidelbeeren**
1 sehr reife frische (oder gefrorene) **Banane**
240 ml **fettarmer Naturjoghurt**
120 ml frisch gepresster **Orangensaft,** mit Fruchtfleisch
30 g naturbelassenes **Proteinpulver** (ungesüßt)
2 EL **Haferkleie**
2 EL **Leinsamen,** geschrotet
1 EL naturbelassene **Nussbutter**

NÄHRWERTE/PORTION:
kcal: 278 (aus Fett: 73) |
Eiweiß: 17 g |
Kohlenhydrate: 39 g |
Fett: 8 g (davon
gesättigte Fettsäuren: 1 g,
Transfettsäuren: 0 g) |
Ballaststoffe: 8 g |
Salz: 155 mg |
Cholesterin: 5 mg

ZUBEREITUNG

1. Alle Zutaten in einen Standmixer geben und bei mittlerer Geschwindigkeit cremig pürieren. Die Zutaten, die an der Innenseite des Mixbehälters hängen bleiben, zwischendurch immer wieder mit einem Spatel herunterschieben.

2. In Gläser gießen und servieren.

Schmackhafte Gemüsewaffeln

*Diese Waffeln können einfach so gegessen werden – ganz ohne Belag!
Wenn Sie möchten, können Sie die Waffeln aber auch als Unterlage für ein
belegtes „Brot" verwenden und mit Hummus, Putenwurst, Salatblättern,
Avocado, Tomaten, Sprossen oder sonstigen Delikatessen versehen.*

ZUTATEN

240 ml fettarmer **Naturkefir** | 240 ml fettarme **Milch**

40 g **Haferflocken** | 1 EL **Chiasamen**

60 g **Vollkorn-Hafermehl** | 60 g **Vollkorn-Weizenmehl**

60 g **Vollkorn-Maismehl** | 30 g **Vollkorn-Maisgrieß**

2 TL **Backpulver** | ½ TL **Backnatron** | ½ TL **Meersalz**

1 **Ei** | 2 **Eiweiß** | 3 EL **Vollrohrzucker** oder **Rohrohrzucker**

1 **Babyzucchini,** geraspelt

1 mittelgroße **Karotte,** geraspelt

100 g eingelegte **Artischockenherzen,** abgetropft und fein gehackt

60 g **eingelegte sonnengetrocknete Tomaten,**
   in Streifen geschnitten, nicht abtropfen lassen

2 EL frische **Schnittlauchröllchen**

Eat-Clean-Kochspray (siehe Seite 347)

NÄHRWERTE/PORTION
(2 ½ WAFFELN):
kcal: 445 (aus Fett: 98) |
Eiweiß: 19 g |
Kohlenhydrate: 70 g |
Fett: 11 g (davon
gesättigte Fettsäuren: 3 g,
Transfettsäuren: 0 g) |
Ballaststoffe: 11 g |
Salz: 593 mg |
Cholesterin: 58 mg

ZUBEREITUNG

1. Ein Waffeleisen vorheizen. In einer mittelgroßen Schüssel Kefir, Milch,
Haferflocken und Chiasamen verrühren. In einer großen Schüssel Mehl,
Maisgrieß, Backpulver und Natron sowie Salz vermischen. Ei, Eiweiß
und Zucker unter die Kefirmischung rühren, danach das vorbereitete
Gemüse. Diese Mischung unter die trockenen Zutaten ziehen, bis sie
verbunden sind. Der Teig soll klumpig sein, also nicht zu stark rühren.

2. Die Innenseite des Waffeleisens, falls nötig, mit dem Eat-Clean-Kochspray besprühen. Etwa 120 ml bis 160 ml auf der unteren Backfläche verteilen, dabei 1 cm Abstand zum Rand lassen. Den Teig im geschlossenen
Waffeleisen 3 bis 4 Minuten goldbraun und knusprig backen. Auf ein
Backblech legen. So fortfahren, bis der Teig aufgebraucht ist.

TIPP *Halten Sie die Waffeln in einem auf 90° C vorgeheizten
Backofen bis zum Servieren warm. Übrig gebliebene Waffeln
können Sie im Kühlschrank bis zu fünf Tage und im Tiefkühlfach bis zu einem Monat aufbewahren. Wärmen Sie sie
in einem auf 175° C vorgeheizten Ofen, einem Tischbackofen
oder einem Toaster auf (möglichst nicht in einer Mikrowelle).*

Portionen: 15
Vorbereitung:
10 Minuten
Zubereitung:
15–18 Minuten

Kirsch-Protein-Happen

Wenn Sie diese leckeren Happen zum Frühstück essen, ist Ihr Hunger auf Süßes bereits gestillt und Sie kommen später nicht mehr in Versuchung, nach einem Gebäckstück oder Schokoriegel zu greifen. Am besten nehmen Sie sich noch ein paar davon in einer Vespertüte mit, dann ist Ihre Energiezufuhr am Vormittag gesichert.

ZUTATEN

80 g **Haferflocken**
2 EL **Weizenkeime**
1 EL **Hirse**
1 EL **Chiasamen**
80 g getrocknete **Süßkirschen** (ohne Zuckerzusatz)
30 g naturbelassenes **Proteinpulver**
30 g **Cashewnüsse,** gehackt
60 ml **Honig**
60 g naturbelassene **Cashewbutter**
1 TL gemahlene **Vanille**
1 **Eiweiß**
Eat-Clean-Kochspray (siehe Seite 347)

NÄHRWERTE/PORTION:
kcal: 103 (aus Fett: 27) |
Eiweiß: 5 g |
Kohlenhydrate: 14 g |
Fett: 3 g (davon
gesättigte Fettsäuren: 1 g,
Transfettsäuren: 0 g) |
Ballaststoffe: 2 g |
Salz: 25 mg |
Cholesterin: 0 mg

ZUBEREITUNG

1. Backofen auf 160° C vorheizen. Haferflocken, Weizenkeime, Hirse, Chiasamen, Kirschen, Proteinpulver und Cashewnüsse in einer großen Schüssel vermischen. In einer zweiten Schüssel Honig, Cashewbutter, Vanille und Eiweiß verrühren. Flüssige Zutaten zu den trockenen geben und alles gut vermischen.

2. Mit einem Löffel, golfballgroße, gerundete Häufchen abstechen und auf ein mit dem Eat-Clean-Kochspray besprühtes Backblech geben. Im Ofen 15 bis 18 Minuten backen, bis sie goldbraun und knusprig aussehen. Happen abkühlen lassen, bevor sie in einem luftdicht verschlossenen Behälter aufbewahrt werden können. Innerhalb einer Woche essen oder für bis zu drei Monate einfrieren.

Frühstücks-Tacos
mit Chili und Rührei

In der mexikanischen Küche kennt man Tacos und Burritos; beides sind gerollte oder gefaltete Tortillas mit Füllung, wobei die Burritos etwas größer sind. Frühstücks-Tacos erfreuen sich bei Erwachsenen und Kindern großer Beliebtheit. Ihre Füllung besteht normalerweise aus Eiern, Gemüse und Fleisch. Wenn Sie dann noch etwas vegetarisches Chili hinzufügen, werden diese Tacos förmlich zischen!

Hinweis: Vegetarisches Chili muss im Voraus zubereitet werden.

ZUTATEN

1 **Ei**
5 **Eiweiß**
⅛ TL **Meersalz**
1 Prise frisch gemahlener **schwarzer Pfeffer**
4 **Vollkorn-Mais- oder -Weizentortillas,** etwa
  14 cm Durchmesser (im Idealfall aus gekeimtem Korn)
240 ml **vegetarisches Chili,** erwärmt (siehe Seite 347)
60 ml fettarmer **Naturjoghurt**
4 gehäufte TL **rote Zwiebel,** fein gehackt
Eat-Clean-Kochspray (siehe Seite 347)
scharfe mexikanische Soße, zum Garnieren

NÄHRWERTE/PORTION:
kcal: 516 (aus Fett: 132) |
Eiweiß: 33 g |
Kohlenhydrate: 61 g |
Fett: 16 g (davon
gesättigte Fettsäuren: 3 g,
Transfettsäuren: 0 g) |
Ballaststoffe: 13 g |
Salz: 711 mg |
Cholesterin: 123 mg

ZUBEREITUNG

1. Eine große antihaftbeschichte Pfanne bei mittlerer Hitze erhitzen, wenn nötig mit Eat-Clean-Kochspray besprühen. Ei und Eiweiß sowie Salz und Pfeffer hineingeben. Mit einem Pfannenwender aus Holz oder Gummi so lange rühren, bis das Eiweiß gestockt ist, das dauert etwa 2 Minuten.

2. Die Tortillas auf zwei Teller legen und die Ei-Mischung gleichmäßig darauf verteilen. Darauf je 60 ml Chili, 1 EL Joghurt und 1 gehäufter TL rote Zwiebel geben. Nach Wunsch etwas scharfe Soße darüberträufeln und servieren.

Portionen: 4
Vorbereitung:
5 Minuten
Zubereitung:
13–15 Minuten

Haferporridge
mit Weihnachtsgewürzen

Es ist kein Geheimnis, dass ich Hafer liebe. Und außerdem liebe ich die Winter- und Weihnachtszeit. Was kann es Schöneres geben, als sich in den Weihnachtsferien mit den Lieben daheim in der warmen Stube wohlig zusammenzukuscheln. Haferporridge bereite ich das ganze Jahr über zu und denke dann jeweils mit viel Vorfreude an diese ganz spezielle Zeit.

ZUTATEN

80 g **Hafergrütze**
2 EL **Haferkleie**
2 EL **Chiasamen**
1 EL **Leinsamen,** geschrotet
8 **Datteln,** grob zerkleinert
8 **getrocknete Pflaumen,** grob zerkleinert
¼ TL gemahlener **Zimt**
⅛ TL gemahlene **Nelken**
⅛ TL gemahlener **Ingwer**
1 Prise **Meersalz**

NÄHRWERTE/PORTION:
kcal: 286 (aus Fett: 52) |
Eiweiß: 6 g |
Kohlenhydrate: 53 g |
Fett: 6 g (davon
gesättigte Fettsäuren: 1 g,
Transfettsäuren: 0 g) |
Ballaststoffe: 11 g |
Salz: 61 mg |
Cholesterin: 0 mg

ZUBEREITUNG

1. Alle Zutaten sowie 750 ml Wasser in einen mittelgroßen Topf geben. Aufkochen, Hitze reduzieren und alles unter gelegentlichem Umrühren köcheln lassen. Etwa 10 Minuten, wenn der Brei eher bissfest, 12 Minuten, wenn er ganz weich sein soll. Den Topf dann vom Herd nehmen und noch 3 Minuten stehen lassen.

2. Das warme Porridge mit fettarmem Kefir, fettarmer Milch oder einem Kuhmilchersatz wie Soja-, Reis- oder Mandelmilch servieren.

Portionen: 3 × 0,25 l
Zubereitung:
5 Minuten

Erdbeer-Pfirsich-Kefir-Smoothie
mit Chiasamen

Chiasamen sind ein echtes Superfood! Sie enthalten eine enorme Menge an Ballaststoffen, Proteinen und gesunden Fettsäuren. Wenn sie einer Flüssigkeit hinzugefügt werden, quellen sie auf, weshalb sie ein großartiges Verdickungsmittel für Smoothies und Puddings sind.

ZUTATEN

1 **Pfirsich**, entkernt und fein geschnitten
150 g frische oder gefrorene **Erdbeeren**
240 ml **fettarmer Naturkefir**
2 EL naturbelassenes **Proteinpulver** (ungesüßt)
1 EL **Chiasamen**
15 ml **Honig**
½ TL gemahlene **Vanille**

NÄHRWERTE/PORTION:
kcal: 148 (aus Fett: 23) |
Eiweiß: 12 g |
Kohlenhydrate: 21 g |
Fett: 3 g (davon
gesättigte Fettsäuren: 1 g,
Transfettsäuren: 0 g) |
Ballaststoffe: 5 g |
Salz: 105 mg |
Cholesterin: 3 mg

ZUBEREITUNG

1. Alle Zutaten in einen Standmixer geben und so lange pürieren, bis alles cremig ist.

2. In Gläser füllen und genießen.

Haferflocken und mehr

Hafer gehört zu den wertvollsten Getreiden überhaupt und ist sehr nährstoffreich. Er hält den Blutzuckerspiegel konstant und steckt voller löslicher und unlöslicher Ballaststoffe. Seine löslichen Ballaststoffe können den Cholesterinspiegel im Blut senken und damit einem Herzinfarkt vorbeugen. Dank seines hohen Ballaststoffgehalts muss außerdem Ihr Magen einiges an Verdauungsarbeit leisten, bleibt also länger gefüllt – und Sie bleiben länger satt! Hafer zeichnet sich durch einen leicht nussigen Geschmack aus und kann mit süßen und salzigen Zutaten kombiniert werden. Sie sehen also: Er gehört unbedingt auf den Speisezettel. Gut und schön, denken Sie – und stehen verwirrt vor dem Regal mit Haferprodukten? Hier ein kleiner Leitfaden.

HAFERSCHROT

Haferschrot besteht aus dem zerkleinerten Haferkorn mit all seinen wertvollen Bestandteilen und wird als Zutat für herzhafte Backwaren verwendet. Bei der Herstellung von Haferschrot wird die Schale des Korns nur gebrochen, nicht gequetscht, was ihn sehr hart macht – lange Einweich- und Kochzeiten inklusive. Der Aufwand lohnt sich, da Haferschrot überaus gesund ist. Für Ihren Frühstücksbrei sollten Sie sich trotzdem lieber an Haferflocken halten.

HAFERGRÜTZE

Den Begriff haben Sie sicher schon gehört. Für Hafergrütze wird das Haferkorn nur minimal bearbeitet, lediglich die äußere Hülle des Korns wird entfernt. Sie muss unbedingt gekocht und/

oder für eine längere Zeit in Wasser eingeweicht werden, sonst ist diese sehr nahrhafte Haferform nicht genießbar. Am besten kochen Sie die Grütze in einem Schongarer.

ZARTE HAFERFLOCKEN

Zarte Haferflocken sind plattgewalzte Grützeteilchen. Diese werden zur Herstellung der Haferflocken mehrere Stunden lang erst mit Dampf, dann mit trockener Hitze behandelt. Zarte Haferflocken eignen sich hervorragend für Haferbrei (Kochzeit: 3 bis 5 Minuten) oder als Grundlage für Ihr morgendliches Müsli.

KERNIGE HAFERFLOCKEN

Kernige Haferflocken aus ganzen Haferkörnern werden durch Dämpfen und anschließendes Abflachen mit Stahlwalzen hergestellt. Sie haben am meisten Biss unter den Haferflocken-Varianten und quellen beim Einweichen und Aufkochen (Schongarer empfohlen) eher langsam auf.

INSTANTFLOCKEN

Vielleicht sind Sie es gewohnt, abgepackte Instant- bzw. Schmelzflocken zu kaufen. Diese Flocken wurden mit Rollen sehr fein und dünn ausgewalzt und lösen sich beim Einrühren in Flüssigkeit schnell auf. Aber Vorsicht! Instantflocken mögen praktisch sein, enthalten aber oft unnötige Zusätze wie Salz, Zucker oder Geschmacksstoffe. Unnötige leere Kalorien also.

WISSENSWERTES ÜBER HAFER
Wussten Sie schon …?

- Hafer wird nicht nur in der menschlichen Ernährung, sondern auch als Tierfutter verwendet. In einigen Kosmetikprodukten dient Hafer zur Beruhigung trockener und gereizter Haut. Er wird außerdem als Verdickungsmittel in Konserven eingesetzt, und selbst einige alkoholische Getränke werden auf der Grundlage von Hafer hergestellt.

- Die Queen von England liebt Haferflocken! Zum Frühstück genießt sie am liebsten eine Schüssel kernige Flocken der Firma Hamlyns of Scotland. Diese Firma richtet die jährliche Weltmeisterschaft im Porridge-Kochen aus.

- Im amerikanischen Bundesstaat Vermont wird traditionell viel Hafer angebaut und dementsprechend ist der durchschnittliche Haferverbrauch dort besonders hoch. Ein typisches Frühstück in Vermont besteht aus kernigen Haferflocken, die am Vorabend in einer Mischung aus Wasser, Salz und Ahornsirup eingeweicht werden. Morgens kommen dann noch Muskatnuss, Ingwer und Zimt in die Schüssel. Die so vorbereitete Haferflockenmischung wird gekocht und heiß gegessen.

Brunch

2

Brunch

Portionen: 4
Zubereitung:
20 Minuten

Zitrusfrüchtesalat
mit Minze

Jedes Gericht, das Ananas enthält, bringt mich in Ferienstimmung. Wie schön wäre es, jetzt am Strand zu liegen und ein Sonnenbad zu nehmen… Mit diesem süßen und saftigen Obstsalat fühle ich mich, als sei ich in den Tropen.

ZUTATEN

2 **Grapefruits,** geschält und zerteilt, in etwa 2,5 cm große Stücke geschnitten

2 **Orangen,** geschält und zerteilt, in etwa 2,5 cm große Stücke geschnitten

½ frische **Ananas,** geschält, Strunk entfernt, in
    etwa 2,5 cm große Stücke geschnitten

900 g **Wassermelone,** ohne Schale, in etwa 2,5 cm große Würfel geschnitten

1 EL **Limettensaft**

1 EL frische **Minzblätter,** fein gehackt

NÄHRWERTE/PORTION:

kcal: 184 (aus Fett: 5) |

Eiweiß: 4 g |

Kohlenhydrate: 47 g |

Fett: 0,1 g (davon

gesättigte Fettsäuren: 0 g,

Transfettsäuren: 0 g) |

Ballaststoffe: 6 g |

Salz: 4 mg |

Cholesterin: 0 mg

ZUBEREITUNG

1. Alle Zutaten in eine große Schüssel geben und vorsichtig mischen. Der Salat kann sofort nach der Zubereitung serviert werden oder zuerst noch ein paar Stunden gekühlt werden.

Portionen:
4 × 2 ½ Waffeln
Vorbereitung:
20 Minuten
Zubereitung:
12–14 Minuten

Mehrkornwaffeln
mit Himbeersoße

Ich liebe unseren Familienbrunch am Wochenende, wenn meine Töchter zu Hause sind und mit am Esstisch sitzen. Waffeln gehören einfach dazu.

Hinweis: Die Himbeersoße muss im Voraus zubereitet werden.

ZUTATEN

480 ml fettarme **Buttermilch**
40 g **Haferflocken**
120 g **Vollkorn-Weizenmehl**
60 g **Vollkorn-Maismehl**
30 g **Vollkorn-Maisgrieß**
2 TL **Backpulver**
½ TL **Backnatron**
¼ TL **Meersalz**
1 **Ei**
2 **Eiweiß**
80 mg **Vollrohrzucker** oder **Rohrohrzucker**
2 EL **Distelöl**
1 TL gemahlene **Vanille**
Eat-Clean-Kochspray (siehe Seite 347)
Himbeersoße (siehe Seite 357)

NÄHRWERTE/PORTION:
kcal: 426 (aus Fett: 118) |
Eiweiß: 15 g |
Kohlenhydrate: 65 g |
Fett: 14 g (davon
gesättigte Fettsäuren: 2 g,
Transfettsäuren: 0 g) |
Ballaststoffe: 6 g |
Salz: 452 mg |
Cholesterin: 58 mg

ZUBEREITUNG

1. Ein Waffeleisen vorheizen. In einer mittelgroßen Schüssel Buttermilch und Haferflocken verrühren.

2. In einer großen Schüssel Mehl, Grieß, Backpulver, Backnatron sowie Salz mischen. Die vorbereitete Buttermilch-Haferflocken-Mischung mit Ei, Eiweiß, Zucker, Distelöl und Vanille verrühren, zur Mehlmischung geben und mit einem Gummispatel verrühren. Der Teig darf klumpig sein, also nicht zu kräftig rühren.

3. Die Innenseite des Waffeleisens mit dem Eat-Clean-Kochspray besprühen. Etwa 120 ml bis 160 ml Teig in die Mitte des Waffeleisens geben und verstreichen, dabei 1 cm Abstand zum Rand lassen. Den Teig im geschlossenen Waffeleisen 3 bis 4 Minuten lang goldbraun und knusprig backen. So weitermachen, bis der Teig aufgebraucht ist. Wenn die Waffeln nicht sofort gegessen werden, Waffeln nebeneinander auf ein Backblech legen und im Backofen bei 90° C warm halten. Mit warmer Himbeersoße servieren (siehe Rezept auf Seite 357).

Portionen: 4
Vorbereitung:
15–20 Minuten
Zubereitung:
10–15 Minuten

Eier Sardou
mit einer warmen Orangenvinaigrette

Eier Sardou ist ein Gericht der kreolischen Küche Louisianas. Es wird mit pochierten Eiern, Artischocken, Spinat und einer Sauce hollandaise zubereitet. In meiner Version ist der Fettgehalt beträchtlich reduziert, weil ich statt der Hollandaise- eine Vinaigrette-Soße verwende.

ZUTATEN FÜR DIE WARME ORANGENVINAIGRETTE

1 TL natives **Olivenöl extra** | 1 TL **Schalotte,** klein geschnitten
60 ml frisch gepresster **Orangensaft** | 60 ml salzarme **Gemüse-** oder
Hühnerbrühe | 30 ml **Champagner-** oder **Weißweinessig**
1 TL **Dijon-Senf** | 2,5 ml frisch gepresster **Zitronensaft**
⅛ TL **Meersalz** | 1 Prise frisch gemahlener **schwarzer Pfeffer**
1 Prise **Cayennepfeffer**

ZUTATEN FÜR DIE EIER SARDOU

8 **Eiweiß** | 1 TL natives **Olivenöl extra**
220 g eingelegte, ungesüßte **Artischockenherzen,** abgetropft
1 **Knoblauchzehe,** klein geschnitten | 60 g **Babyspinat**
¼ TL **Meersalz** | ⅛ TL frisch gemahlener **schwarzer Pfeffer**
2 **Vollkorn-Toasties,** aufgeschnitten und getoastet

NÄHRWERTE/PORTION:
kcal: 154 (aus Fett: 27) |
Eiweiß: 14 g |
Kohlenhydrate: 21 g |
Fett: 3 g (davon gesättigte
Fettsäuren: 0,4 g,
Transfettsäuren: 0 g) |
Ballaststoffe: 5 g |
Salz: 531 mg |
Cholesterin: 0 mg

ZUBEREITUNG DER WARMEN ORANGENVINAIGRETTE

1. Olivenöl in einem kleinen Topf erwärmen. Schalotten darin bei mittlerer Hitze glasig dünsten, etwa 1 Minute. Danach Orangensaft, Brühe und Essig in den Topf gießen und die Mischung aufkochen lassen. Hitze reduzieren und noch etwa 3 Minuten lang köcheln lassen. Dijon-Senf und Zitronensaft sowie nach Geschmack Salz, Pfeffer und Cayennepfeffer hinzufügen und verrühren. Topf zugedeckt zur Seite stellen, damit die Soße warm bleibt.

ZUBEREITUNG EIER SARDOU

1. Eiweiß in etwa 6 Minuten pochieren (in einem Eierpochierer, mit einem Pochierförmchen oder einfach in einem Topf wie auf Seite 25 beschrieben), bis sie fest und durchgegart sind.

2. In der Zwischenzeit Olivenöl in einer großen Pfanne bei mittlerer Hitze erhitzen. Die Artischockenherzen hinzufügen und 3 Minuten lang anbraten, bis sie goldbraun sind. Knoblauch und Spinat dazugeben, mit Salz und Pfeffer abschmecken. 1 bis 2 Minuten lang garen, bis der Spinat etwas zusammengefallen ist.

3. Die Vollkorn-Toasties auf vier Teller legen und darauf die Artischocken-Spinat-Mischung gleichmäßig verteilen. Jeweils noch ein pochiertes Eiweiß und einen Esslöffel der warmen Vinaigrette darübergeben. Sofort servieren.

Pfirsich-Kirsch-Bellissimo

*Das italienische Wort „bellissimo" lässt sich mit „umwerfend schön" über-
setzen, und genauso sieht auch dieser farbige, erfrischende Drink aus.
Kombucha – fermentierter Tee, der oft für medizinische Zwecke verwendet
wird – finden Sie im Bioladen oder Reformhaus. Anders als der Cocktail
„Bellini", der ebenfalls mit pürierten weißen Pfirsichen zubereitet wird, ist
dieser Drink alkoholfrei.*

ZUTATEN

2 reife **weiße Pfirsiche,** geschält und entsteint
240 ml **schwarzer Kirschsaft,** ungesüßt
240 ml Bio-**Kombucha** (ungesüßt)
240 ml **Mineralwasser mit Kohlensäure**

NÄHRWERTE/PORTION:
kcal: 97 (aus Fett: 2) |
Eiweiß: 2 g |
Kohlenhydrate: 21 g |
Fett: 0 g (davon
gesättigte Fettsäuren: 0 g,
Transfettsäuren: 0 g) |
Ballaststoffe: 7 g |
Salz: 15 mg |
Cholesterin: 0 mg

ZUBEREITUNG

1. Die Pfirsiche in einen Standmixer geben und fein pürieren. Kirschsaft,
Kombucha und Mineralwasser in einer ausreichend großen Kanne verrühren.

2. Das Pfirsichpüree gleichmäßig auf vier Schaumweingläser verteilen.
Dann langsam die Kirschsaftmischung eingießen, 180 ml in jedes Glas.
Sofort servieren, ohne die beiden sichtbaren Schichten zu vermischen.

Sommerliche Gemüseplatte
mit Babytomaten und Pistou

Es gibt kaum etwas Gesünderes und Wohltuenderes als einen Teller mit frisch gegrilltem Gemüse – die perfekte Art, sich auf natürliche Weise zu entgiften. Dieses Gericht können Sie zum Brunch ebenso wie als Mittag- oder Abendessen servieren – im Grunde genommen also einfach immer!

Hinweis: Pistou muss im Voraus zubereitet werden.

ZUTATEN

2 **Babyzucchini,** diagonal in Scheiben geschnitten
2 **gelbe Zucchini,** diagonal in Scheiben geschnitten
Eat-Clean-Kochspray (siehe Seite 347)
1 TL **Meersalz**
½ TL frisch gemahlener **schwarzer Pfeffer**
150 g **Baby-** und **Birnentomaten,** halbiert
60 ml **Pistou mit Frühlingszwiebeln** (siehe Seite 349)

NÄHRWERTE/PORTION:
kcal: 30 (aus Fett: 15) |
Eiweiß: 1 g |
Kohlenhydrate: 3 g |
Fett: 2 g (davon
gesättigte Fettsäuren: 0 g,
Transfettsäuren: 0 g) |
Ballaststoffe: 1 g |
Salz: 315 mg |
Cholesterin: 0 mg

ZUBEREITUNG

1. Erhitzen Sie einen Grill oder eine Grillpfanne auf mittlere Hitze.

2. Zucchinischeiben auf einem Backblech auslegen und mit Eat-Clean-Kochspray besprühen. Mit ½ TL Salz und ¼ TL Pfeffer würzen und einzeln auf den Grill mit der gewürzten Seite nach unten legen. Die Oberseite ebenfalls mit Eat-Clean-Kochspray besprühen und restliches Salz und Pfeffer darüberstreuen. Die Scheiben 4 bis 5 Minuten garen, bis sie schön weich sind. Dabei einmal wenden.

3. Die gegrillten Gemüsescheiben auf einer großen Platte auslegen. Darauf die Babytomatenhälften verteilen und das Pistou mit einem Löffel darübergeben. Dieses Gericht kann heiß, bei Zimmertemperatur oder gekühlt serviert werden.

Supersaftiges Bananen-Walnuss-Brot

Immer wenn ich braun werdende Bananen auf meiner Küchentheke entdecke, weiß ich, dass ich mich demnächst wieder an Bananenbrot gütlich tun darf. Dieser Energiespender kann mit Frischkäse (siehe Rezept auf Seite 346) mit Beeren serviert werden. Oder Sie erwärmen ein paar Scheiben und bestreichen sie mit naturbelassener Nussbutter … himmlisch!

ZUTATEN

60 g plus ½ TL **Kokosbutter**
160 g **Vollkorn-Weizenmehl für Feingebäck**
2 EL **Leinsamen,** geschrotet
½ TL **Meersalz**
½ TL **Backnatron**
¼ TL **Backpulver**
40 g **Vollrohrzucker** oder Rohrohrzucker
2 EL **Zuckerrohrmelasse** (ungeschwefelt)
120 ml **fettarme Milch** oder **Sojamilch**
3 große, sehr reife **Bananen,** zerdrückt
45 g **Walnüsse,** gehackt

NÄHRWERTE/PORTION:
kcal: 222 (aus Fett: 70) |
Eiweiß: 4 g |
Kohlenhydrate: 35 g |
Fett: 8 g (davon
gesättigte Fettsäuren: 4 g,
Transfettsäuren: 0 g) |
Ballaststoffe: 6 g |
Salz: 187 mg |
Cholesterin: 0 mg

ZUBEREITUNG

1. Den Backofenrost auf die Schiene im unteren Drittel des Ofens schieben und den Backofen auf 175 °C vorheizen. Eine 23 × 13 cm große Kastenform mit ½ TL Kokosbutter einfetten.

2. Mehl, Leinsamen, Salz, Backnatron und Backpulver in einer mittelgroßen Schüssel vermengen. Restliche Kokosbutter mit Zucker und Melasse in einer Küchenmaschine auf mittelhoher Stufe verrühren. Die Mehlmischung hinzufügen und bei mittlerer Stufe so lange rühren, bis der Teig in etwa so aussieht wie grober, nasser Sand. Die Küchenmaschine abschalten und mit einem Gummispatel das herunterschieben, was an der Innenseite der Schüssel hängt. Noch einmal ein paar Sekunden rühren, damit wirklich alles gut vermischt ist. Milch hinzugeben und bei niedrigster Stufe unterrühren. Bananen und Walnüsse vorsichtig mit einem Löffel unterheben.

3. Den Teig mithilfe eines Teigschabers in die eingefettete Backform füllen und zum Backen in den Backofen stellen. Für die Garprobe nach 55 bis 60 Minuten einen Zahnstocher in der Mitte des Brots einstechen. Bleibt kein Teig daran hängen, die Form aus dem Ofen holen, etwas abkühlen lassen und das Brot herausnehmen. Warm servieren oder noch weiter abkühlen lassen. Bei Zimmertemperatur ist es, abgedeckt mit einem Küchentuch, zwei Tage haltbar und danach – falls noch etwas übrig ist! – kann es weitere drei Tage im Kühlschrank aufbewahrt werden.

Grüner Spargel
eingerollt in kalt geräucherte Lachsfilets

Dieses einfach zuzubereitende Gericht ist eine echte Gaumenfreude und auch ein optischer Genuss. Kalt geräucherte Lachsfilets sind eine Delikatesse, sie schmecken viel besser als die fertig abgepackten Räucherlachsprodukte aus dem Supermarkt. Die dünn geschnittenen Filets überzeugen durch eine seidige Konsistenz und einen vollen Geschmack.

ZUTATEN

1 Bund grüner **Spargel** (etwa 24 Stück)
½ TL natives **Olivenöl extra**
½ TL frischer **Estragon,** fein gehackt
1 Prise **Meersalz**
1 Prise frisch gemahlener **schwarzer Pfeffer**
80 g naturbelassener, kalt geräucherter **Lachs** aus Wildfang
Zitronenschnitze zum Garnieren

NÄHRWERTE/PORTION:
kcal: 32 (aus Fett: 10) |
Eiweiß: 4 g |
Kohlenhydrate: 2 g |
Fett: 1 g (davon
gesättigte Fettsäuren: 0 g,
Transfettsäuren: 0 g) |
Ballaststoffe: 1 g |
Salz: 103 mg |
Cholesterin: 11 mg

ZUBEREITUNG

1. Backofen auf 220° C vorheizen. Die holzigen Enden der Spargelstangen etwa 2 cm abschneiden. Den Spargel gleichmäßig in einer Mischung aus Olivenöl, Estragon, Salz und Pfeffer wälzen und nebeneinander auf ein Backblech legen. Im Backofen etwa 10 Minuten backen, bis sie leicht braun sind. Blech herausnehmen und den Spargel etwas abkühlen lassen.

2. Die Lachsfilets in mindestens 8 Streifen schneiden (einen für je 3 Stangen Spargel). Die Streifen auf einer sauberen Arbeitsfläche auslegen, auf jeden Streifen ein Bündel aus 3 Spargelstangen legen und den Lachs darumwickeln. Mit Zitronenscheiben garnieren, die von den Gästen über dem Lachs ausgedrückt werden können. Sofort servieren.

TIPP *Sie können dieses Gericht auch schon am Vorabend zubereiten und gut abgedeckt im Kühlschrank aufbewahren.*

Portionen: 8
Vorbereitung:
15 Minuten
Zubereitung:
22 Minuten

Cheddar-Jalapeño-Maismuffins

Diese süß-pikanten Leckerbissen eignen sich perfekt als Beilage zu Rühreiern oder einer Frittata. Wird als Käsesorte ein kräftig-würziger Cheddar gewählt, kann die Menge an Käse geringer gehalten werden, ohne dass der Geschmack der Muffins leidet. Köstlich!

ZUTATEN

Eat-Clean-Kochspray (siehe Seite 347)
1 **Jalapeño (Peperoni)**, geputzt und entkernt, fein gewürfelt
120 g **Vollkorn-Maisgrieß**
60 g **Vollkorn-Maismehl**
60 g **Vollkorn-Weizenmehl für Feingebäck**
45 g **Vollrohrzucker** oder **Rohrohrzucker**
1 EL plus 1 TL **Backpulver**
½ TL **Meersalz**
1 **Ei**
240 ml fettarmer **Naturkefir**
45 ml **Magermilch**
60 ml **Distelöl**
120 g geriebener fettarmer **kräftiger Cheddar**

NÄHRWERTE/PORTION:
kcal: 278 (aus Fett: 93) |
Eiweiß: 9 g |
Kohlenhydrate: 38 g |
Fett: 11 g (davon
gesättigte Fettsäuren: 2 g,
Transfettsäuren: 0 g) |
Ballaststoffe: 3 g |
Salz: 244 mg |
Cholesterin: 31 mg

ZUBEREITUNG

1. Backofen auf 220° C vorheizen. Die Vertiefungen eines 8er-Muffin-blechs mit Eat-Clean-Kochspray besprühen. Eine kleine Pfanne bei mittlerer Hitze erwärmen und ebenfalls mit dem Kochspray besprühen. Jalapeño-Würfel hinzufügen und etwa 3 Minuten andünsten, bis sie weich, aber noch nicht braun sind. Die Pfanne vom Herd nehmen und zur Seite stellen.

2. Maisgrieß, Maismehl, Weizenmehl, Zucker, Backpulver und Meersalz in einer Küchenmaschine bei geringer Geschwindigkeit gut durchmi-schen. Ei, Kefir, Milch und Öl hinzugeben und bei mittlerer Geschwin-digkeit 1 Minute verrühren. Zum Schluss die Jalapeño-Stückchen und den geriebenen Käse unterheben.

3. Den Teig gleichmäßig in die acht Muffin-Vertiefungen verteilen und goldbraun backen. Für die Garprobe nach etwa 18 Minuten mit einem Zahnstocher in die Mitte eines Muffins stechen. Bleibt kein Teig daran hängen, die Muffins herausnehmen. Sollten sie an der Form kleben, mit einem kleinen scharfen Messer an der Außenseite entlangfahren und die Muffins vorsichtig lösen. Warm essen oder auf einem Rost weiter abküh-len lassen.

Puten-Apfel-Frühstücksfrikadelle

Diese „Frikadellen" sind extrem vielseitig. Servieren Sie sie auf einem Bett aus gemischten Blattsalaten oder auf einem Vollkornbrötchen, und geben Sie Ihr bevorzugtes Würzmittel obendrauf. Ich persönlich esse sie sehr gerne zusammen mit Sauerkraut.

ZUTATEN

1 TL natives **Olivenöl extra**
½ **Granny-Smith-Apfel,** entkernt und gewürfelt
½ **Zwiebel,** gewürfelt
1 große **Knoblauchzehe,** klein geschnitten
450 g extramageres **Putenhackfleisch**
1 EL **naturbelassener Ahornsirup**
1 EL frischer **Salbei,** gehackt
1 TL frischer **Majoran** oder **Oregano,** gehackt
1 TL frischer **Thymian,** gehackt
½ TL frischer **Rosmarin,** gehackt
¼ TL **Paprikapulver edelsüß**
¼ TL gemahlene **Muskatnuss**
1 TL **Meersalz**
¼ TL frisch gemahlener **schwarzer Pfeffer**
Eat-Clean-Kochspray (siehe Seite 347)

NÄHRWERTE/PORTION:
kcal: 166 (aus Fett: 24) |
Eiweiß: 26 g |
Kohlenhydrate: 12 g |
Fett: 3 g (davon
gesättigte Fettsäuren: 1 g,
Transfettsäuren: 0 g) |
Ballaststoffe: 1 g |
Salz: 541 mg |
Cholesterin: 56 mg

ZUBEREITUNG

1. Öl in einer großen Pfanne erhitzen. Apfel- und Zwiebelwürfel darin bei mittlerer Hitze 3 bis 5 Minuten anbraten, bis sie weich sind und anfangen, braun zu werden. Knoblauch hinzugeben und noch mal 1 Minute braten. Vom Herd nehmen und etwas abkühlen lassen.

2. Putenhackfleisch, restliche Zutaten und die abgekühlte Apfel-Zwiebel-Mischung in eine große Schüssel geben. Die Hände waschen und alles gründlich vermengen. Masse vierteln und daraus Frikadellen formen.

3. Den Backofen auf 175° C vorheizen. Eine große, antihaftbeschichte Pfanne mit Eat-Clean-Kochspray besprühen und die Frikadellen darin etwa 5 Minuten bei mittlerer Hitze anbraten, bis sie auf beiden Seiten braun sind. Anschließend nebeneinander auf ein Backblech legen, in den Ofen schieben und etwa 5 bis 7 Minuten backen. Auf diese Weise werden sie durchgegart, ohne an der Außenseite anzubrennen. Heiß servieren.

Portionen: 8
Vorbereitung:
15 Minuten
Zubereitung:
20–22 Minuten

Hafer-Scuffins
mit Korinthen und Datteln

Ein „Scuffin" ist die perfekte Mischung zwischen einem Muffin und einem Scone. Er ist nicht so luftig und locker wie ein Muffin, aber auch nicht so blättrig wie ein Scone.

ZUTATEN

180 g **Vollkorn-Hafermehl**
120 g **Haferflocken**
3 EL **Vollrohrzucker** oder **Rohrohrzucker**
1 EL **Backpulver**
¼ TL gemahlener **Zimt**
½ TL **Meersalz**
8 **Datteln,** fein gehackt
30 g ungesüßte **Korinthen**
2 **Eiweiß**
3 EL Bio-**Kokosbutter,** zerlassen
65 g **Apfelmus** (ungesüßt)
80 ml fettarme **Milch**
Eat-Clean-Kochspray (siehe Seite 347)

NÄHRWERTE/PORTION:
kcal: 262 | (aus Fett: 64) |
Eiweiß: 8 g |
Kohlenhydrate: 43 g |
Fett: 7 g (davon
gesättigte Fettsäuren: 4 g,
Transfettsäuren: 0 g) |
Ballaststoffe: 5 g |
Salz: 148 mg |
Cholesterin: 0 mg

ZUBEREITUNG

1. Den Backofen auf 200° C vorheizen. In einer großen Schüssel Hafermehl, Haferflocken, Zucker, Backpulver, Zimt und Salz gründlich mischen. Datteln und Korinthen dazugeben.

2. In einer kleinen Schüssel Eiweiß, Kokosbutter, Apfelmus und Milch verquirlen. Zur Hafermischung geben und mithilfe eines Gummispatels oder eines Holzlöffels verrühren, bis alle Zutaten verbunden sind. Die Vertiefungen eines 8er-Muffinblechs mit Eat-Clean-Kochspray besprühen. Den Teig gleichmäßig in die acht Muffin-Vertiefungen verteilen und goldbraun backen. Für die Garprobe nach 20 bis 22 Minuten einen Zahnstocher in der Mitte eines Scuffins einstechen. Bleibt kein Teig daran hängen, die Scuffins herausnehmen und 5 Minuten abkühlen lassen.

TIPP *Um die Scuffins gut aus der Form herauszulösen, klopfen Sie mit dem Formboden auf einen Tisch, um sie zu lockern. Nehmen Sie die Scuffins dann heraus und stellen Sie sie zum Abkühlen auf einen Gitterrost. Oder Sie essen sie gleich warm (so schmecken sie sowieso am besten!).*

Portionen: 4
Vorbereitung:
10 Minuten
Zubereitung:
15–20 Minuten
Marinieren: 2 Std.
(oder über Nacht)

Im Ofen gegartes Schweinefilet
mit einer süßen Salbeimarinade

Wenn Sie Gäste zu einem Brunch (oder Abendessen) einladen und dabei dieses Gericht servieren, bringen Sie damit einen Hauch Dekadenz auf den Tisch. Da Schweinefilet feinfaserig und mager ist, kann es schnell passieren, dass es übergart wird. Ein Fleischthermometer ist deshalb unbedingt erforderlich.

ZUTATEN

2 EL **Apfelessig** | 1 EL natives **Olivenöl extra**

1 EL **Melasse** (ungeschwefelt) | 1 EL **unraffinierter Zucker**

2 **Knoblauchzehen,** klein geschnitten | 1 TL frischer **Salbei,** fein gehackt

1 TL frischer **Thymian,** fein gehackt

1 TL **Räuchersalz** (über Erlen oder anderem Holz geräuchert)

¼ TL frisch gemahlener **schwarzer Pfeffer**

450 g **Schweinefilet,** Fett entfernt

NÄHRWERTE/PORTION:
kcal: 217 (aus Fett: 85) |
Eiweiß: 23 g |
Kohlenhydrate: 8 g |
Fett: 10 g (davon
gesättigte Fettsäuren: 3 g,
Transfettsäuren: 0 g) |
Ballaststoffe: < 1 g |
Salz: 526 mg |
Cholesterin: 75 mg

ZUBEREITUNG

1. In einer kleinen Schüssel alle Zutaten außer dem Fleisch vermengen und in einen Klarsichtbeutel mit Zippverschluss füllen. Danach das Schweinefilet hinzugeben, verbliebene Luft herausdrücken und verschließen. Den Beutel ein paarmal kopfüber drehen, damit das Filet an allen Stellen von der Marinade bedeckt wird. Dann in einen kleinen Behälter legen, um etwaige Tropfen aufzufangen, und im Kühlschrank mindestens 2 Stunden lang, gerne auch über Nacht, marinieren.

2. Den Beutel aus dem Kühlschrank nehmen, damit er etwa Zimmertemperatur annehmen kann. Backofen auf 220° C vorheizen. Filet aus dem Beutel holen und auf ein Backblech oder in eine Backpfanne legen (um das Säubern hinterher zu erleichtern, können Sie Aluminiumfolie darauflegen). Die restliche Marinade aus dem Beutel zur Seite stellen. Das Fleisch im Ofen garen, bis es gut braun und den gewünschten Garzustand erreicht hat: 15 bis 17 Minuten für medium rare (rosa), 17 bis 20 Minuten für medium (halb durchgebraten). Filet aus dem Ofen nehmen und 10 Minuten stehen lassen, damit die Fleischsäfte wieder aufgesogen werden können und die Temperatur auf 71° C sinkt.

3. Während das Filet ruht, die Marinade in eine kleine Pfanne geben und bei mittlerer Hitze kurz aufkochen und dann 1 Minute köcheln lassen, bis sie leicht eingedickt ist. Sofort vom Herd nehmen und zur Seite stellen. (Wenn die Marinade einmal durcherhitzt wurde, kann sie sicher verzehrt werden). Das Filet quer zur Faser in dünne Scheiben schneiden, die Marinade darübergießen und servieren.

TIPP *Mit einem Fleischthermometer lässt sich am besten feststellen, wann das Fleisch gar ist.*

Portionen:
4 × 2 Kanapees
Vorbereitung:
10 Minuten
Zubereitung:
15–20 Minuten

Kanapees mit Garnelen und Kräuterfrischkäse

Diese kleinen Schmankerl serviere ich gerne, wenn ich meine Brunchgäste beeindrucken möchte. Sie sind ganz einfach zuzubereiten (nur vier Zutaten) und doch etwas für Feinschmecker. Ich empfehle Ihnen, dass Sie sich immer am Anfang der Woche eine gewisse Menge Frischkäse zubereiten und im Kühlschrank aufbewahren. Sie können ihn für eine Vielzahl von Rezepten in diesem Buch gebrauchen und haben ihn dann schon bereitstehen, was Zeit spart.

Hinweis: Der Frischkäse muss im Voraus zubereitet werden.

NÄHRWERTE/PORTION:

kcal: 64 (aus Fett: 3) |

Eiweiß: 3 g |

Kohlenhydrate: 13 g |

Fett: 0,3 g (davon

gesättigte Fettsäuren: 0 g,

Transfettsäuren: 0 g) |

Ballaststoffe: 1 g |

Salz: 128 mg |

Cholesterin: 11 mg

ZUTATEN

4 dünne Scheiben dunkles **Vollkorn-Roggenbrot**

4 große **Garnelen,** geschält, entdarmt und gekocht

8 gehäufte TL **Frischkäse mit Kräutern** (siehe Seite 348)

frischer **Dill** zum Garnieren

ZUBEREITUNG

1. Den Backofen auf 175°C vorheizen. Die Brotscheiben diagonal in zwei Dreieckshälften schneiden, auf ein Backblech legen, 15 bis 20 Minuten backen, bis sie leicht knusprig, aber doch noch etwas weich und beweglich sind. Herausnehmen und abkühlen lassen.

2. Vorsichtig die Schwanzenden der Garnelen entfernen, damit das Garnelenfleisch intakt bleibt. Den Rücken mit einem spitzen Messer leicht einschneiden und den Darm herausziehen. Danach die Garnelen mit dem Messer längs schneiden. (Sie haben nun zwei gleiche Garnelenhälften.)

3. Die gerösteten Roggenbrotdreiecke auf einen Servierteller legen und jeweils einen gehäuften Teelöffel Kräuterfrischkäse daraufgeben. Eine Garnelenhälfte mit der Schnittseite nach unten daraufsetzen. Zum Garnieren mit etwas Dill bestreuen und sofort servieren.

Brokkoliquiche
mit gedünsteten Zwiebeln und Blauschim-melkäse

Diese krustenfreie Quiche ist gesund, einfach und macht satt. Bereiten Sie die Füllung am besten schon am Abend vor dem Brunch vor und legen Sie den Boden der Quicheform damit aus. Am Morgen verquirlen Sie nur noch die Eier mit der Milch und den Gewürzen, gießen diese Mischung in die Quiche-form und schieben sie in den Backofen.

ZUTATEN

Eat-Clean-Kochspray (siehe Seite 347) | 1 TL natives **Olivenöl extra**
1 **Zwiebel,** halbiert und dünn geschnitten
¼ TL getrocknete **Kräuter der Provence** | **Meersalz**
frisch gemahlener **schwarzer Pfeffer** | 180 g **Brokkoliröschen**
1 **Ei** | 2 **Eiweiß** | 40 ml **fettarme Milch**
⅛ TL frisch gemahlene **Muskatnuss** | 2 EL **Blauschimmelkäse**

ZUBEREITUNG

NÄHRWERTE/PORTION:
kcal: 61 (aus Fett: 28) |
Eiweiß: 4 g |
Kohlenhydrate: 35 g |
Fett: 3 g (davon
gesättigte Fettsäuren: 1 g,
Transfettsäuren: 0 g) |
Ballaststoffe: 1 g |
Salz: 118 mg |
Cholesterin: 30 mg

1. Einen Backrost ins obere Ofendrittel schieben und Ofen auf 200° C vorheizen. Eine 24-cm-Quicheform aus Glas oder Keramik mit Eat-Clean-Kochspray besprühen und auf ein Backblech stellen, um eventu-elle Tropfen aufzufangen.

2. Olivenöl in einer großen Pfanne erhitzen. Zwiebel und Kräuter der Provence dazugeben und mit etwas Salz und Pfeffer würzen. Kurz ver-rühren und dann ohne weiteres Rühren etwa 3 Minuten bei mittelhoher Hitze braten, bis die Mischung zu karamellisieren beginnt. Hitze verrin-gern, Zwiebelmischung unter gelegentlichem Rühren 20 bis 25 Minuten weiterbraten, bis die Zwiebeln gut gebräunt und weich sind.

3. In der Zwischenzeit Wasser in einem kleinen Topf zum Kochen brin-gen und ein Eisbad mit Wasser und Eiswürfeln bereitstellen. Die Brok-koliröschen 10 Sekunden lang im kochenden Wasser blanchieren, dann mit einem Schöpflöffel direkt in das Eisbad geben. (So kocht der Brok-koli nicht weiter und erhält seine knackige Struktur.) Röschen abtropfen lassen und in etwa 2 cm große Stücke schneiden.

4. Ei, Eiweiß, Milch und Muskatnuss verquirlen, mit Salz und Pfeffer abschmecken. In der vorbereiteten Quicheform die glasierten Zwiebeln, den Brokkoli und den Blauschimmelkäse gleichmäßig verteilen. Die Eiermischung darüber gießen. Alles, was noch herausschaut, unter die Flüssigkeit drücken, um ein Anbrennen zu vermeiden. Quiche im Back-ofen etwa 25 Minuten backen, bis sie an den Rändern goldbraun ist. Für die Garprobe mit einem Messer in der Mitte einstechen. Wenn es beim Herausziehen sauber bleibt, ist die Quiche fertig. 10 Minuten lang abküh-len lassen, zum Servieren wie einen Kuchen in 8 Stücke schneiden.

Mexikanische „Mocha caliente"

Die Azteken, die einheimische Bevölkerung Zentralmexikos vom 14. bis zum 16. Jahrhundert, waren die Ersten, die sich Trinkschokolade zubereiteten. Sie mischten sie zum Aufpeppen mit scharfem Chili-Pfeffer. Meine Version enthält Cayennepfeffer, der den Stoffwechsel anregt und den „schlechten" LDL-Cholesterinspiegel senkt. Schokolade kann also auch gesund sein!

ZUTATEN

30 g (4 EL) **Kakaopulver**
$\frac{1}{8}$ TL gemahlener **Zimt**
1 Prise **Cayennepfeffer**
240 ml **fettarme Milch**
240 ml frisch gebrühter **Kaffee** oder **Espresso** (kann auch entkoffeiniert sein)
2 EL **Honig**
2 **Zimtstangen** zum Garnieren

NÄHRWERTE/PORTION:
kcal: 152 (aus Fett: 25) |
Eiweiß: 7 g |
Kohlenhydrate: 30 g |
Fett: 4 g (davon
gesättigte Fettsäuren: 1 g,
Transfettsäuren: 0 g) |
Ballaststoffe: 4 g |
Salz: 91 mg |
Cholesterin: 5 mg

ZUBEREITUNG

1. In einem kleinen Kochtopf mit schwerem Boden Kakaopulver, Zimt Cayennepfeffer und Milch gründlich verrühren. Den Herd auf mittlere Hitze einstellen. Kaffee und Honig dazugeben. Die Mischung unter regelmäßigem Rühren erhitzen, aber nicht aufkochen lassen.

2. Den Topf vom Herd nehmen und die Trinkschokolade in Becher gießen. Mit einer Zimtstange garniert servieren.

Meeresfrüchteplatte
mit cleaner Cocktailsoße und Gurken-Mignonette

Mit dieser Meeresfrüchteplatte werden Sie Ihre Brunchgäste zum Staunen bringen. Ein Hauch von Karibik wird Ihr Haus durchwehen. Servieren Sie dazu frisches Vollkornbrot, Früchte und rohes Gemüse.

Hinweis: Cocktailsoße und Mignonette müssen im Voraus zubereitet werden

ZUTATEN

zerstoßenes **Eis** zum Servieren
450 bis 900 g **Taschenkrebse,** gedünstet, gesäubert und gekühlt
12 **rohe Austern,** gesäubert und gekühlt
450 g **Garnelen,** entdarmt, mit Schwanz, gekocht, gekühlt
Zitronenschnitze zum Servieren
Cleane Cocktailsoße (siehe Seite 348)
Gurken-Mignonette (siehe Seite 351)

NÄHRWERTE/PORTION:
kcal: 128 (aus Fett: 16) |
Eiweiß: 25 g |
Kohlenhydrate: 1 g |
Fett: 2 g (davon
gesättigte Fettsäuren: 0 g,
Transfettsäuren: 0 g) |
Ballaststoffe: 0 g |
Salz: 377 mg |
Cholesterin: 158 mg

ZUBEREITUNG

1. Eine große, flache Servierschale oder -platte mit zerstoßenem Eis füllen. Scheren und Beine des Taschenkrebses abbrechen. Das Fleisch des Körpers in Viertel zerlegen, in die Mitte der Platte legen, darüber zwei Beine mit Scheren setzen.

2. Um eine Auster aus der Schale zu lösen, diese mit der gewölbten Seite nach unten mit einem Küchentuch gut festhalten. Ein kurzes, kräftiges Messer (noch besser ein spezielles Austernmesser) am Scharnier zwischen die Schalen schieben und diese mit einer kräftigen Drehbewegung öffnen. Mit dem Messer unter der Auster entlangfahren, um sie zu lösen. Das Austernfleisch verbleibt aber in der Schalenhälfte. Mit allen Austern so vorgehen. Dann die Austernhälften auf einer Seite der Platte drapieren.

3. Die Garnelen auf die andere Seite legen, gegenüber den Austern. In die verbleibenden Lücken Zitronenschnitze legen, die über den Meeresfrüchten ausgedrückt werden können. Mit der cleanen Cocktailsoße für Krebse und Garnelen und der Gurken-Mignonette für die Austern sofort servieren.

TIPP *Legen Sie zum Öffnen der Krebsscheren ein oder zwei Nussknacker oder kleine Hammer bereit. Achten Sie darauf, dass die Meeresfrüchte vor dem Verzehr immer gut gekühlt wurden.*

Portionen: 6
Vorbereitung:
10 Minuten
Zubereitung:
25 Minuten

Potatoes O'Brien

Das Kartoffelgericht „Potatoes O'Brien" wurde zu Beginn des 20. Jahrhunderts in Boston erfunden. Im Wesentlichen besteht es aus gebratenen Kartoffeln sowie roten und grünen Paprika. Meine Version serviere ich mit einer scharfen Soße, das gibt einen zusätzlichen Kick.

ZUTATEN

4 **Kartoffeln,** in 2 cm große Würfel geschnitten
1 TL **Meersalz**
2 EL natives **Olivenöl extra**
1 **Zwiebel,** gehackt
Je ½ **rote** und **grüne Paprikaschote,** entkernt und in Streifen geschnitten
1 **Knoblauchzehe,** klein geschnitten
1 TL frischer **Thymian,** gehackt
¼ TL frisch gemahlener **schwarzer Pfeffer**
Tabasco oder eine andere **scharfe Soße,** nach Geschmack

NÄHRWERTE/PORTION:
kcal: 122 (aus Fett: 40) |
Eiweiß: 3 g |
Kohlenhydrate: 21 g |
Fett: 5 g (davon
gesättigte Fettsäuren: 1 g,
Transfettsäuren: 0 g) |
Ballaststoffe: 3 g |
Salz: 320 mg |
Cholesterin: 0 mg

ZUBEREITUNG

1. Die Kartoffeln in einen mittelgroßen, mit kaltem Wasser gefüllten Topf geben. ½ TL Salz dazugeben und Wasser aufkochen lassen. Hitze reduzieren und die Kartoffeln etwa 12 Minuten köcheln lassen, bis sie gar sind, aber noch nicht auseinanderfallen. Kartoffeln durch ein Sieb abgießen und zur Seite stellen.

2. Kartoffeln in Würfel schneiden. Olivenöl in einer sehr großen Pfanne erhitzen. Kartoffelwürfel gleichmäßig darin verteilen. Ein paar Minuten ohne Wenden braten, bis sie gut gebräunt sind. Dann wenden und von der anderen Seite ein paar Minuten braten, bis sie braun sind. (Insgesamt sollte das 7 bis 10 Minuten dauern.)

3. Zwiebeln und Paprika dazugeben, darauf achten, dass das Gemüse den Pfannenboden berührt. Weitere 3 bis 5 Minuten braten, bis die Zwiebeln glasig und die Paprika weich sind und anfangen, braun zu werden. Knoblauch und Thymian hinzufügen und noch einmal 1 Minute garen. Mit ½ TL Salz und dem Pfeffer abschmecken. Sofort servieren, nach Wunsch zusammen mit einer scharfen Soße.

Her mit dem Käse?

Die häufigsten Fragen, die mir im Zusammenhang mit Eating Clean gestellt werden, beziehen sich auf Käse. Können Eating-Clean-Mahlzeiten auch Käse enthalten? Warum enthalten einige Ihrer Rezepte Käse? Warum erwähnen Sie in Ihren Büchern Käse nicht öfters? Darf ich Käse essen, wenn ich abnehmen will? Sie wissen inzwischen, dass es bei Eating Clean nicht darum geht, dass Sie auf Nahrungsmittel, die Sie gerne haben, vollkommen verzichten müssen. Es geht vielmehr darum, dass Sie sich generell bewusster ernähren und möglichst naturnahe Lebensmittel essen. Käse enthält einerseits gesunde Nährstoffe wie Eiweiß, Kalzium und Phosphor, andererseits aber auch viele gesättigte Fettsäuren. Bis vor Kurzem ging man davon aus, dass diese den unerwünschten LDL-Cholesterinspiegel und das Gesamtcholesterin im Blut erhöhen. Das wird in neueren Studien gerade revidiert und die Wissenschaft ist gespalten, ob Käse denn nun zu den Gesund- oder den Krankmachern zählt. Vielleicht können wir Käseliebhaber bald endgültig aufatmen.

Bis es so weit ist, denke ich, dass Käse eine Leckerei für besondere Gelegenheiten bleiben sollte. Die meisten Käsesorten haben einen Fettanteil von mindestens 30 Prozent. Wer abnehmen möchte, sollte Käse sparsam verzehren, also vielleicht einmal in der Woche, aber auf keinen Fall jeden Tag.

Sehen Sie es so: Wenn Sie viel Gewicht verlieren wollen, müssen Sie, bis Sie Ihre Ziele erreicht haben, bei Ihrer Lebensmittelauswahl ein wenig strenger sein. Der Verzehr von Käse bringt Sie erst mal nicht weiter. Aber der Käse läuft Ihnen nicht weg – Sie werden ihn auch noch in drei oder sechs Monaten essen können. Sollten Sie Ihrem Wunschgewicht bereits nahe sein, dürfen Sie großzügiger zu sich sein (auch wenn Sie nicht gleich eine Käse-Party schmeißen müssen). Ich selbst esse Käse nur ab und zu und wenn, dann nur wenig.

Eine Portion Käse entspricht ungefähr 30 Gramm, ist also in etwa so groß wie Ihr Daumen. Entscheiden Sie sich nach Möglichkeit für einen reifen Hartkäse. Solche Sorten verfügen über weniger Fett, aber dafür über mehr Geschmack. Wenn Sie gerne Cheddar oder Mozzarella in Ihren Speiseplan aufnehmen und gleichzeitig Gewicht verlieren wollen, kaufen Sie die fettarmen Varianten. Und setzen Sie sich selbst zuliebe auf Qualität. Billiger in Scheiben geschnittener Käse ohne Käsegeschmack gehört für mich nicht wirklich in die Kategorie „Lebensmittel".

Zu meinen bevorzugten Käsesorten gehören:

*H*üttenkäse ist nicht ohne Grund ein typisches Diätlebensmittel, aber nur ohne weitere Zutaten und Zusätze und, wenn Sie abnehmen, in der fettarmen Variante. Er hat einen hohen Proteingehalt und schmeckt pur ein wenig fade. Im Prinzip handelt es sich um körnig gemachten Quark aus Kuhmilch. Sie können Hüttenkäse pur essen oder als Speisezutat verwenden. Lesen Sie vor dem Kauf das Etikett genau, denn die meisten im Handel erhältlichen Hüttenkäseprodukte enthalten Zusatzstoffe.

*R*icotta ist wie Hüttenkäse eine Frischkäse-sorte, der aber aus Molke hergestellt wird. Er ist etwas dicker als Hüttenkäse und wird gerne für Cannelloni, Lasagne und andere Gerichte verwendet, für die als Zutat ein weicher, milder Käse erforderlich ist. Ricotta ist recht fettreich, weshalb auch hier gilt: Bei Abnehmwunsch die fettarme Variante bevorzugen.

*P*armigiano Reggiano (oder schlicht Par-mesan genannt) ist ein sehr harter Käse mit einem unverwechselbaren, leicht salzigen Geschmack. Er wird aus Kuhmilch und nur sehr wenigen weiteren Zutaten hergestellt. Reiben Sie ihn selbst, statt den in Tütchen abgepackten, bereits geriebenen Käse zu kaufen. Frisch ist der Geschmack viel intensiver und Sie brauchen dann weniger Käse. Asiago, Romano und Peco-rino sind weitere Hartkäsesorten, die Sie wie Parmesan verwenden können.

*Z*iegenkäse schmeckt etwas intensiver als Kuhmilchkäse. Wenn ich Lust auf etwas Cremiges habe, entscheide ich mich oft für Ziegenkäse, weil er sehr proteinreich ist und relativ wenig Fett enthält. Viele Menschen mit Laktoseintoleranz vertragen Ziegenkäse, denn Ziegenmilch ist in der Zusammensetzung der menschlichen Muttermilch ähnlicher als Kuhmilch.

Suppen

3

Suppen

Portionen: 6 × 0,25 l
Vorbereitung:
10 Minuten
Zubereitung:
31–36 Minuten

Sämige Rote-Bete-Suppe im Borschtsch-Stil

Borschtsch ist eine in ost- und mitteleuropäischen Ländern beliebte Suppe. Diese Version ist sämiger und cremiger als das Originalrezept. Servieren Sie dazu Vollkorn-Cracker oder Toast zum In-die-Suppe-Dippen.

ZUTATEN

1 EL natives **Olivenöl extra**
2 **Rote Beten,** geschält und in 1 cm große Würfel geschnitten
2 **Karotten,** geschält und in 1 cm große Würfel geschnitten
½ große oder 1 mittelgroße **Zwiebel,** gewürfelt
1 TL **Meersalz**
¾ TL frisch gemahlener **schwarzer Pfeffer**
1 **Knoblauchzehe,** gehackt
100 g **rote Linsen,** mit Wasser abgespült und abgetropft
1 l salzarme **Gemüsebrühe**
1 **Lorbeerblatt**
Saft von ½ **Zitrone**
120 ml fettarmer **Naturjoghurt,** durch ein engmaschiges
    Sieb abgegossen, plus etwas mehr zum Garnieren
frischer **Dill** zum Garnieren

NÄHRWERTE/PORTION:
kcal: 93 (aus Fett: 24) |
Eiweiß: 3 g |
Kohlenhydrate: 13 g |
Fett: 3 g (davon gesättigte
Fettsäuren: 0,5 g,
Transfettsäuren: 0 g) |
Ballaststoffe: 4 g |
Salz: 409 mg |
Cholesterin: 1 mg

ZUBEREITUNG

1. Das Olivenöl in einem großen Suppenkochtopf bei mittlerer Hitze erwärmen. Rote Beten, Karotten, Zwiebeln, Salz und Pfeffer darin unter gelegentlichem Rühren 5 Minuten anbraten. Knoblauch dazugeben, 1 Minute weiterbraten. Linsen, Gemüsebrühe und Lorbeerblatt in den Topf geben, alles kurz aufkochen und dann 25 bis 30 Minuten auf niedriger Stufe zugedeckt vor sich hin köcheln lassen, bis die Zutaten durchgegart und weich sind.

2. Das Lorbeerblatt entfernen und Suppe in einen Standmixer füllen. Zitronensaft und Joghurt hinzufügen. Die Suppe pürieren, bis sie eine samtig-weiche Konsistenz hat. (Vorsichtig, denn heiße Flüssigkeiten können sich beim Mischen ausdehnen.) Die Suppe in Suppenschalen mit einem Klacks Joghurt und gehacktem Dill bestreut servieren.

Portionen: 4 × 0,25 l
Vorbereitung:
10 Minuten
Zubereitung:
25 Minuten

Cremige Artischockensuppe

Diese Suppe ist wahres Seelenfutter. Ihre Cremigkeit kommt von der Ziegen-milch, einer leichter verdaubaren Alternative zur Kuhmilch, die gut für laktoseintolerante Menschen geeignet ist. Sollte es in Ihrem Lebensmittelladen keine Ziegenmilch geben, können Sie auch Kuhmilch verwenden.

ZUTATEN

1 EL natives **Olivenöl extra**

2 Stangen **Lauch,** nur die weißen und hellgrünen
   Teile, geschnitten und gut abgespült

2 Zehen **Knoblauch,** gehackt

220 g eingelegte, ungesüßte **Artischockenherzen,** abgetropft

1 TL frischer **Thymian,** gehackt

1 TL **Meersalz**

¼ TL frisch gemahlener **schwarzer Pfeffer**

1 **mehligkochende Kartoffel,** geschält und in 1-cm-Würfel geschnitten

500 ml salzarme **Hühnerbrühe**

130 ml fettarme **Ziegenmilch**

Saft von ½ **Zitrone**

2 TL frische **Schnittlauchröllchen** zum Garnieren

NÄHRWERTE/PORTION:
kcal: 150 (aus Fett: 41) |
Eiweiß: 6 g |
Kohlenhydrate: 23 g |
Fett: 4 g (davon
gesättigte Fettsäuren: 1 g,
Transfettsäuren: 0 g) |
Ballaststoffe: 4 g |
Salz: 571 mg |
Cholesterin: 1 mg

ZUBEREITUNG

1. Olivenöl in einem Schmortopf bei mittlerer Hitze erhitzen. Lauch, Knoblauch und Artischockenherzen sowie Thymian, Meersalz und schwarzen Pfeffer hineingeben, unter gelegentlichem Rühren etwa 5 Minuten dünsten, bis der Lauch weich, aber der Knoblauch noch nicht braun ist. Kartoffeln und Hühnerbrühe dazugeben. Kurz aufkochen lassen. Dann bei geschlossenem Deckel 20 Minuten auf niedriger Stufe köcheln lassen, bis alle Zutaten weich sind und sich die Aromen vermischt haben.

2. Vom Herd nehmen und mit einem Stabmixer cremig pürieren. (Sie können stattdessen auch einen Standmixer verwenden und den Topf-inhalt in mehreren Teilfüllungen mixen.) Ziegenmilch und Zitronensaft hinzufügen und nochmals verrühren. Am Ende mit Salz, Pfeffer und/ oder Zitronensaft abschmecken, auf vier Suppenteller verteilen und jeweils ½ TL gehackten Schnittlauch darüberstreuen.

TIPP *Seien Sie beim Mixen heißer Flüssigkeiten in einem Standmixer vorsichtig, weil diese sich ausdehnen können. Eine Ecke des Mixbehälterdeckels sollte angehoben sein und mit einem Küchentuch abgedeckt werden.*

Portionen: 4 × 0,25 l
Vorbereitung:
10 Minuten
Zubereitung:
75–85 Minuten

Französische Zwiebelsuppe
mit Parmesan-Croûtons

Es heißt, dass die französische Zwiebelsuppe von Ludwig XIV. oder XV. in einer Jagdhütte erfunden wurde, als er dort in der Speisekammer nur noch Zwiebeln, Champagner und altes Brot vorfand. So oder so gibt es diese Suppe nicht ohne Grund schon sehr lange: Sie ist wohltuend und schmackhaft.

Hinweis: Die Parmesan-Croûtons müssen im Voraus zubereitet werden.

ZUTATEN

1 EL natives **Olivenöl extra**
3 große **Zwiebeln,** geschält und in dünne Scheiben geschnitten
½ TL **Meersalz**
¼ TL frisch gemahlener **schwarzer Pfeffer**
1 **Knoblauchzehe,** geschält und leicht zerdrückt
3 Zweige frischer **Thymian** | 1 **Lorbeerblatt**
¼ TL **schwarze Pfefferkörner**
1 TL **Cognac, Brandy** oder **trockener Sherry**
1 TL **Weißweinessig** | 1 TL **Sherryessig**
1 l salzarme **Rinderbrühe**
1 Spritzer **Worcestersoße**
8 **Parmesan-Croûtons** (siehe Seite 350)

NÄHRWERTE/PORTION:
kcal: 152 (aus Fett: 49) |
Eiweiß: 8 g |
Kohlenhydrate: 17 g |
Fett: 6 g (davon
gesättigte Fettsäuren: 1 g,
Transfettsäuren: 0 g) |
Ballaststoffe: 3 g |
Salz: 404 mg |
Cholesterin: 1 mg

ZUBEREITUNG

1. Das Öl in einem großen Schmortopf erhitzen. Zwiebeln, Salz und Pfeffer dazugeben, Zwiebeln unter Rühren etwa 10 Minuten bei mittlerer Hitze anschwitzen. Hitze reduzieren, Zwiebeln weiter anbraten, bis sie eine goldbraune Farbe angenommen haben, 45 bis 55 Minuten. Dabei mit einem Holzlöffel regelmäßig umrühren und den Topfboden frei schaben. (Das Karamellisieren von Zwiebeln ist ein langsamer Vorgang, versuchen Sie nicht, ihn durch Erhöhen der Hitze zu beschleunigen.)

2. Während die Zwiebeln karamellisieren, ein 8 × 8 cm großes, doppel-lagiges Mulltuch zurechtschneiden. Knoblauch, Thymian, Lorbeerblatt und schwarze Pfefferkörner darauflegen, die Ecken des Tuchs zusammen-falten und mit einem Lebensmittelfaden fest zubinden. Zur Seite legen.

3. Wenn die Zwiebeln gleichmäßig braun und stark eingeschrumpft sind, Cognac und Essig hinzufügen. Am Topfboden entlangschaben, um krustige Zwiebelteilchen zu lockern. Etwa 30 Sekunden warten, bis der Geschmack der Flüssigkeiten durch die Zwiebeln gedrungen und der Alkohol verkocht ist. Nun die Rinderbrühe in den Topf gießen, einen Schuss Worcestersoße sowie das Gewürzpäckchen dazugeben. Die Suppe aufkochen, Hitze reduzieren und halb zugedeckt 30 Minu-ten lang köcheln lassen. Gewürzpäckchen entfernen und die Suppe mit dem Schöpflöffel in vier Suppenschalen verteilen und mit je zwei Par-mesan-Croûtons servieren.

Portionen: 4 × 0,25 l
Vorbereitung:
10 Minuten
Zubereitung:
51 Minuten

Grüne-Linsen-und-Gemüsesuppe

Ich füge meinen Suppen und Salaten oft Linsen hinzu. Sie machen diese noch nahrhafter und sind eine gute Proteinquelle. Grüne Linsen du Puy (aus der Region Le Puy in der Auvergne) zeichnen sich durch einen leicht nussigen Geschmack aus. Ihre Garzeit ist etwas länger als die anderer Linsen, aber dafür bleiben sie während des Kochvorgangs in Form und werden nicht matschig.

ZUTATEN

1 EL natives **Olivenöl extra**
½ große **Zwiebel,** geschält und gewürfelt
1 große **Karotte,** geschält und gewürfelt
2 Stangen **Sellerie,** gewürfelt
1 TL **Meersalz**
¼ TL frisch gemahlener **schwarzer Pfeffer**
2 Zehen **Knoblauch,** gehackt
1 TL frischer **Thymian,** gehackt
1 TL frischer **Rosmarin,** gehackt
100 g **grüne Linsen** (Lentilles vertes du Puy)
500 ml salzarme **Gemüsebrühe**
500 ml **Wasser**
1 **Lorbeerblatt**

NÄHRWERTE/PORTION:
kcal: 149 (aus Fett: 36) |
Eiweiß: 6 g |
Kohlenhydrate: 23 g |
Fett: 4 g (davon gesättigte
Fettsäuren: 0,5 g,
Transfettsäuren: 0 g) |
Ballaststoffe: 6 g |
Salz: 541 mg |
Cholesterin: 0 mg

ZUBEREITUNG

1. Olivenöl in einem mittelgroßen Suppenkochtopf bei einer mittleren Herdeinstellung erhitzen. Zwiebel, Karotte, Sellerie, Salz und Pfeffer darin bei mittlerer Hitze etwa 5 Minuten lang anbraten, bis das Gemüse weich ist und anfängt, goldbraun zu werden. Knoblauch, Thymian und Rosmarin dazugeben, 1 Minute weitergaren.

2. Linsen, Gemüsebrühe, Wasser und Lorbeerblatt in den Topf geben. Suppe 45 Minuten lang bei geringer Hitze und geschlossenem Topfdeckel köcheln lassen, bis die Linsen gar sind. Das Lorbeerblatt herausnehmen und die Suppe auf vier Suppenschalen verteilen.

Japanische Gemüsesuppe mit Tofu (Kenchinjiru)

Kenchinjiru ist eine klare Gemüsesuppe aus Japan, die außer Gemüse, Pilzen und Kartoffeln auch Tofu enthält. Die Zutaten sind variierbar, je nachdem, wie herzhaft und sättigend die Suppe sein soll.

Hinweis: Dashi muss im Voraus zubereitet werden.

ZUTATEN

1 l **Dashi** (siehe Seite 350)
1 **Karotte,** geschält, geviertelt und in dünne Scheiben geschnitten
10 cm **Daikon-Rettich (oder anderer Rettich),** geschält,
    geviertelt und in dünne Scheiben geschnitten
100 g **Weißkohl,** fein geschnitten
1 brauner **Riesenchampignon (Portobello),** Stiel entfernt,
    halbiert und in dünne Scheiben geschnitten
1 mittelgroße **Kartoffel,** geschält und in 1-cm-Würfel geschnitten
1 TL **Wakame** (essbare getrocknete Braunalgen)
1 TL **Sesamöl**
2 TL salzarme **Sojasoße** oder **Tamari**
¾ TL **Meersalz**
125 g fester **Tofu,** in 1-cm-Würfel geschnitten

NÄHRWERTE/PORTION:
kcal: 112 (aus Fett: 31) |
Eiweiß: 9 g |
Kohlenhydrate: 13 g |
Fett: 3 g (davon gesättigte
Fettsäuren: 0,3 g,
Transfettsäuren: 0 g) |
Ballaststoffe: 4 g |
Salz: 556 mg |
Cholesterin: 0 mg

ZUBEREITUNG

1. In einem mittelgroßen Suppenkochtopf Dashi, Karotte, Rettich, Kohl, Champignon und Kartoffel zum Kochen bringen. 5 bis 7 Minuten köcheln lassen, bis das Gemüse gar und die Kartoffeln noch nicht auseinandergefallen sind. Herd ausschalten, Wakame, Sesamöl, Sojasoße und Salz einrühren. Tofu in den Topf geben und 1 Minute warm werden lassen.

2. Die Suppe in vier Suppenschalen anrichten und servieren.

Kohlsuppe nach Mexicali-Art

Ja, ja, ich weiß. Bei dem Wort „Kohlsuppe" nehmen Sie innerlich Reißaus. Aber glauben Sie mir, das Resultat des nachfolgenden Rezepts ist keine fade „Diät"-Suppe. Sie ist nach einer mexikanischen Stadt benannt und schmeckt dementsprechend mexikanisch-pikant. Olé!

ZUTATEN

1 EL natives **Olivenöl extra**

1 **Zwiebel,** geschält, halbiert und in dünne Scheiben geschnitten

1 **Poblano** (Paprika-Art; oder andere rote Paprika), halbiert, Samen entfernt, in dünne Streifen geschnitten

½ Kopf **Weißkohl,** Stiel entfernt, in dünne Scheiben geschnitten

2 Zehen **Knoblauch,** gehackt

1 TL **Meersalz**

¾ TL frisch gemahlener **schwarzer Pfeffer**

1 **Chipotle** (geräucherter Jalapeño, eingelegt in Adobosoße), gehackt

2 TL **Chilipulver**

1 TL gemahlener **Kreuzkümmel**

¼ TL getrockneter **Oregano**

1 **Lorbeerblatt**

250 g **Kidneybohnen,** gekocht

600 g **Tomaten,** gewürfelt

1 l salzarme **Gemüsebrühe**

200 ml **Wasser**

NÄHRWERTE/PORTION:
kcal: 103 (aus Fett: 18) |
Eiweiß: 4 g |
Kohlenhydrate: 17 g |
Fett: 2 g (davon
gesättigte Fettsäuren: 0 g,
Transfettsäuren: 0 g) |
Ballaststoffe: 5 g |
Salz: 289 mg |
Cholesterin: 0 mg

ZUBEREITUNG

1. Olivenöl in einem großen Schmortopf erhitzen. Zwiebeln und Poblano darin bei mittlerer Hitze 3 bis 5 Minuten andünsten, bis die Zwiebeln glasig sind. Kohl, Knoblauch, Salz und Pfeffer hinzufügen und kurz anbraten, bis die Kohlblätter zusammenfallen, etwa 2 Minuten. Restliche Zutaten dazugeben und die Flüssigkeit zum Kochen bringen.

2. Topf abdecken und Hitze verringern. Die Suppe 20 bis 25 Minuten köcheln lassen, bis alle Zutaten weich sind und die Geschmacksnoten sich verbunden haben. Mit Salz und Pfeffer abschmecken, das Lorbeerblatt entfernen und die Suppe in Suppenschalen schöpfen.

Portionen: 4 × 0,25 l
Vorbereitung:
5 Minuten
Zubereitung:
3–5 Minuten

Eiereinlaufsuppe

Eiereinlaufsuppe ist das, was der Name nahelegt: eine Suppe, bei deren Zubereitung Sie glatt geschlagene Eier in die kochende Grundflüssigkeit einlaufen lassen. Ursprünglich stammt sie aus China, wird aber inzwischen überall auf der Welt gegessen.

Hinweis: Dashi muss im Voraus zubereitet werden.

ZUTATEN

1 l **Dashi** (siehe Seite 350)
3 **Eiweiß** plus 1 **Ei,** gut verquirlt
1 TL **Wakame** (essbare, getrocknete Braunalgen)
1 TL **Sake** (Reiswein)
1 TL salzarme **Tamari** (Sojasoße)
¾ TL **Meersalz**
1 **Schalotte,** fein gehackt

NÄHRWERTE/PORTION:
kcal: 48 (aus Fett: 13) |
Eiweiß: 7 g |
Kohlenhydrate: 3 g |
Fett: 2 g (davon gesättigte
Fettsäuren: 0,5 g,
Transfettsäuren: 0 g) |
Ballaststoffe: 1 g |
Salz: 527 mg |
Cholesterin: 61 mg

ZUBEREITUNG

1. Dashi in einem mittelgroßen Kochtopf zum Köcheln bringen. Die geschlagenen Eier unter ständigem Rühren mit einer Gabel langsam in die Brühe einlaufen lassen, immer 1 TL auf einmal, um Flocken zu bilden.

2. Wakame, Sake, Tamari, Meersalz und Schalotte hinzugeben. Alles verrühren und sofort servieren.

Tomaten-Fenchel-Suppe
mit Limabohnen

Diese Herbstsuppe hebt Ihre Stimmung und stärkt Ihr Immunsystem. Lima-bohnen (die kleine Art wird auch Mondbohne genannt) haben einen hohen Eiweißanteil und komplettieren diese Gemüsesuppe damit perfekt. Sie lässt sich gut im Kühlschrank aufbewahren und kann dann für ein schnelles Abend-essen aufgewärmt werden.

ZUTATEN

1 EL natives **Olivenöl extra**

1 mittelgroße **Zwiebel,** geschält, halbiert und in dünne Scheiben geschnitten

1 **Fenchelknolle,** halbiert und in dünne Scheiben geschnitten

2 **Stangensellerie mit Blättern,** diagonal in dünne Scheiben geschnitten

⅛ TL zerstoßene **rote Paprikaflocken**

1 TL **Meersalz**

¼ TL frisch gemahlener **schwarzer Pfeffer**

2 **Knoblauchzehen,** gehackt

1 EL frischer **Thymian,** gehackt

1 Dose (400 g) gewürfelte **Tomaten** (ohne zugesetztes Salz)

720 ml salzarme **Gemüsebrühe**

160 g **Lima- bzw. Mondbohnen** aus der Dose, abgetropft und abgespült

1 Rinde von **Parmesankäse** (siehe Tipp)

NÄHRWERTE/PORTION:

kcal: 78 (aus Fett: 18) |

Eiweiß: 3 g |

Kohlenhydrate: 12 g |

Fett: 2 g (davon
gesättigte Fettsäuren: 0 g,
Transfettsäuren: 0 g) |

Ballaststoffe: 4 g |

Salz: 447 mg |

Cholesterin: 0 mg

ZUBEREITUNG

1. Das Olivenöl in einem großen Topf erhitzen. Zwiebel, Fenchel, Selle-rie, rote Paprikaflocken, Salz und Pfeffer etwa 5 Minuten darin andüns-ten, bis das Gemüse weich, aber nicht braun ist. Knoblauch und Thymian dazugeben und 1 weitere Minute dünsten.

2. Tomaten, Brühe, Limabohnen und Parmesanrinde in den Topf geben. Bei hoher Hitze aufkochen lassen. Hitze reduzieren und zugedeckt etwa 20 Minuten köcheln lassen, bis die Zutaten gar sind. Die Parmesan-rinde verleiht der Suppe einen köstlichen cremig-salzig-nussartigen Geschmack, fast wie der Käse selbst.

TIPP *Verwenden Sie nur die Rinde eines echten italienischen Parmigiano Reggiano. Wenn Sie den Käse selbst nicht kaufen möchten, fragen Sie in einem Käseladen oder in der Käseabteilung eines Feinkostgeschäftes nach der Rinde.*

Portionen: 4 × 380 ml
Vorbereitung:
20 Minuten
Zubereitung:
0 Minuten

Gazpacho

Die vor allem in Spanien beliebte Gazpacho wird oft auch als flüssiger Salat bezeichnet. Es handelt sich dabei um eine auf Tomaten basierende Suppe aus ungekochtem Gemüse. Sie schmeckt angenehm frisch und säuerlich und wird deshalb vor allem im Sommer genossen. Eine sehr gesunde Mahlzeit!

ZUTATEN

4 reife **Tomaten,** in 1 cm große Würfel geschnitten
1 **Salatgurke,** geschält und entsamt, in 1 cm große Würfel geschnitten
1 **grüne Paprika,** entkernt und geputzt, in 1 cm große Würfel geschnitten
1 **rote Paprika,** entkernt und geputzt, in 1 cm große Würfel geschnitten
250 ml salzarmer, zuckerfreier **Gemüsesaft** (ohne künstliche Zusätze)
60 ml **Sherry-** oder **Rotweinessig**
2 EL natives **Olivenöl extra**
2 **Knoblauchzehen,** klein geschnitten
1 TL **Meersalz**
½ TL frisch gemahlener **schwarzer Pfeffer**

NÄHRWERTE/PORTION:
kcal: 124 (aus Fett: 64) |
Eiweiß: 2 g |
Kohlenhydrate: 13 g |
Fett: 7 g (davon
gesättigte Fettsäuren: 1 g,
Transfettsäuren: 0 g) |
Ballaststoffe: 3 g |
Salz: 521 mg |
Cholesterin: 0 mg

ZUBEREITUNG

1. Alle Zutaten bis auf Salz und Pfeffer in einer Schüssel gründlich vermengen.

2. Die Hälfte der Gazpacho in eine Küchenmaschine oder einen Standmixer geben und fast glatt pürieren. Zurück in die Schüssel geben und alles noch einmal gut verrühren. (Alternativ können Sie auch die ganze Gazpacho mixen, wenn Sie eine cremigere Suppe bevorzugen.) Mit Salz und Pfeffer abschmecken. Vor dem Servieren mindestens zwei Stunden im Kühlschrank durchziehen lassen, damit sich die Aromen entfalten können.

Pürierte Suppe aus Pastinaken und Apfel
mit knusprigem Salbei

Mit dieser Suppe läuten Sie am Esstisch den Herbst ein. Der nussartige Geschmack der Pastinaken vereinigt sich perfekt mit dem süß-säuerlichen Apfelgeschmack und daraus ergibt sich eine wohltuende und nahrhafte Mahlzeit.

ZUTATEN

1 EL natives **Olivenöl extra**
1 große Stange **Lauch** (etwa 220 g), gut gesäubert und gehackt
2 **Knoblauchzehen,** gehackt | 2 **Pastinaken,** geschält und gehackt
1 mittelgroße **Sellerieknolle,** gehackt
1 **Apfel,** geschält und gehackt
Je 1 gehäufter TL frischer **Salbei** und frischer **Thymian,** gehackt
1 TL **Meersalz** | ½ TL frisch gemahlener **schwarzer Pfeffer**
720 ml salzarme **Hühner-** oder **Gemüsebrühe**
120 ml fettarme **Milch** oder **Soja-, Reis-** oder **Mandelmilch** (ungesüßt)
1 TL frischer **Zitronensaft**
1 bis 2 EL ungesalzene **Butter** oder natives **Olivenöl extra**
6 frische **Salbeiblätter**

NÄHRWERTE/PORTION:
kcal: 115 (aus Fett: 42) |
Eiweiß: 2 g |
Kohlenhydrate: 16 g |
Fett: 5 g (davon
gesättigte Fettsäuren: 1 g,
Transfettsäuren: 0 g) |
Ballaststoffe: 3 g |
Salz: 581 mg |
Cholesterin: 0 mg

ZUBEREITUNG

1. Olivenöl in einem mittelgroßen Suppenkochtopf erhitzen. Lauch darin 4 bis 5 Minuten anbraten, bis er weich, aber noch nicht braun ist. Knoblauch dazugeben und 1 weitere Minute mitbraten. Pastinaken, Sellerie, Apfel, Salbei, Thymian, Salz, Pfeffer und die Brühe in den Topf geben. Gut verrühren und die Suppe zum Kochen bringen. Die Hitze reduzieren, den Topf teilweise abdecken und 25 bis 30 Minuten köcheln lassen, bis das Gemüse ganz weich ist.

2. Die Suppe in einem Standmixer oder mit einem Stabmixer pürieren, bis sie sehr glatt ist. Milch und Zitronensaft hinzufügen und alles noch einmal mixen. Mit Salz, Pfeffer und Zitronensaft abschmecken.

3. Butter in einem sehr kleinen Topf oder einer Pfanne bei mittlerer Hitze schmelzen lassen (die flüssige Butter sollte den ganzen Boden bedecken). Die Salbeiblätter in der Butter schwenken und leicht brutzeln lassen, ohne dass die Butter anbrennt. Sobald die Butter bräunlich wird, vom Herd nehmen. (Wenn Sie Olivenöl verwenden, die Salbeiblätter so lange anbraten, bis sie knusprig sind, denn es wird im Gegensatz zu Butter nicht braun).

4. Die Suppe in Suppenschalen schöpfen, ein knuspriges Salbeiblatt darauf legen und mithilfe eines Löffels etwas gebräunte Butter darüberträufeln. Sofort servieren.

Getreide und Hülsen- früchte

4

Getreide und Hülsenfrüchte

Israeli-Couscous-Salat

Israeli-Couscous oder „Ptitim" wurde in Israel in den 1950er-Jahren erfunden als Ersatz für Reis, der zu dieser Zeit knapp war. Dieser Couscous besteht aus Hartweizen, der im Ofen geröstet wird. In Israel wird Ptitim hauptsächlich für Kinder zubereitet, während es in vielen anderen Ländern als echte Gourmet-Delikatesse gilt.

ZUTATEN

1 **Süßkartoffel,** geschält und in 1 cm große Würfel geschnitten
Eat-Clean-Kochspray (siehe Seite 347)
¼ TL plus 1 Prise **Meersalz**
⅛ TL plus 1 Prise frisch gemahlener **schwarzer Pfeffer**
1 TL plus 1 EL natives **Olivenöl extra** | 190 g **Israeli-Couscous** (Ptitim)
1 **Lorbeerblatt** | Schale von einer ½ **Orange** (unbehandelt)
80 ml frisch gepresster **Orangensaft** | 60 ml **Rotweinessig**
120 g entkernte **getrocknete Kirschen**
60 g **getrocknete Korinthen** | 40 g geröstete geschälte **Pistazien,** gehackt
50 g **Frühlingszwiebeln,** fein gehackt | 1 EL **glatte Petersilie,** gehackt

NÄHRWERTE/PORTION:
kcal: 189 (aus Fett: 40) |
Eiweiß: 5 g |
Kohlenhydrate: 29 g |
Fett: 5 g (davon
gesättigte Fettsäuren: 1 g,
Transfettsäuren: 0 g) |
Ballaststoffe: 2 g |
Salz: 83 mg |
Cholesterin: 0 mg

ZUBEREITUNG

1. Backofen auf 190° C vorheizen. Die Süßkartoffelwürfel auf ein Backblech geben. Großzügig mit Eat-Clean-Kochspray besprühen, je eine Prise Salz und Pfeffer darüberstreuen, nochmals vermischen und die Würfel auf dem Blech verteilen. Im Ofen etwa 10 bis 12 Minuten rösten, bis sie weich und leicht gebräunt sind. Blech herausholen und zur Seite stellen.

2. 1 TL Olivenöl in einem mittelgroßen Schmortopf bei mittlerer Hitze erwärmen. Couscous dazugeben und rühren, bis er mit Öl überzogen ist, dann unter ständigem Rühren rösten, etwa 3 Minuten. Langsam 420 ml kochendes Wasser sowie das Lorbeerblatt hinzufügen. Zudecken, Hitze auf eine ganz niedrige Stufe stellen und 12 Minuten köcheln lassen, bis das Wasser ganz aufgesogen wurde und der Couscous gar ist, aber noch die ursprüngliche Form aufweist. Mit einem Holzlöffel vorsichtig auflockern und zugedeckt beiseitestellen.

3. Während der Couscous am Köcheln ist, in einen kleinen Topf Orangenschale und -saft, Essig, Kirschen und Korinthen aufkochen. Topf vom Herd nehmen und etwa 3 Minuten warten, bis die Kirschen und Korinthen aufgequollen sind. Durch ein Sieb gießen, Flüssigkeit dabei auffangen.

4. Den Couscous mithilfe eines Schabers in eine große Schüssel geben. Nacheinander gerösteten Süßkartoffelwürfel, Kirschen und Korinthen, Pistazien, Frühlingszwiebeln, ¼ TL Salz und ⅛ TL Pfeffer sowie die Petersilie hinzufügen. 2 bis 3 EL der Orangen-Essig-Flüssigkeit und 1 EL Olivenöl zur Salatmischung geben und alles gut mischen. Der Salat kann, muss aber nicht, gekühlt serviert werden.

Risotto aus Hafergrütze
mit Pilzen

Ich liebe es, neue Getreidearten auszuprobieren. Hafergrütze besteht aus nur grob zerkleinerten Haferkörnern. Durch die minimale Verarbeitung sind sie sehr nährstoffreich und deshalb ein perfekter Bestandteil vieler Eating-clean-Speisen. Hafergrütze ist in Biosupermärkten gut erhältlich.

ZUTATEN

1 EL plus 1 TL natives **Olivenöl extra**
180 g **Zuchtchampignons,** geputzt, dünn geschnitten
1 mittelgroße **Zwiebel,** in 1 cm große Würfel geschnitten
1 mittelgroße **Karotte,** in 1 cm große Würfel geschnitten
1 Stange **Sellerie,** in 1 cm große Würfel geschnitten
140 g **Vollkorn-Hafergrütze**
1 TL frischer **Thymian,** gehackt
120 ml trockener **Weißwein**
720 ml salzarme **Pilz-** oder **Gemüsebrühe**
1 TL **Meersalz**
¼ TL frisch gemahlener **schwarzer Pfeffer**
etwas frisch geriebener **Parmesan** (optional)

NÄHRWERTE/PORTION:
kcal: 161 (aus Fett: 43) |
Eiweiß: 4 g |
Kohlenhydrate: 7 g |
Fett: 5 g (davon gesättigte
Fettsäuren: 0,5 g,
Transfettsäuren: 0 g) |
Ballaststoffe: 3 g |
Salz: 483 mg |
Cholesterin: 0 mg

ZUBEREITUNG

1. 1 EL Olivenöl in einer großen Pfanne erhitzen. Die Pilze in einer Lage in die Pfanne legen und bei mittlerer Hitze 3 Minuten anbraten, bis sie braun sind. In eine kleine Schüssel füllen und beiseitestellen.

2. Die Pfanne wieder auf den Herd stellen. Zwiebeln, Karotten und Sellerie in 1 TL Olivenöl bei mittlerer Hitze etwa 3 Minuten anbraten, bis sie weich, aber noch nicht braun sind. Hafergrütze und Thymian dazugeben und weitere 3 Minuten garen. Die Pilze inklusive Flüssigkeit sowie den Weißwein in die Pfanne geben. Wenn der Hafer die gesamte Flüssigkeit aufgenommen hat, Brühe, Salz und Pfeffer dazugeben. Alles gründlich mischen.

3. Das Risotto aufkochen lassen. Anschließend unter gelegentlichem Rühren in der abgedeckten Pfanne 40 bis 45 Minuten köcheln lassen, bis es weich, aber trotzdem noch bissfest ist. Am Ende sollte es eine lockere Konsistenz haben. Wenn die Brühe komplett aufgesogen wurde, noch etwas davon hinzufügen. Das Risotto, falls gewünscht, mit etwas frisch geriebenem Parmesan bestreut servieren.

Dicke Bohnen
mit einer Vinaigrette aus Zitronen und Anchovispaste

Dicke Bohnen sind unter einer Vielzahl weiterer Namen bekannt, darunter Ackerbohnen, Favabohnen, Saubohnen, Schweinsbohnen, Pferdebohnen und Viehbohnen. Diese Hülsenfrucht ist ein sehr altes Lebensmittel, das bereits bei den Griechen und Römern der Antike bekannt war. Ihr interessanter, cremiger Geschmack macht dicke Bohnen zu einer beliebten Zutat von Suppen und Körnersalaten. In meinem Rezept sind sie die Hauptzutat.

ZUTATEN

340 g frische **dicke Bohnen,** enthülst (entspricht
   900 g Bohnen noch in den Schoten)
20–25 ml frischer **Zitronensaft**
1 EL natives **Olivenöl extra**
1 kleine **Knoblauchzehe,** klein geschnitten
⅛ TL **Anchovispaste**
¼ TL **Meersalz**
¼ TL frisch gemahlener **schwarzer Pfeffer**
1 TL frischer **Estragon,** fein gehackt
2 EL gehobelter **Pecorino Romano** (optional)

NÄHRWERTE/PORTION:

kcal: 134 (aus Fett: 36) |

Eiweiß: 10 g |

Kohlenhydrate: 18 g |

Fett: 4 g (davon gesättigte

Fettsäuren: 0,5 g,

Transfettsäuren: 0 g) |

Ballaststoffe: 5 g |

Salz: 188 mg |

Cholesterin: 0 mg

ZUBEREITUNG

1. Eine große Schüssel mit Eiswasser füllen. In einem Topf Wasser zum Kochen bringen. Die dicken Bohnen darin etwa 3 Minuten kochen, bis sie weich sind. Die Bohnen durch ein Sieb abgießen und in das bereitstehende Eiswasser geben. Abkühlen lassen und erneut in ein Sieb abgießen. Bohnen von ihren Häutchen befreien und in eine mittelgroße Schüssel geben.

2. In einer kleinen Schüssel Zitronensaft, Olivenöl, Knoblauch, Anchovispaste, Salz und Pfeffer verrühren. Die dicken Bohnen sowie den Estragon vorsichtig daruntermischen. Auf vier Teller verteilen und servieren. Wenn gewünscht, noch etwas Pecorino Romano darüberstreuen.

Portionen:
8 × 6 Dolmas
Vorbereitung:
45 Minuten
Zubereitung:
65–70 Minuten

Gefüllte Weinblätter (Dolmas)

Als Dolmas werden in der Mittelmeerküche Weinblätter bezeichnet, die in der Regel mit einer Mischung aus Lamm und Reis gefüllt sind. In dieser leckeren vegetarischen Version werden sie mit Zwiebeln, Pinienkernen, Gewürzen und frischen Kräutern gefüllt.

ZUTATEN

2 EL natives **Olivenöl extra**
½ große **rote Zwiebel,** geschält, fein gehackt
4 **Frühlingszwiebeln,** fein gehackt
380 g **Vollkornreis,** gekocht
3 EL frische **Minze,** gehackt
3 EL frische **Dill,** gehackt
Schale von 1 **Zitrone** (unbehandelt)
Saft von 2 **Zitronen**
15 g **Pinienkerne,** leicht geröstet
½ TL **Meersalz**
¼ TL frisch gemahlener **schwarzer Pfeffer**
50 **Weinblätter,** abgetropft
60 ml salzarme **Gemüsebrühe**

NÄHRWERTE/PORTION:
kcal: 140 (aus Fett: 61) |
Eiweiß: 3 g |
Kohlenhydrate: 18 g |
Fett: 7 g (davon gesättigte
Fettsäuren: 0,5 g,
Transfettsäuren: 0 g) |
Ballaststoffe: 3 g |
Salz: 126 mg |
Cholesterin: 0 mg

ZUBEREITUNG

1. Backofen auf 175°C vorheizen.

2. 1 EL Olivenöl in einer großen Pfanne erhitzen. Gehackte Zwiebeln darin bei mittlerer Hitze 5 bis 7 Minuten andünsten, bis sie weich, aber noch nicht braun sind. Die Pfanne vom Herd nehmen und Reis, Minze, Dill, Zitronenschale, die Hälfte des Zitronensafts, Pinienkerne sowie Salz und Pfeffer hinzufügen. Gut vermischen.

3. Die Weinblätter mit warmem Wasser abspülen und abtropfen lassen. Mit den Blattadern nach oben auf eine saubere Arbeitsfläche legen, die Stiele zeigen nach vorne. Auf jedes Weinblatt jeweils einem Esslöffel Reisfüllung in die Mitte geben und die Stielseite darüberschlagen. Dann die beiden Seiten des Weinblatts zur Mitte umklappen und das Blatt fest zusammenrollen, wie eine Zigarre. Die Dolmas mit der offenen Seite nach unten in eine große Backform legen.

4. Die Brühe, 1 EL Olivenöl und den restlichen Zitronensaft in die Form geben. Mit Wasser auffüllen, bis alle Dolmas fast bedeckt sind. Abgedeckt 1 Stunde lang im Ofen garen. Die Dolmas danach 1 Stunde in der Flüssigkeit abkühlen lassen. Auf eine Servierplatte legen und mit Tahinasoße (siehe Rezept auf Seite 349) zum Dippen servieren.

Taboulé
mit Quinoa

Taboulé, oft auch Tabouleh geschrieben, ist ein Bulgursalat mit Petersilie, Minze, Tomate, Zwiebel, Zitronensaft und Olivenöl. In meinem Rezept ersetze ich den Bulgur (Weizengrütze) durch proteinreiche Quinoa. Verwenden Sie dieses Taboulé als gesunde Beilage oder als komplette cleane Mahlzeit. Und hier noch etwas zum Thema nutzloses Wissen: Der größte Bulgursalat der Welt wog laut dem Guinnessbuch der Rekorde 3557 Kilogramm!

ZUTATEN

45 g **Quinoa**
120 ml **Wasser**
1 Bund **Frühlingszwiebeln,** in dünne Scheiben geschnitten
1 **Salatgurke,** Kerne entfernt, gehackt
300 g **Tomaten,** gehackt
1 Bund **krause Petersilie,** gehackt
1 Bund frische **Minze,** gehackt
1 **Knoblauchzehe,** klein geschnitten
60 ml frischer **Zitronensaft**
2 EL natives **Olivenöl extra**
1 TL **Meersalz**
$\frac{1}{8}$ TL frisch gemahlener **schwarzer Pfeffer**

NÄHRWERTE/PORTION:
kcal: 59 (aus Fett: 43) |
Eiweiß: 2 g |
Kohlenhydrate: 9 g |
Fett: 7 g (davon
gesättigte Fettsäuren: 1 g,
Transfettsäuren: 0 g) |
Ballaststoffe: 2 g |
Salz: 327 mg |
Cholesterin: 0 mg

ZUBEREITUNG

1. Quinoa mit dem Wasser in einem kleinen Topf aufkochen. Hitze reduzieren, Topf abdecken und 10 bis 12 Minuten köcheln lassen, bis das Wasser fast aufgesogen wurde. Den Topf vom Herd nehmen und die Quinoa zugedeckt weitere 5 Minuten quellen lassen.

2. In eine große Schüssel Zwiebeln, Gurke, Tomaten, Petersilie und Minze vermischen, dann die gekochte Quinoa hinzufügen. In einer kleinen Schüssel Knoblauch, Zitronensaft, Olivenöl, Salz und Pfeffer mischen, über die Quinoa-Mischung gießen und vermengen. Das Taboulé kann sofort serviert werden, schmeckt aber auch noch am nächsten Tag sehr gut.

TIPP *Krause Petersilie wird traditionell für Taboulé verwendet, denn sie hält ihre Form in diesem Gericht besser als glatte Petersilie.*

Spanischer Reis

„Spanish Rice", auf Deutsch „Spanischer Reis", ist eine in den USA beliebte Beilage, die trotz des Namens in dieser Form in Spanien eigentlich unbekannt ist. Sie enthält Reis, Gewürze und Gemüse. Klassischerweise wird sie mit weißem Reis zubereitet, aber bei mir ist diese Beilage natürlich clean und enthält Vollkornreis, wodurch sie ballast- und nährstoffreicher ist.

ZUTATEN

1 EL natives **Olivenöl extra**
½ große **Zwiebel,** geschält, fein gehackt
3 **Knoblauchzehen,** klein geschnitten
200 g **langkörniger Vollkornreis**
1 **Lorbeerblatt**
600 g **Tomaten,** gewürfelt
80 ml salzarme **Hühnerbrühe**
1 TL **Meersalz**
½ TL frisch gemahlener **schwarzer Pfeffer**

NÄHRWERTE/PORTION:
kcal: 65 (aus Fett: 20) |
Eiweiß: 2 g |
Kohlenhydrate: 10 g |
Fett: 2 g (davon
gesättigte Fettsäuren: 0 g,
Transfettsäuren: 0 g) |
Ballaststoffe: 1 g |
Salz: 301 mg |
Cholesterin: 0 mg

ZUBEREITUNG

1. Das Olivenöl in einem mittelgroßen Schmortopf erhitzen. Die Zwiebel darin und unter gelegentlichem Rühren bei mittlerer Hitze etwa 3 Minuten glasig dünsten. Knoblauch hinzufügen und weitere 30 Sekunden dünsten. Nun den Reis und das Lorbeerblatt dazugeben. Nach 1 Minute Tomaten, Hühnerbrühe, Salz und Pfeffer einrühren. Alles zum Kochen bringen, abdecken und 50 Minuten bei geringer Hitze vor sich hin köcheln lassen.

2. Den Topf vom Herd nehmen und den Reis 5 bis 10 Minuten abgedeckt ziehen lassen, bis alle Flüssigkeit aufgesogen wurde und der Reis weich, aber nicht breiig ist. Deckel abnehmen, mit einer Gabel etwas auflockern und servieren.

Portionen: 6
Vorbereitung:
20 Minuten
Zubereitung:
5–7 Minuten

Salat mit dreierlei Bohnen
mit gegrilltem Mais und Paprika

Salate aus nährstoffreichen Bohnen sind einfach zuzubereiten. In meinem Rezept verwende ich Pintobohnen (auch Wachtelbohnen genannt), schwarze Bohnen und Kidneybohnen, die alle die Geschmacksnoten von Salatdressings, Ölen und Kräutern gut aufnehmen. Servieren Sie diesen Bohnensalat unbedingt bei Ihrem nächsten Grillabend!

ZUTATEN

2 **Maiskolben,** geschält

½ **rote Paprika,** geputzt und entkernt

½ **grüne Paprika,** geputzt und entkernt

1 **Poblano-Paprika,** geputzt und entkernt, halbiert

1 **Jalapeño,** geputzt und entkernt, halbiert

Eat-Clean-Kochspray (siehe Seite 347)

Je 180 g gekochte **Pinto-, Kidney-** und **schwarze Bohnen**

30 g **rote Zwiebel,** geschält und in 0,5 cm große Würfel geschnitten

2 **Frühlingszwiebeln,** fein gehackt

2 EL natives **Olivenöl extra**

2 EL **Apfelessig**

Saft von 1 **Limette**

1 TL gemahlener **Kreuzkümmel**

1 TL **Chilipulver**

1½ TL **Meersalz**

½ TL frisch gemahlener **schwarzer Pfeffer**

NÄHRWERTE/PORTION:
kcal: 224 (aus Fett: 58) |
Eiweiß: 9 g |
Kohlenhydrate: 34 g |
Fett: 7 g (davon
gesättigte Fettsäuren: 1 g,
Transfettsäuren: 0 g) |
Ballaststoffe: 9 g |
Salz: 483 mg |
Cholesterin: 0 mg

ZUBEREITUNG

1. Einen Grill oder eine Grillpfanne auf mittlerer Stufe erhitzen. Die Maiskolben und alle Paprikahälften auf ein Backblech legen und mit Eat-Clean-Kochspray besprühen. Das Gemüse auf den Grill bzw. in die Grillpfanne legen und 5 bis 7 Minuten garen, währenddessen die Paprikahälften einmal und den Mais zwei- bis dreimal wenden. Danach vom Grill nehmen und abkühlen lassen.

2. Die Maiskörner von den etwas abgekühlten Maiskolben lösen und die Paprikaschoten in etwa 0,5 cm große Stücke schneiden. Beides in eine große Schüssel geben. Zuerst Bohnen, rote Zwiebel und Frühlingszwiebeln, dann die restlichen Zutaten hinzufügen und alles gut vermengen. Der Salat kann sofort serviert werden. Am nächsten Tag schmeckt er aber noch besser, weil die Aromen dann mehr Zeit hatten, sich zu entfalten. Der Salat kann zugedeckt im Kühlschrank bis zu fünf Tage aufbewahrt werden.

Portionen: 4
Vorbereitung:
20 Minuten
Zubereitung:
15–20 Minuten

Quinoa
mit Wurst und Paprika

Auf die Gefahr hin, mich zu wiederholen: Quinoa ist echte Kraftnahrung. Sie schmeckt zwar wie Getreide, ihr Gehalt an Eiweiß, Kalzium und Eisen übertrifft aber den Gehalt gängiger Getreidearten. Außerdem ist sie eine gute Quelle für die Vitamine B und E. Mit der nachstehenden Mahlzeit füllen Sie Ihren Proteinspeicher und bleiben bis zur nächsten Mahlzeit garantiert satt.

ZUTATEN

185 g **Quinoa** | **Eat-Clean-Kochspray** (siehe Seite 347)
400 g fettarme **Geflügelwurst** (z. B. **Putenwurst**)
0,25 l geschmacksintensives **Bier** (oder salzarme Hühnerbrühe)
1 TL natives **Olivenöl extra** | 1 **Jalapeño,** halbiert und geschnitten
(soll das Gericht nicht so scharf sein, Samen herausnehmen)
1 **rote Chilischote,** halbiert und geschnitten (soll das Gericht nicht so scharf
sein, Samen herausnehmen) | ½ **grüne Paprika,** entkernt und gehackt
½ **gelbe** oder **orange Paprika,** entkernt und gehackt | ½ mittelgroße
Zwiebel, geschält, gehackt | 3 **Knoblauchzehen,** gehackt | 1 TL **geräuchertes Paprikapulver** | 1 TL **Chilipulver** | ½ TL gemahlener **Koriander**
¼ TL getrocknete **italienische Salatkräuter** | 1 TL **Meersalz**
¼ TL frisch gemahlener **schwarzer Pfeffer** | 1 große **Tomate,** gewürfelt

NÄHRWERTE/PORTION:
kcal: 187 (aus Fett: 44) |
Eiweiß: 17 g |
Kohlenhydrate: 14 g |
Fett: 5 g (davon
gesättigte Fettsäuren: 1 g,
Transfettsäuren: 0 g) |
Ballaststoffe: 2 g |
Salz: 1017 mg |
Cholesterin: 57 mg

ZUBEREITUNG

1. Quinoa mit 360 ml Wasser in einem mittelgroßen Topf aufkochen. Hitze reduzieren und zugedeckt 10 bis 15 Minuten köcheln lassen, bis die Quinoa die Flüssigkeit aufgenommen hat. Topf vom Herd nehmen, Quinoa mit der Gabel auflockern und zugedeckt zur Seite stellen.

2. Eine große Pfanne erhitzen, mit Eat-Clean-Kochspray besprühen. Die Würste darin etwa 4 bis 5 Minuten braten, bis sie auf beiden Seiten braun sind, zwischendurch mindestens einmal wenden. 120 ml Bier hinzugeben, die Pfanne abdecken, Hitze reduzieren und 5 bis 10 Minuten köcheln lassen, bis die Würste gar sind und das Bier fast völlig verdunstet ist. Würste herausnehmen und in etwa 1 cm große Stücke schneiden.

3. Die Pfanne wieder auf den Herd stellen und darin das Olivenöl erhitzen. Jalapeño, den roten Chili, grüne und rote Paprika sowie die Zwiebeln dazugeben und bei mittlerer Hitze etwa 5 Minuten anbraten, bis das Gemüse weich ist und braun wird. Knoblauch, ½ TL Paprikapulver, ½ TL Chilipulver, Koriander, Kräuter sowie Salz und Pfeffer hinzufügen, gut vermischen und 2 Minuten kochen. Tomate und das restliche Bier hineingeben und den Ansatz am Pfannenboden mit einem stabilen Löffel ablösen. Köcheln lassen, bis das Bier etwa zur Hälfte verdunstet ist.

4. Quinoa in eine große Servierschüssel geben. Geräuchertes Paprikapulver, Chilipulver, die Wurststückchen und die Gemüsemischung hinzufügen. Gut vermengen. Auf Tellern angerichtet servieren.

Soßen, Aufstriche und Salsas

5

Soßen, Aufstriche und Salsas

Salsa Roja

Salsa roja, zu Deutsch „rote Soße", wird vor allem in Mexiko und im Südwesten der USA regelmäßig als pikante Speisezutat verwendet. Sie schmeckt hervorragend zu Tacos, Burritos und Fajitas, aber auch zu Eiern, Gemüse und Körnern. Mit dieser scharfen Soße mit leichtem Rauchgeschmack verleihen Sie fast jedem Gericht noch einen zusätzlichen Pep. Sollten Sie die im Rezept verwendeten Chili-Sorten nicht auftreiben können, verwenden Sie einfach die entsprechende Menge getrocknete Chilischoten nach Wahl.

ZUTATEN

4 getrocknete **Baumchilischoten,** Stiele entfernt
4 getrocknete **Guajillo-Chilischoten,** Stiele entfernt
2 getrocknete **Pasilla-Chilischoten,** Stiele entfernt
2 mittelgroße **Tomaten,** halbiert
½ **Zwiebel,** geschält, in 4 keilförmige Stücke
   geschnitten und Schichten getrennt
5 große **Knoblauchzehen,** geschält
2 EL frischer **Zitronensaft**
2 EL **klarer Essig**
¼ TL **Cayennepfeffer**
1 TL **Meersalz**

NÄHRWERTE/PORTION:
kcal: 34 (aus Fett: 4) |
Eiweiß: 1 g |
Kohlenhydrate: 7 g |
Fett: 0,4 g (davon
gesättigte Fettsäuren: 0 g,
Transfettsäuren: 0 g) |
Ballaststoffe: 2 g |
Salz: 267 mg |
Cholesterin: 0 mg

ZUBEREITUNG

1. Eine gusseiserne Pfanne bei mittlerer Herdeinstellung erhitzen. Die Chilischoten in die heiße Pfanne geben und 1 bis 2 Minuten rösten, bis sie ihr Aroma freisetzen und an manchen Stellen schwarz werden. Chilis in eine hitzebeständige Schüssel geben, mit kochendem Wasser bedecken und 15 Minuten einweichen lassen. Pfanne wieder auf den Herd stellen und die Tomaten mit der Schnittseite nach unten hineinlegen. Tomaten 1 Minute schmoren, wenden und noch einmal 1 Minute erhitzen. Danach in einen Standmixer oder eine Küchenmaschine geben.

2. Nun in der Pfanne Zwiebel und Knoblauch unter gelegentlichem Rühren etwa 2 Minuten dünsten, bis sie etwas weich sind, danach in den Mixer zu den Tomaten geben. Die Chilischoten aus dem Wasser herausnehmen und abtropfen lassen, das Wasser in der Schüssel belassen. Chilis in den Mixer geben und Zitronensaft, Essig, Cayennepfeffer und Salz hinzugeben. Cremig mixen. Die Salsa sollte löffelbar sein. Falls sie zu dick ist, löffelweise etwas von dem Chiliwasser hinzugeben, bis die Konsistenz stimmt. Abschmecken und bei Bedarf die Gewürze noch etwas anpassen. Im Kühlschrank hält die Salsa in einem Behälter mit Deckel bis zu zwei Wochen.

TIPP *Wenn die Salsa weniger scharf sein soll, bei den Chilischoten die Kerne entfernen.*

Portionen: 12 × 60 ml
Vor- und Zubereitung:
20 Minuten

Cremige Guaca-de-Gallo

Wie der Name schon andeutet, ist Guaca-de-Gallo eine Mischung zwischen Guacamole (Avocado-Dip) und der Würzsoße „Pico de gallo", die beide aus der mexikanischen Küche stammen. Eine Guaca-de-Gallo ist die perfekte Zutat für Ihre nächste Party oder Ihren nächsten langen Fernsehabend.

Hinweis: Der Frischkäse muss im Voraus zubereitet werden.

ZUTATEN

2 **Avocados,** ohne Kern

120 ml fettarmer **griechischer Naturjoghurt** oder
    Frischkäse aus Joghurt (siehe Seite 346)

½ **Salatgurke,** längs halbiert, Samen entfernt

1 **Tomate,** entkernt und gewürfelt

30 g **rote Zwiebel,** gewürfelt

1 **Jalapeño,** entkernt, geputzt und gewürfelt

1 **Knoblauchzehe,** klein geschnitten

60 ml frischer **Zitronensaft**

1 TL **Meersalz**

¼ TL frisch gemahlener **schwarzer Pfeffer**

NÄHRWERTE/PORTION:

kcal: 68 | (aus Fett: 43) |

Eiweiß: 2 g |

Kohlenhydrate: 5 g |

Fett: 5 g (davon gesättigte Fettsäuren: 1 g, Transfettsäuren: 0 g) |

Ballaststoffe: 3 g |

Salz: 138 mg |

Cholesterin: 0 mg

ZUBEREITUNG

1. Das Fruchtfleisch aus den Avocadoschalen herauslöffeln und in eine mittelgroße Schüssel geben, mit einer Gabel grob zerkleinern. Joghurt hinzufügen und alles vermischen.

2. Die Gurke raspeln, in ein Sieb geben und die Flüssigkeit mit den Händen herausdrücken und noch etwas abtropfen lassen. (Sie können zum Herauspressen der Flüssigkeit auch ein Mulltuch oder ein Geschirrtuch verwenden.)

3. Gurke, Tomate und die restlichen Zutaten zu der Avocado-Joghurt-Mischung geben. Gut verrühren und mit warmem Fladenbrot oder Tortilla-Chips servieren.

Cleane Marinarasoße

Portionen: 6 × ⅛ l
Vorbereitung:
10 Minuten
Zubereitung:
35 Minuten

Es gibt kaum etwas Besseres als eine frisch zubereitete Marinarasoße – sie ist eine sehr vielseitig einsetzbare Zutat. Wenn Sie einmal gemerkt haben, wie einfach die Zubereitung ist, werden Sie nie wieder Fertigsoßen aus dem Supermarkt kaufen!

Hinweis: Die Tomatensauce muss im Voraus zubereitet werden.

ZUTATEN

1 EL natives **Olivenöl extra**
½ große **Zwiebel,** gewürfelt
⅛ TL **rote Paprikaflocken**
1 große **Knoblauchzehe,** klein geschnitten
1 EL **Tomatenmark**
320 g **Roma-Tomaten,** gewürfelt
480 ml selbstgemachte **Tomatensoße** (siehe Tipp S. 137)
1 EL frischer **Oregano,** fein gehackt (oder ½ TL getrocknete Blätter)
1 TL **Meersalz**
½ TL frisch gemahlener **schwarzer Pfeffer**

ZUBEREITUNG

1. Olivenöl in einem mittelgroßen Topf mit einem geraden, nicht hohen Rand erhitzen. Zwiebel und rote Paprikaflocken darin etwa 3 Minuten andünsten, bis die Zwiebelstücke glasig sind. Knoblauch hinzufügen und für 1 weitere Minute andünsten. Dann das Tomatenmark unterrühren. Nach 1 Minute auch die gewürfelten Tomaten, die Tomatensoße und den Oregano hinzufügen. Alles aufkochen und danach bei geringer Hitze unter gelegentlichem Rühren 30 Minuten köcheln lassen.

2. Die Soße mit einem Stabmixer pürieren. (Sie können stattdessen auch einen Standmixer verwenden und den Topfinhalt in mehreren Teilfüllungen mixen. Seien Sie aber vorsichtig, weil sich heiße Flüssigkeiten ausdehnen können.) Mit Salz und Pfeffer abschmecken. Die Soße kann in einem Gefäß mit Deckel im Kühlschrank bis zu einer Woche und im Tiefkühlfach bis zu drei Monate aufbewahrt werden. Sie kann zum Beispiel zu Pasta-, Körner- oder Gemüsegerichten serviert werden.

NÄHRWERTE/PORTION:
kcal: 67 (aus Fett: 20) |
Eiweiß: 1 g |
Kohlenhydrate: 11 g |
Fett: 2 g (davon
gesättigte Fettsäuren: 0 g,
Transfettsäuren: 0 g) |
Ballaststoffe: 2 g |
Salz: 307 mg |
Cholesterin: 0 mg

Portionen: 12 × ⅛ l
Vorbereitung:
5 Minuten
Zubereitung:
25–35 Minuten

Baba Ghanoush

Baba Ghanoush ist ein Auberginenmus, das ursprünglich aus dem Nahen Osten kommt. Bei uns wird es als Dip verwendet, in Ägypten serviert man es als Beilage. Wenn Sie die Aubergine vor dem Schälen auf den Grill legen, nimmt sie ein köstliches rauchiges Aroma an.

ZUTATEN

1 große (700–900 g) **Aubergine**
1 **Knoblauchzehe,** klein geschnitten
60 ml **Tahini** (Sesampaste)
2 EL frischer **Zitronensaft**
½ TL gemahlener **Kreuzkümmel**
¾ TL **Meersalz**
1 EL natives **Olivenöl extra**
1 EL frische **Petersilie,** gehackt

NÄHRWERTE/PORTION:
kcal: 105 (aus Fett: 72) |
Eiweiß: 3 g |
Kohlenhydrate: 8 g |
Fett: 8 g (davon
gesättigte Fettsäuren: 1 g,
Transfettsäuren: 0 g) |
Ballaststoffe: 4 g |
Salz: 200 mg |
Cholesterin: 0 mg

ZUBEREITUNG

1. Backofen auf 200° C vorheizen sowie einen Grill oder eine Grillpfanne auf der mittleren Stufe erhitzen. Die Aubergine sechs- bis achtmal mit der Gabel einstechen (das verhindert, dass sie beim Garen platzt). und dann für 10 bis 15 Minuten auf den Grill legen, damit die Schale leicht verschmort. Dabei zwei- bis dreimal wenden. Wenn die Schale sich ablöst, ist der Vorgang beendet.

2. Die Aubergine mit einer Grillzange auf ein Backblech legen und im Ofen 15 bis 20 Minuten weitergaren, bis sie sehr weich ist. Als Garprobe einen Zahnstocher in die Mitte der breitesten Stelle der Aubergine stecken. Wenn sich der Zahnstocher ohne Widerstand leicht einführen lässt, ist die Aubergine durchgebacken. Aus dem Ofen nehmen und etwas abkühlen lassen. Danach schälen.

3. Die geschälte Aubergine in Stücke schneiden und in eine Küchenmaschine oder einen Standmixer geben. Knoblauch, Tahini, Zitronensaft, Kreuzkümmel und Salz dazugeben und cremig mixen. Das Mus auf eine Servierplatte geben und mit einem Löffel eine kleine Vertiefung in der Mitte machen. Dort Olivenöl hineinfüllen und auch noch etwas davon über den Rest des Muses träufeln. Mit frischer Petersilie bestreuen. Mit warmem Fladenbrot oder Gemüsesticks servieren oder als Zutat für einen Wrap verwenden.

Basilikum-Zitronen-Pesto

Es gibt wenig Köstlicheres als Vollkornnudeln mit selbst gemachtem, frischem Pesto. Das nachfolgende leichte Pesto ist schnell zubereitet, und die Zutaten haben Sie wahrscheinlich alle im Küchenschrank. Sie können es auch mit Huhn, Fisch oder Muscheln servieren.

ZUTATEN

3 große **Knoblauchzehen**
35 g **Pinienkerne**
1 großes Bund **Basilikum**, Blätter abgezupft und leicht zusammengedrückt
Saft und Schale von einer ½ **Zitrone** (möglichst bio)
¾ TL **Meersalz**
⅛ TL frisch gemahlener **schwarzer Pfeffer**
2 EL natives **Olivenöl extra**
60 g frisch geriebener **Parmesan**

NÄHRWERTE/PORTION:
kcal: 62 (aus Fett: 41) |
Eiweiß: 3 g |
Kohlenhydrate: 3 g |
Fett: 10 g (davon
gesättigte Fettsäuren: 1 g,
Transfettsäuren: 0 g) |
Ballaststoffe: 1 g |
Salz: 248 mg |
Cholesterin: 3 mg

ZUBEREITUNG

1. Knoblauch und Pinienkerne in einer Küchenmaschine intervallmixen (Puls-Schalter), bis sie zerhackt sind. Basilikum, Zitronensaft und -schale sowie Salz und Pfeffer hinzufügen und noch einmal mixen.

2. Während die Küchenmaschine läuft, das Olivenöl dazugießen und mixen, bis das Pesto gut gemischt und cremig ist. Zwischendurch die Maschine anhalten und mit einem Gummispatel das herunterschieben, was an der Innenseite der Schüssel hängen geblieben ist. Zum Schluss noch den geriebenen Parmesan in die Schüssel geben und weitermixen, bis alles gut vermischt ist. Dieses Pesto kann zu Pasta, als Brotaufstrich, in Wraps, auf Fleisch oder was Ihnen sonst noch einfällt serviert werden. In einem geschlossenen Behälter hält es im Kühlschrank bis zu einer Woche.

Portionen: 4 × 0,25 l
Vor- und Zubereitung:
10 Minuten

Frische Tomatensoße ohne Kochen

Einfacher geht es nun wirklich nicht mehr. Diese wohlschmeckende Tomatensoße eignet sich als Zugabe zu zahlreichen Speisen und ist in 10 Minuten fertig. Nehmen Sie sie zum Beispiel für Pizza, Pasta oder Bruschetta.

ZUTATEN

850 g **Tomaten,** klein gewürfelt
1 **Knoblauchzehe,** fein zerkleinert oder durch eine Knoblauchpresse gedrückt
1 EL natives **Olivenöl extra**
½ TL **Meersalz**
¼ TL frisch gemahlener **schwarzer Pfeffer**
1 kleine Handvoll frisches **Basilikum,** dünn geschnitten

ZUBEREITUNG

1. Alle Zutaten in eine große Schüssel geben und vermengen. In dieser Soße können Sie gekochte Vollkornnudeln schwenken oder sie zum Beispiel mit gekochter Hirse servieren.

NÄHRWERTE/PORTION:
kcal: 63 (aus Fett: 33) |
Eiweiß: 2 g |
Kohlenhydrate: 7 g |
Fett: 4 g (davon
gesättigte Fettsäuren: 1 g,
Transfettsäuren: 0 g) |
Ballaststoffe: 2 g |
Salz: 205 mg |
Cholesterin: 0 mg

TIPP *Wenn Sie die Tomaten pürieren und mit den übrigen Zutaten für 20–30 Minuten bei kleiner Hitze köcheln lassen, erhalten Sie eine einfache warme Tomatensoße. Mit Salz, Pfeffer und nach Belieben einem Spritzer Weißweinessig abschmecken.*

Portionen: 8 × 2 EL
Vorbereitung:
5 Minuten
Zubereitung:
20 Minuten

Scharfe cleane BBQ-Soße

Fertigsoßen aus dem Supermarkt enthalten sehr viel Salz und Zucker, sind also Ihrer Gesundheit und Fitness gar nicht förderlich. Diese cleane Version ist einfach und schnell zubereitet und bringt Sie mit ihrer Schärfe richtig auf Trab! Wenn Sie es lieber weniger scharf mögen, nehmen Sie nur eine halbe Chipotle-Schote.

ZUTATEN

1 TL **Distelöl**
½ große **Zwiebel,** gewürfelt
2 **Knoblauchzehen,** gehackt
240 ml hausgemachte **Tomatensoße** (siehe Tipp S. 137)
1 **Chipotle-Chili** in Adobosoße, gehackt
1 EL **Dijon-Senf**
1 EL ungefilterter **Apfelessig**
1 TL **Worcestersoße**
2 EL **Zuckerrohrmelasse** (ungeschwefelt)
1 EL **Honig**
1 TL **Chilipulver**
½ TL **geräuchertes Paprikapulver** oder **Paprikapulver edelsüß**

NÄHRWERTE/PORTION:
kcal: 50 (aus Fett: 8) |
Eiweiß: 1 g |
Kohlenhydrate: 10 g |
Fett: 1 g (davon
gesättigte Fettsäuren: 0 g,
Transfettsäuren: 0 g) |
Ballaststoffe: 1 g |
Salz: 47 mg |
Cholesterin: 0 mg

ZUBEREITUNG

1. Distelöl in einem kleinen Topf erhitzen. Zwiebel darin bei mittlerer Hitze etwa 5 Minuten dünsten, bis sie weich ist und anfängt, braun zu werden. Knoblauch hinzufügen und 1 weitere Minute kurz anbraten. Restliche Zutaten in den Topf geben, alles gut verrühren und 15 Minuten köcheln lassen, bis die Flüssigkeit etwas angedickt ist.

2. Den Topfinhalt in eine Küchenmaschine oder einen Standmixer geben und mixen, bis er cremig ist. In einem geschlossenen Gefäß ist diese Soße im Kühlschrank bis zu zwei Wochen haltbar.

Stängelkohl-Pesto

Der sehr nährstoffreiche Stängelkohl ist besonders in der italienischen und chinesischen Küche eine häufige Zutat. Er hat einen intensiven Geschmack und ein leicht bitteres Aroma. Stängelkohl ist eine gute Ergänzung zu milden Lebensmitteln wie Pasta, weißen Bohnen und Polenta und zu solchen mit eher scharfen Geschmacksnoten wie Knoblauch und Chili. Servieren Sie dieses Pesto auf Sandwiches und zu Nudeln, Salaten, Gemüse und Kartoffeln.

ZUTATEN

1 EL **Pinienkerne,** geröstet
1 Bund **Stängelkohl (oder Rübstiel)**
1 **Knoblauchzehe,** zerdrückt
1 EL weißer **Balsamicoessig**
1 EL frischer **Zitronensaft**
2 TL **Dijon-Senf**
1 TL **Meersalz**
¼ TL frisch gemahlener **schwarzer Pfeffer**
2 EL natives **Olivenöl extra**

NÄHRWERTE/PORTION:
kcal: 77 (aus Fett: 54) |
Eiweiß: 1 g |
Kohlenhydrate: 2 g |
Fett: 4 g | (davon
gesättigte Fettsäuren: 0,5 g,
Transfettsäuren: 0 g) |
Ballaststoffe: 1 g |
Salz: 165 mg |
Cholesterin: 0 mg

ZUBEREITUNG

1. Backofen auf 175° C vorheizen. Die Pinienkerne auf einem Backblech auslegen und etwa 5 Minuten rösten, bis sie goldbraun sind. (Aufpassen, dass sie nicht zu dunkel werden!) Herausnehmen und zur Seite stellen.

2. Einen großen Topf mit Wasser füllen und zum kochen bringen. Etwa 1 cm von den Stielenden des Stängelkohls abschneiden. Wenn das Wasser kocht, den restlichen Kohl darin 2 Minuten blanchieren, herausnehmen und in eine Schüssel mit kaltem Wasser geben. Dann abtropfen lassen und mit einer Salatschleuder oder durch gründliches Trockentupfen mit einem Geschirrtuch oder Küchenpapier trocknen.

3. In einer Küchenmaschine Knoblauch und geröstete Pinienkerne grob hacken. Stängelkohl, Essig, Zitronensaft, Senf, Meersalz und Pfeffer dazugeben. In Intervallen klein hacken. Danach bei noch laufender Küchenmaschine langsam das Olivenöl hineingeben und alles gründlich vermischen. Die Maschine zwischendurch anhalten und das, was an der Innenseite hängen geblieben ist, mit einem Gummischaber nach unten schieben. Noch einmal 10 Sekunden mixen. Das Pesto sollte nicht komplett glatt sein. In einem gut geschlossenen Behälter hält das Pesto im Kühlschrank bis zu einer Woche.

Kräuter

Wenn Sie in Ihrem Vorratsschrank keine Kräuter haben, entgehen Ihnen die wahren Geschmackswunder in der Küche. Kräuter verleihen Ihren Speisen das gewisse Etwas, inhaltlich ebenso wie optisch. Daneben sind sie aufgrund ihres hohen Gehalts an Phytonährstoffen, Vitaminen und Mineralien überaus gesund.

Ich kann verstehen, wenn Sie etwas unsicher vor Ihren Kräutertöpfen stehen – manchmal ist die Entscheidung gar nicht leicht, welches Kraut man am besten für welches Gericht verwendet. Vielleicht kann ich Ihnen mit meiner nachfolgenden Tabelle etwas helfen.

9 häufig verwendete Küchenkräuter,
ihre Nährstoffe und Verwendungsmöglichkeiten

KRAUT	NÄHRSTOFFE	VERWENDUNG
1 | **Rucola (Rauke)**	Vitamin A, Vitamin C	Salatgrün, in Pasta, auf Pizza, in Omeletts, Rucola-Pesto
2 | **Basilikum**	Vitamin K, Vitamin A, Kalzium, Eisen / antibakteriell und entzündungshemmend	Basilikum-Pesto, auf Pizza, in Pasta, in Gemüsepfannen, in Tomatensuppe
3 | **Lorbeerblätter**	Vitamin A, Vitamin C, Eisen, Mangan, Kalzium, Kalium, Magnesium / krebs- und entzündungshemmend	Ganze Blätter in den Topf bei Gerichten, die vor sich hin köcheln (Suppen, Soßen, Gemüseeintopf oder Eintopf mit Fisch, Fleisch oder Geflügel); kann auch als Pökelgewürz verwendet werden.
4 | **Schnittlauch**	Vitamin A, Vitamin C, Kalium, Kalzium, Folsäure / verdauungsfördernd und krebshemmend	In Salaten, Suppen, Eintopf, Soßen, Dips, Kartoffel- und Eierspeisen; mit Fleisch oder Fisch
5 | **Koriander**	Vitamin C / Antioxidans, antibakteriell, angstlindernd, cholesterinsenkend, verdauungsfördernd	Blätter und Samen schmecken sehr unterschiedlich – frische Blätter: Pürees, Soßen und Dressings, Suppen, Salsa, Salate, Fleisch und Fisch; getrocknete Samen: Brot, Kuchen, Curry und Aufläufe

KRAUT	NÄHRSTOFFE	VERWENDUNG
6 | Dill	Eisen, Mangan, Kalzium / Verdauungshilfe	Mit Fisch (insbesondere Lachs und Forelle), in Suppen, als Pökelgewürz, in Dips, Kartoffel- und Eierspeisen
7 | Oregano	Vitamin K, Mangan, Eisen, Ballaststoffe / antibakteriell und Antioxidans	Zu Geflügel, Lamm- und Schweinefleisch und Fisch, Soßen, Gemüsegerichten, Brot, Suppen, Eintopf, auf Pizza und in Ölmischungen
8 | Petersilie	Vitamin K, Vitamin C, Vitamin A / Antioxidans, krebs- und entzündungshemmend	Zum Garnieren, in Kartoffel- und Eierspeisen, Suppen, Nudelgerichten, Salaten, als Pesto, zu Fisch, Geflügel, Lamm-, Kalb- und Schweinefleisch
9 | Rosmarin	Vitamin B_6, Eisen, Kalzium / Antioxidans und gedächtnisstärkend	Frischer oder getrockneter Rosmarin: Lamm, Eintopf und Marinaden, Fisch und Geflügel, Tomatensoße, Gemüse (vor allem wenn gebraten) und Kartoffelgerichte

15 weitere Küchenkräuter und -gewürze:

Bockshornklee	Kümmel	Minze
Bohnenkraut	Lavendel	Senf
Estragon	Majoran	Wacholder
Fenchel	Meerrettich	Zichorie
Knoblauch	Salbei	Zitronengras

Lagerung

- In den meisten Fällen können Sie frische Kräuter nach dem Waschen in einer Plastiktüte im Kühlschrank aufbewahren. Innerhalb von zwei Tagen sollten sie aufgebraucht werden.
- Wenn Sie Ihre frischen Kräuter länger aufbewahren wollen, kaufen Sie sich am besten eine im Handel erhältliche Kräuterfrischhaltebox. Damit bleiben die Kräuter im Kühlschrank bis zu zwei Wochen haltbar.
- Getrocknete Kräuter sollten in einem luftdichten Behälter an einem kühlen, trockenen und dunklen Ort gelagert werden. Brauchen Sie sie innerhalb von sechs Wochen auf, damit sie ihr Aroma nicht verlieren. Wenn die Kräuter braun werden (gilt zum Beispiel für Lorbeerblätter), ist es höchste Zeit, dass sie in den Kochtopf wandern!

Tellergerichte und einfache Mahlzeiten

6

Tellergerichte und einfache Mahlzeiten

Portionen: 6
Vorbereitung:
10 Minuten (ohne
Lagerfeuer entfachen)
Zubereitung:
15–20 Minuten
(je nach Hitze der Kohle
und Dicke des Fisches)

Lachs am Lagerfeuer
mit gerösteten Paprika und Aubergine

Dies ist eine Möglichkeit, wie Sie auch beim Campen clean essen können. Lachs auf diese Weise zuzubereiten macht Spaß und ist mal etwas anderes als die ewigen Bratwürste und Bohnen aus der Dose. Wenn Sie Outdoor-Feeling ohne Campen bevorzugen, können Sie den Lachs auch auf dem Grill zubereiten.

ZUTATEN

680 g **Rotlachsfilet aus Wildfang,** mit Haut | **Eat-Clean-Kochspray** (siehe Seite 347) | 1 TL **Meersalz** | ½ TL frisch gemahlener **schwarzer Pfeffer**
1 **Aubergine,** in 2 cm-Würfel geschnitten
1 **rote Paprika,** entkernt und geputzt, in etwa 2 cm große Stücke geschnitten
3 **Jalapeños,** entkernt und geputzt, in etwa 2 cm große Stücke geschnitten
1 **Limette,** in Schnitze oder Scheiben geschnitten

NÄHRWERTE/PORTION
(FISCH PLUS GEMÜSE):
kcal: 225 (aus Fett: 97) |
Eiweiß: 25 g |
Kohlenhydrate: 7 g |
Fett: 11 g (davon
gesättigte Fettsäuren: 2 g,
Transfettsäuren: 0 g) |
Ballaststoffe: 3 g |
Salz: 317 mg |
Cholesterin: 70 mg

ZUBEREITUNG

1. Ein großes Lagerfeuer mit viel Holz errichten, das Feuer herunterbrennen lassen, bis es maximal 15 cm über das Holz hinaus lodert und Sie genug glühende „Kohlen" haben, um damit ein etwa 60 × 60 cm großes Viereck zu bedecken. Dieses Viereck mit Steinen umranden, sodass Sie die Grillpfannen etwa 15 cm oberhalb der heißen Kohlen darauf abstellen können.

2. Den Lachs mit einer Grätenzange (oder einer anderen kleinen, sauberen Zange) vorsichtig von den Gräten befreien. Wenn das Fleisch dabei auseinanderfällt, die Gräten erst beim Essen entfernen. Haut und Fleisch des Lachses großzügig mit Eat-Clean-Kochspray besprühen und mit der Haut nach unten auf eine gelochte Grillpfanne legen. Mit ½ TL Salz und ¼ TL Pfeffer würzen.

3. Das Gemüse in eine zweite gelochte Grillpfanne geben und großzügig mit Eat-Clean-Kochspray besprühen. Mit den verbleibenden ½ TL Salz und ¼ TL Pfeffer würzen.

4. Lachs und Gemüse lose mit Aluminiumfolie abdecken und die Grillpfannen auf die Steine über die Kohlen stellen. Das Gemüse etwa 15 Minuten grillen, bis es weich und an einigen Stellen ganz leicht verschmort ist. Zwischendurch ein- bis zweimal wenden. Den Lachs ebenfalls etwa 15 Minuten grillen, bis er leicht rosa ist und an den dicksten Stellen bereits leicht aufplatzt.

5. Lachs und Gemüse auf sechs Teller verteilen. Mit Limettenscheiben servieren, die über dem Lachs ausgedrückt werden können.

Portionen: 4
Vorbereitung:
15 Minuten
Zubereitung:
10–14 Minuten

Italienischer Hotdog
mit Paprikafüllung

Bei diesem Gericht kommen zahlreiche Paprikasorten in den Topf, die Sie vielleicht nur in Feinkostgeschäften oder auf großen Bauernmärkten bekommen. Sollten Sie eine Sorte nirgends auftreiben können, nehmen Sie stattdessen Anaheim-, Jalapeño- oder Poblano-Paprika oder andere Sorten Ihrer Wahl. Mjam – ein echtes Wohlfühlgericht.

ZUTATEN

1 TL plus 1 EL natives **Olivenöl extra**

6 **Geflügelwürste,** naturbelassen, nitratfrei, fettarm, würzig oder mild

120 ml salzarme **Hühnerbrühe**

1 **Zwiebel,** geschält, halbiert und in dünne Scheiben geschnitten

1 **rote Paprika,** entkernt, geputzt und in dünne Streifen geschnitten

1 **Cubanelle-Paprika,** entkernt und in dünne Streifen geschnitten

2 **ungarische Hot-Wax-Paprika,** entkernt und in dünne Streifen geschnitten

2 **Pimientos de padrón** (milde grüne Peperoni zum Braten/Grillen),
  entkernt und in dünne Streifen geschnitten

½ TL **Fenchelsamen**

½ TL **Meersalz**

¼ TL frisch gemahlener **schwarzer Pfeffer**

2 **Knoblauchzehen,** gehackt

200 g **Tomaten,** zerdrückt | **Senf**

6 **Vollkorn-Riesensandwich-Brötchen** (oder Hotdog-Brötchen)

NÄHRWERTE/PORTION
(1 HOTDOG MIT
PAPRIKAFÜLLUNG):
kcal: 308 (aus Fett: 77) |
Eiweiß: 24 g |
Kohlenhydrate: 34 g |
Fett: 8 g (davon
gesättigte Fettsäuren: 3 g,
Transfettsäuren: 0 g) |
Ballaststoffe: 6 g |
Salz: 869 mg |
Cholesterin: 75 mg

ZUBEREITUNG

1. 1 TL Olivenöl in einer großen Pfanne erhitzen. Die Würste darin bei mittlerer Hitze etwa 3 bis 5 Minuten braten, bis sie braun sind. Dabei mehrfach wenden. Die Hühnerbrühe angießen und alles zugedeckt köcheln lassen, bis die Würste durchgegart sind. Vom Herd nehmen und zugedeckt warm halten.

2. Das verbleibenden Olivenöl erhitzen. Zwiebel, Paprika, Fenchelsamen, Salz und Pfeffer hinzufügen. Das Gemüse bei mittlerer Hitze 6 bis 8 Minuten dünsten, bis es weich und leicht braun ist. (Falls die Pfanne zu klein ist, portionsweise arbeiten.) Knoblauch unter das Gemüse rühren und 30 Sekunden weiterbraten. Am Ende die zerdrückten Tomaten untermischen.

3. Die Brötcheninnenseiten mit Senf bestreichen und mit Wurst und Paprikamischung befüllen. Vergessen Sie beim Servieren dieser italienischen Hotdogs die großen Servietten nicht!

Portionen: 4 × 2 Tacos
Vorbereitung:
10 Minuten
Zubereitung:
3–4 Minuten

Shrimps-Tacos
mit Salsa aus gegrillter Ananas

Fisch-Tacos werden immer beliebter, warum also nicht mal den Fisch durch andere Meeresbewohner ersetzen? Diese pikanten Shrimps-Tacos bilden eine perfekte leichte Mahlzeit für einen Sommerabend auf der Terrasse.

Hinweis: Die Salsa muss im Voraus zubereitet werden.

ZUTATEN

450 g mittelgroße **Shrimps,** Schwanz entfernt, geschält und entdarmt
¼ TL gemahlener **Kreuzkümmel**
$\frac{1}{8}$ TL **Chipotle-Chilipulver**
¼ TL **Meersalz**
$\frac{1}{8}$ TL frisch gemahlener **schwarzer Pfeffer**
Eat-Clean-Kochspray (siehe Seite 347)
8 **Vollkorn-Maistortillas,** etwa 13 cm Durchmesser
  (im Idealfall aus gekeimtem Mais)
480 ml **Salsa aus gegrillter Ananas** (siehe Seite 352)
1 **Avocado,** entkernt, geschält und in dünne Scheiben geschnitten

NÄHRWERTE/PORTION:
kcal: 316 (aus Fett: 96) |
Eiweiß: 21 g |
Kohlenhydrate: 33 g |
Fett: 11 g (davon
gesättigte Fettsäuren: 1 g |
Transfettsäuren: 0 g) |
Ballaststoffe: 7 g |
Salz: 362 mg |
Cholesterin: 103 mg

ZUBEREITUNG

1. In einer mittelgroßen Schüssel Shrimps, Kreuzkümmel, Chipotle-Pulver, Salz und Pfeffer vermengen. Eine antihaftbeschichtete Pfanne auf mittlerer Stufe erhitzen und mit Eat-Clean-Kochspray besprühen. Die Shrimps nebeneinander in die Pfanne legen. Unter gelegentlichem Rühren 3 bis 4 Minuten kurz anbraten, bis die Shrimps durchgegart sind.

2. Die Tortillas auf vier Teller verteilen. Mit Shrimps, Salsa und Avocado belegen und servieren.

Portionen: 4
Vorbereitung:
10 Minuten
Zeit fürs Marinieren:
5 Minuten
Zubereitung:
10 Minuten
Ruhezeit: 5 Minuten

Griechische Fladenbrot-Pizza mit Lammfleisch

Jeder isst gern Pizza, und ganz besonders gilt das natürlich für Kinder! Wenn Sie statt Pizzateig Vollkorn-Fladenbrot als Unterlage verwenden, ist die Pizza leicht und gesund, ohne an Geschmack einzubüßen. Freuen Sie sich bei diesem Rezept auf einen mediterranen Touch.

Hinweis: Frischkäse muss im Voraus zubereitet werden. Wenn Sie keinen Ziegenmilchjoghurt bekommen, können Sie auch einen normalen (fettarmen) Naturjoghurt nehmen.

ZUTATEN

450 g **entbeintes Lammkotelett,** überschüssiges Fett entfernt
1 EL natives **Olivenöl extra**
Saft von ½ **Zitrone** | 2 **Knoblauchzehen,** fein gehackt
1 EL frischer **Oregano,** fein gehackt
1 TL grobes **Meersalz**
½ TL frisch gemahlener **schwarzer Pfeffer**
Eat-Clean-Kochspray (siehe Seite 347)
4 **Vollkorn-Fladenbrote**
240 ml **Frischkäse aus Joghurt** (siehe Seite 346),
   wenn möglich aus Ziegenmilch
½ **Salatgurke,** in dünne Scheiben geschnitten
150 g **Kirschtomaten,** halbiert
80 g entkernt **Kalamata-Oliven,** längs halbiert
¼ mittelgroße **rote Zwiebel,** geschält, in dünne Scheiben geschnitten
1 EL frische **Minze,** gehackt

NÄHRWERTE/PORTION:
kcal: 187 (aus Fett: 71) |
Eiweiß: 7 g |
Kohlenhydrate: 23 g |
Fett: 9 g (davon
gesättigte Fettsäuren: 1 g,
Transfettsäuren: 0 g) |
Ballaststoffe: 4 g |
Salz: 771 mg |
Cholesterin: 0 mg

ZUBEREITUNG

1. Lamm, Olivenöl, Zitronensaft, Knoblauch, Oregano, Salz und Pfeffer in einen Gefrierbeutel mit Zippverschluss füllen und gut verschließen. Alle Zutaten durchmischen, bis das Lamm gleichmäßig mit der Marinade überzogen ist. Bei Zimmertemperatur 5 Minuten ruhen lassen.

2. Einen Grill oder eine Grillpfanne auf mittlerer Stufe erhitzen und mit Eat-Clean-Kochspray besprühen. Das Fleisch aus dem Beutel nehmen und die Marinade abtropfen lassen. Auf dem Grill in 8 bis 10 Minuten medium rare (rosa) braten, dabei einmal wenden. Auf ein Schneidebrett legen und 5 Minuten ruhen lassen.

3. Die vier Fladenbrote mit je 60 ml Frischkäse bestreichen. Gurkenscheiben darauf gleichmäßig verteilen. Das Kotelett quer zur Faser in dünne Scheiben schneiden und ebenfalls auf den Fladenbroten verteilen. Zum Schluss noch Tomaten, Oliven und Zwiebel drauflegen und mit Minze bestreuen.

Portionen: 4
Vorbereitung:
15 Minuten
Zubereitung:
10 Minuten

Jakobsmuscheln
mit Vier-Kräuter-Pesto und Quinoa

Lebensmittel müssen nicht in Fett oder Öl ertränkt werden, damit sie gut schmecken. Die Geheimzutat schlechthin für lebendige, köstliche und gesunde Speisen sind frische Kräuter. Sie sind wahre Nährstoffbomben und verleihen dem Essen Geschmack, ganz ohne schädliche Nebenwirkungen. Mehr zum Thema Kräuter finden Sie auf Seite 142 f.

ZUTATEN

185 g **Quinoa**

360 ml **Wasser**

1 TL plus 1 Prise **Meersalz**

2 **Knoblauchzehen**

60 g frisches **Basilikum**

60 g frischer **Estragon**

30 g frischer **Schnittlauch**

30 g frische **Minze**

Schale und Saft von 1 **Zitrone**

3 gehäufte EL **Walnussstücke**

¼ TL plus 1 Prise frisch gemahlener **schwarzer Pfeffer**

60 ml plus 1 TL natives **Olivenöl extra**

3 EL salzarme **Gemüsebrühe** (optional)

450 g **große Jakobsmuscheln** (aus dem Meer)

160 g **Cocktail-** oder **Kirschtomaten,** halbiert

NÄHRWERTE/PORTION:

kcal: 381 (aus Fett: 184) |

Eiweiß: 30 g |

Kohlenhydrate: 20 g |

Fett: 19 g (davon

gesättigte Fettsäuren: 2 g,

Transfettsäuren: 0 g) |

Ballaststoffe: 6 g |

Salz: 829 mg |

Cholesterin: 60 mg

ZUBEREITUNG

1. Quinoa, Wasser und ½ TL Meersalz in einem mittelgroßen Topf aufkochen, zugedeckt 15 Minuten köcheln lassen. Topf vom Herd nehmen, Quinoa etwas auflockern und zur Seite stellen.

2. Knoblauch, Basilikum, Estragon, Schnittlauch, Minze, Zitronenschale und -saft, Walnussstücke, ½ TL Meersalz und ¼ TL Pfeffer in eine Küchenmaschine geben und zerhacken. Während die Küchenmaschine läuft, langsam das Öl dazugießen. Zwischendurch die Maschine anhalten und mit einem Gummispatel das herunterschieben, was an der Innenseite der Schüssel hängen geblieben ist. Wenn das Pesto zu dick, d. h. nicht fließfähig ist, noch etwas Brühe dazugeben. Beiseitestellen.

3. In einer antihaftbeschichteten Pfanne 1 TL Olivenöl erhitzen. Die Jakobsmuscheln mit einem Küchenpapier trocken tupfen. Jeweils auf einer Seite salzen und pfeffern und nebeneinander in die Pfanne legen. Muscheln bei mittlerer Hitze auf beiden Seiten etwa 2 Minuten anbraten, bis sie goldbraun sind (nicht länger!). Pfanne vom Herd nehmen.

4. In einer großen Schüssel Quinoa, Pesto und Kirschtomaten vermengen. Die Jakobsmuscheln darauf verteilen und servieren.

Portionen: 4
Vorbereitung:
10 Minuten
Zubereitung:
ca. 2–3 Stunden

Pulled Pork mit Poblanos

Poblanos sind eine bestimmte Sorte von Chilischoten, die in Mexiko angebaut werden. Sollten Sie keine Poblanos bekommen, verwenden Sie eine andere milde Chili-Sorte nach Wahl. Dieses Gericht essen Sie am besten mit braunem Reis, Pintobohnen, Gemüse oder Vollkorntortillas. Zum Garnieren können Sie frischen Koriander nehmen.

ZUTATEN

1 TL **Distelöl** | 1,35 kg **Schweineschulter,** überschüssiges Fett entfernt, in 5 cm große Stücke geschnitten | 1 TL **Meersalz**
1 TL frisch gemahlener **schwarzer Pfeffer**
450 g **grüne Tomaten,** geschält und geviertelt (ersatzweise rote Tomaten)
2 **Poblano-Paprika,** entkernt, geputzt, halbiert und in Scheiben geschnitten
2 **Serrano-Paprika,** halbiert, geputzt und in Scheiben geschnitten
½ große oder 1 mittelgroße **Zwiebel,** geschält, in Scheiben geschnitten
5 **Knoblauchzehen,** zerdrückt | 1 EL gemahlener **Kreuzkümmel**
1 TL gemahlener **Koriander** | 720–960 ml salzarme **Hühnerbrühe**
Saft von 1 **Limette**

NÄHRWERTE/PORTION:
kcal: 289 (aus Fett: 123) |
Eiweiß: 35 g |
Kohlenhydrate: 5 g |
Fett: 13 g (davon
gesättigte Fettsäuren: 4 g,
Transfettsäuren: 0 g) |
Ballaststoffe: 1 g |
Salz: 468 mg |
Cholesterin: 116 mg

ZUBEREITUNG

1. Backofen auf 135° C vorheizen. Distelöl in einem Bratentopf oder einem ofenfesten Schmortopf bei hoher Hitze erhitzen. Fleisch in einer Lage in den Topf legen. ½ TL Salz und ½ TL Pfeffer hinzugeben. Fleisch 6 bis 8 Minuten von allen Seiten anbraten. Fleisch herausnehmen und zur Seite legen. Im Topf verbliebenes Fett entfernen.

2. Tomaten, Paprikaschoten, Zwiebel und Knoblauch im Topf unter Rühren etwa 5 bis 7 Minuten anbraten, bis alles etwas angebräunt ist. Mit Kreuzkümmel, Koriander, ½ TL Salz und ½ TL Pfeffer würzen. Fleisch mit dem in der Schüssel angesammelten Fleischsaft dazugeben und mit Brühe aufgießen, bis alle Zutaten damit fast bedeckt sind. Flüssigkeit aufkochen lassen. Den Topf zugedeckt in den Ofen stellen, langsam 2 bis 2 ½ Stunden garen, bis das Fleisch zart ist und sich leicht auseinanderzupfen lässt.

3. Den Topf aus dem Ofen nehmen. Mit einer flachen Kelle oder einem Löffel das oben schwimmende Fett abschöpfen. Dann noch ein Küchenpapier auf die Flüssigkeit legen, um Fettreste aufzusaugen.

4. Fleisch herausnehmen und auf ein Backblech legen. Mit einer Gabel auseinander zupfen und noch verbliebenes Fett entfernen. Die Soße mit einem Stabmixer pürieren (Sie können auch einen Standmixer verwenden und die Soße in mehreren Teilfüllungen mixen; seien Sie aber vorsichtig, weil sich heiße Flüssigkeiten ausdehnen können). In einem Topf Soße erneut aufkochen lassen und in etwa 10 Minuten auf die Hälfte reduzieren lassen. Limettensaft unterrühren und mit Salz und Pfeffer abschmecken.

Shrimps-Melonen-Salat

Dieser Salat ist eine Augen- und Gaumenfreude und eine perfekte Sommer-mahlzeit. Er wird nur mit einem einfachen Dressing versehen, sodass die Aromen von Melone und Shrimps voll zur Geltung kommen.

ZUTATEN FÜR DEN SALAT

1 EL natives **Olivenöl extra**
450 g **große Shrimps** (26–30 Stück), geschält und entdarmt, mit Schwanz
2 große **Knoblauchzehen,** klein geschnitten
¼ TL **Meersalz**
$\frac{1}{8}$ TL frisch gemahlener **schwarzer Pfeffer**
¼ TL geräuchertes **Paprikapulver**
¼ TL gemahlener **Kreuzkümmel**
$\frac{1}{8}$ TL **Cayennepfeffer**
120 g **gemischtes grünes Blattgemüse**
650 g **Zuckermelone,** in große, mundgerechte Würfel geschnitten
2 EL geschälte **Kürbiskerne,** geröstet

ZUTATEN FÜR DIE VINAIGRETTE

2 TL **Sherryessig**
2 TL natives **Olivenöl extra**
$\frac{1}{8}$ TL **Meersalz**
$\frac{1}{8}$ TL frisch gemahlener **schwarzer Pfeffer**

NÄHRWERTE/PORTION:
kcal: 169 (aus Fett: 64)|
Eiweiß: 13 g |
Kohlenhydrate: 15 g |
Fett: 8 g (davon
gesättigte Fettsäuren: 1 g,
Transfettsäuren: 0 g) |
Ballaststoffe: 3 g |
Salz: 205 mg |
Cholesterin: 64 mg

ZUBEREITUNG

1. Shrimps falls nötig mit einem Küchentuch trocken tupfen. Olivenöl in einer großen Pfanne erhitzen. Shrimps darin bei mittlerer Hitze 2 Minuten braten. Wenden, Knoblauch, Salz, Pfeffer und die anderen Gewürze dazugeben, weitere 2 Minuten anbraten, bis die Shrimps ganz durch sind. Dann ein paarmal umrühren, damit sich die Gewürze gleichmäßig verteilen. Vom Herd nehmen und zur Seite stellen.

2. In einer kleinen Schüssel alle Zutaten für die Vinaigrette verrühren.

3. Das Blattgemüse und die Melonenstücke gleichmäßig auf vier Teller verteilen. Die Shrimps auf die Blätter und darum herum legen. Über jeden Salat Vinaigrette träufeln. Mit den gerösteten Kürbiskernen bestreuen. Sofort servieren.

Portionen: 4
Vorbereitung:
10 Minuten
Zubereitung:
11–13 Minuten
Ruhezeit: 25 Minuten

Argentinisches Cowboysteak
mit gegrillten Zwiebelringen, Tomaten und Chimichurri

Aufsatteln, bitte! Ein Cowboysteak ist ein großes Stück Fleisch, etwa 5 cm dick. Ich empfehle dafür Flat Iron Steak (auch Rinderblatt genannt).

Hinweis: Chimichurri muss im Voraus zubereitet werden.

ZUTATEN

450 g **Flat Iron Steak (Stück aus der Rinder-
schulter)**, überschüssiges Fett entfernt
1 TL geräuchertes **Paprikapulver**
½ TL grobes **Meersalz**
¼ TL frisch gemahlener **schwarzer Pfeffer**
Eat-Clean-Kochspray (siehe Seite 347)
1 mittlere **rote Zwiebel,** geschält, in etwa 1 cm große Ringe geschnitten
2 **Tomaten,** in 1 cm dick Scheiben geschnitten
120 ml **Chimichurri** (siehe Seite 353)

NÄHRWERTE/PORTION:
kcal: 228 (aus Fett: 128) |
Eiweiß: 16 g |
Kohlenhydrate: 9 g |
Fett: 14 g (davon
gesättigte Fettsäuren: 4 g,
Transfettsäuren: 0 g |
Ballaststoffe: 2 g |
Salz: 441 mg |
Cholesterin: 51 mg

ZUBEREITUNG

1. Steak aus dem Kühlschrank holen und etwa 15 Minuten bei Zimmertemperatur ruhen lassen. Einen Grill oder eine Grillpfanne auf mittlerer Stufe erhitzen. Steak von beiden Seiten mit Paprikapulver, Meersalz und Pfeffer würzen. Sowohl den Grill als auch beide Seiten des Steaks mit Eat-Clean-Kochspray besprühen. Das Steak auf jeder Seite 4 bis 5 Minuten anbraten, bis es rosa gebraten (medium rare) ist. Vom Grill nehmen und 10 Minuten ruhen lassen.

2. Zwiebel- und Tomatenscheiben von beiden Seiten mit Eat-Clean-Kochspray besprühen und in einer Lage auf den Grill legen. Die Tomaten auf jeder Seite 1 Minute, die Zwiebeln 2 Minuten grillen. Das Steak quer zur Faser in dünne Scheiben schneiden und diese in 60 ml Chimichurri wälzen. Fleisch in die Mitte einer Servierplatte legen, links und rechts davon die gegrillten Zwiebeln und Tomaten. Darüber noch einmal 60 ml Chimichurri geben und servieren.

Gumbo mit Meeresfrüchten

Der Begriff „Gumbo" ist abgeleitet von dem afrikanischen Wort „Kigombo" für Okra, eine häufige Zutat dieses pikanten Eintopfgerichts aus der US-amerikanischen Südstaatenküche. Gumbo wird mit Meeresfrüchten, Geflügel, geräucherter Wurst und Schweinefleisch zubereitet, aber die Hauptzutaten sind Brühe und Reis. Den Geschmack können Sie variieren, je nachdem, ob Sie Ihren Gumbo pikant oder lieber etwas milder bevorzugen.

ZUTATEN

3 EL natives **Olivenöl extra** | 3 EL **Vollkorn-Weizenmehl**

1 **Zwiebel,** geschält, gehackt

2 Stangen **Sellerie,** gehackt

1 große **grüne Paprika,** entkernt und gehackt

4 große **Knoblauchzehen,** gehackt

1 ½ TL **Meersalz**

1 TL frisch gemahlener **schwarzer Pfeffer**

1 TL salzarme **Old-Bay-Gewürzmischung**

½ TL **Cayennepfeffer** (mehr, wenn der Gumbo schärfer sein soll)

2 EL **Tomatenmark**

950 ml salzarme **Hühnerbrühe**

340 g gefrorene oder frische **Okraschoten**

1 TL frischer **Thymian,** gehackt

2 **Lorbeerblätter**

450 g **Shrimps** (51–60 Stück), geschält und entdarmt

340 g naturbelassene geräucherte **Andouille** (oder eine andere
    pikante, fettarme Wurst), in 1 cm dicke Scheiben geschnitten

gedämpfter **Langkorn-Vollkornreis** zum Servieren

scharfe Soße zum Garnieren

NÄHRWERTE/PORTION:
kcal: 156 (aus Fett: 65) |
Eiweiß: 14 g |
Kohlenhydrate: 9 g |
Fett: 7 g (davon
gesättigte Fettsäuren: 1 g,
Transfettsäuren: 0 g) |
Ballaststoffe: 2 g |
Salz: 603 mg |
Cholesterin: 65 mg

ZUBEREITUNG

1. Einen flachen Braten- oder großen Schmortopf erhitzen. Olivenöl und Mehl dazugeben und unter gelegentlichem Rühren 8 Minuten anbraten, bis die Mischung gebräunt ist und geröstet riecht. Dann Zwiebel, Sellerie, Paprika, Knoblauch, Salz, Pfeffer, Old-Bay-Mischung und Cayennepfeffer hinzufügen. Das Gemüse unter gelegentlichem Rühren etwa 10 Minuten kochen, bis es weich ist.

2. Tomatenmark, Brühe, Okra, Thymian und Lorbeerblätter in den Topf geben und verrühren. Alles aufkochen und bei reduzierter Hitze im offenen Topf 20 Minuten köcheln lassen. Temperatur wieder höher stellen, Shrimps und Wurst hinzufügen und vorsichtig unter die heiße Flüssigkeit rühren. 3 bis 4 Minuten kochen, bis die Shrimps durchgegart und die Wurstscheiben heiß sind.

3. Lorbeerblatt entfernen, salzen und pfeffern. Die Mischung in Schüsseln auf gedämpftem Vollkornreis servieren und mit einer scharfen Soße garnieren.

Portionen: 4
Vorbereitung:
20 Minuten
Zubereitung:
7–10 Minuten
Marinierzeit:
3 Stunden

Mit Kefir marinierte Lamm-Kebabs
mit Gemüse

Ich werde oft nach Kefir gefragt. Kefir ist ein fermentiertes Milchprodukt, das ursprünglich aus Osteuropa stammt, aber auch hierzulande immer beliebter wird. Er sieht aus wie flüssiger Joghurt, schmeckt aber etwas würziger und spritziger. Und darüber hinaus ist er randvoll mit gesunden, verdauungsfördernden Bakterienkulturen.

ZUTATEN

450 g **entbeinte Lammkeule,** Fett entfernt, in knapp 4 cm große Würfel geschnitten | 240 ml fettarmer **Kefir** (ohne weitere Zusätze)
2 **Knoblauchzehen,** klein geschnitten | 2 TL frische ganze **Rosmarinnadeln**
Schale und Saft von ½ **Zitrone** (unbehandelt) | ½ TL gemahlener **Kreuzkümmel** | ¼ TL gemahlener **Kurkuma** | ⅛ TL **Cayennepfeffer**
¼ TL plus 1 Prise **Meersalz** | ⅛ TL plus 1 Prise frisch gemahlener **schwarzer Pfeffer** | 90 g **weiße Champignons,** halbiert | 1 **Babyzucchini,** der Länge nach halbiert und in 1 cm dicke Scheiben geschnitten | 150 g **Kirschtomaten** | ¼ **rote Zwiebel,** geschält, in knapp 4 cm große Stücke geschnitten und in einzelne Schichten aufgeteilt | **Eat-Clean-Kochspray** (siehe Seite 347)

NÄHRWERTE/PORTION:
kcal: 226 (aus Fett: 81) |
Eiweiß: 28 g |
Kohlenhydrate: 8 g |
Fett: 9 g (davon
gesättigte Fettsäuren: 3 g,
Transfettsäuren: 0 g) |
Ballaststoffe: 2 g |
Salz: 193 mg |
Cholesterin: 76 mg

ZUBEREITUNG

1. Lamm, Kefir, Knoblauch, Rosmarin, Zitronenschale und -saft, Kreuzkümmel, Kurkuma, Cayennepfeffer, Salz und Pfeffer gründlich miteinander vermengen. Darauf achten, dass die Lammstücke voll und ganz von der Kefir-Marinade bedeckt sind. In einem Glasgefäß fest zugedeckt mindestens drei Stunden oder besser noch über Nacht in den Kühlschrank stellen.

2. Einen Grill oder eine Grillpfanne auf mittlerer Stufe erhitzen. Lammfleisch aus der Marinade nehmen. Abwechselnd mit Champignonhälften, Zucchini-, Tomaten- und Zwiebelstücken auf Spieße stecken. Die Marinade wird nicht mehr benötigt. Den Grill mit etwas Eat-Clean-Kochspray einsprühen, damit Lamm und Gemüse nicht daran klebenbleiben. Die Spieße leicht mit Eat-Clean-Kochspray besprühen und mit einer Prise Meersalz und schwarzem Pfeffer würzen. Die Spieße auf den Grill legen und 7 bis 10 Minuten braten, bis das Lammfleisch rosa (medium rare) und das Gemüse angeschmort ist, dabei zwei- bis dreimal wenden. Vom Grill nehmen und auf vier Teller verteilen.

TIPP *Für dieses Rezept brauchen Sie Spieße. Wenn Sie welche aus Holz oder Bambus verwenden, weichen Sie diese vor Gebrauch 20 Minuten in Wasser ein.*

Portionen: 6
Vorbereitung:
30 Minuten
Zubereitung:
90 Minuten

Hühnchen-Spinat-Lasagne

Mit diesem Lasagne-Rezept versorgen Sie sich so ganz nebenbei mit einer extra Portion grünem Blattgemüse. Spinat hat einen sehr hohen Gehalt an Mineralien, Vitaminen und Eiweiß!

Hinweis: Frischkäse und cleane Marinarasoße müssen im Voraus zubereitet werden.

ZUTATEN

1½ TL plus 1 Prise **Meersalz** | 12 **Vollkorn-Lasagneplatten** (ca. 240 g)
Eat-Clean-Kochspray (siehe Seite 347) | 450 g **entbeinte Hühnerbrust,**
ohne Haut | ¼ TL plus 1 Prise frisch gemahlener **schwarzer Pfeffer**
½ TL natives **Olivenöl extra** | 500 g **Spinat**
1 große **Knoblauchzehe,** geschnitten | 240 ml fettarmer **Ricotta**
120 ml **Frischkäse aus Joghurt** (siehe Seite 346)
1 EL frischer **Oregano,** gehackt | 2 EL frisches **Basilikum,** gehackt
720 ml **cleane Marinarasoße** (siehe Seite 130)
6 EL frisch geriebener **Parmesankäse**

NÄHRWERTE/PORTION:
kcal: 392 (aus Fett: 88) |
Eiweiß: 35 g |
Kohlenhydrate: 10 g |
Fett: 13 g (davon
gesättigte Fettsäuren: 6 g,
Transfettsäuren: 0 g) |
Ballaststoffe: 3 g |
Salz: 444 mg |
Cholesterin: 10 mg

ZUBEREITUNG

1. Einen großen Topf mit Wasser zum Kochen bringen. 1 TL Salz und die Lasagneplatten (immer ein paar auf einmal) hineingeben. 5 bis 7 Minuten kochen, bis sich die Platten biegen lassen, aber noch nicht weich genug zum Essen sind. Lasagneplatten vorsichtig durch ein Sieb abgießen und, wenn sie abgekühlt sind, nebeneinander auf einem oder mehreren Backblechen auslegen.

2. Backofen auf 175° C vorheizen. Eine mittelhohe ofenfeste Pfanne mit Kochspray besprühen und erhitzen. Die Hühnerbrust auf beiden Seiten mit einer Prise Salz und Pfeffer würzen, in der Pfanne bei mittlerer Hitze von einer Seite etwa 5 Minuten anbraten, bis sie braun ist. Wenden und im Ofen fertig garen, etwa 5 Minuten. Aus dem Ofen nehmen und 5 Minuten ruhen lassen. Entgegen der Faser in etwa 0,5 cm dicke Scheiben schneiden.

3. ½ TL Olivenöl in einer großen Pfanne erhitzen. Spinat und Knoblauch darin 2 bis 3 Minuten anbraten, bis der Spinat zusammengefallen ist. Mit einer Prise Salz und Pfeffer würzen. Pfanne zur Seite stellen. Ricotta, Frischkäse, Oregano und Basilikum in einer Schüssel vermengen.

4. Eine 30 × 25 cm große Backform mit Eat-Clean-Kochspray besprühen. 120 ml Marinarasoße auf dem Boden der Form verteilen. Vier Lasagneplatten, jeweils die Hälfte der Käsemischung, des Spinats und der Hähnchenbrust sowie 240 ml Marinarasoße nacheinander in die Form geben. Vorgang wiederholen. Mit vier Lasagneplatten abschließen, Marinarasoße darauf verstreichen. Die Lasagne abdecken und 1 Stunde backen. Mit 1 EL frisch geriebenem Parmesan bestreuen.

Pizza mit Hühnchen vom Grill

Wenn Sie den Geschmack von Grillspeisen lieben, dann wird Ihnen diese Pizza schmecken! Ich experimentiere gerne mit verschiedenen Soßen und diese hier ist eine großartige Alternative zu traditionellen Tomatensoßen.

ZUTATEN

2 **Hühnerbrusthälften** (680–900 g), mit Knochen und Haut, Fett entfernt
¼ TL **Meersalz** | 1 Prise frisch gemahlener **schwarzer Pfeffer**
Eat-Clean-Kochspray (siehe Seite 347) | 450 g **Vollkornweizen-Pizzateig**
1 EL **Vollkorn-Maismehl** (bei Bedarf mehr, damit der Teig nicht festklebt) | 1 EL **Vollkorn-Weizenmehl** | 160 ml **scharfe cleane BBQ-Soße** (siehe Seite 138) oder eine andere cleane Grillsoße | ½ **rote/orange Paprika,** entkernt, in dünne Scheiben geschnitten | ⅛ **rote Zwiebel,** geschält, in dünne Scheiben geschnitten | 60 ml **eingelegte Peperoncini,** abgetropft | 60 g fettarmer **reifer** oder **mittelreifer Cheddar,** gerieben
30 g frischer **Koriander,** grob gehackt

NÄHRWERTE/PORTION:
kcal: 259 (aus Fett: 55) |
Eiweiß: 15 g |
Kohlenhydrate: 35 g |
Fett: 6 g (davon
gesättigte Fettsäuren: 2 g,
Transfettsäuren: 0 g) |
Ballaststoffe: 4 g |
Salz: 506 mg |
Cholesterin: 27 mg

ZUBEREITUNG

1. Einen Grill auf mittlere Hitze einstellen. Die Hühnerbrusthälften auf der Seite ohne Haut mit Salz und Pfeffer würzen und leicht mit Eat-Clean-Kochspray besprühen. Bei geschlossenem Deckel 5 bis 8 Minuten grillen, bis sich Grillstreifen gebildet haben. Dann um ein Viertel drehen und erneut 5 bis 8 Minuten bei geschlossenem Deckel grillen. Hähnchenbrust umdrehen und weitere 15 bis 25 Minuten garen, bis ihre Innentemperatur 73° C bis 74° C erreicht hat (mit dem Thermometer im dicksten Teil des Brustfleisches messen). Vom Grill nehmen und auf einem Backblech etwas abkühlen lassen. Auf einem Schneidebrett die Knochen entfernen und Fleisch in mundgerechte Stücke schneiden.

2. Backofen auf 220° C vorheizen. Wenn Sie einen Pizzastein haben, diesen auf einen Rost in die Mitte des Ofens legen.

3. Teig 15 Minuten ruhen lassen. Maismehl auf einer sauberen Arbeitsfläche verteilen. Weizenmehl auf Hände und Teigrolle geben, den Teig flach drücken, dann mit einem Nudelholz zu einer etwa 40 cm großen Scheibe ausrollen. Wenn Sie ein Pizza-Backblech benutzen, dieses mit etwas Maismehl bestreuen und den Pizzaboden darauflegen.

4. Auf dem Pizzateig 80 ml Grillsoße verteilen, dabei einen 1 cm breiten Rand lassen. Hähnchenfleisch mit dem Rest der Grillsoße vermengen und gleichmäßig auf der Pizza verteilen. Mit Paprika, Zwiebeln und Peperoncini belegen und Cheddar darüberstreuen. Den freien Teigrand mit Eat-Clean-Kochspray besprühen. Das Backblech mit der Pizza auf die mittlere Schiene des Backofens schieben. Beim Pizzastein den Pizzateig vorsichtig auf den vorgeheizten Stein im Backofen legen. Die Pizza 15 bis 20 Minuten backen, bis das Gemüse weich und die Kruste leicht braun ist. Mit Koriander bestreuen und in acht Stücke schneiden.

Portionen: 4
Vorbereitung:
5 Minuten
Zubereitung:
8 Minuten

Gebackenes Pasta-Omelette

Dieses Gericht ist sozusagen eine Kreuzung aus Pizza, Pasta und Omelette und kann dementsprechend zum Frühstück ebenso wie zum Mittag- oder Abendessen gegessen werden. Sie können diese „Pizza" aber auch gut für unterwegs einpacken und kalt genießen.

ZUTATEN

2 **Eier** | 4 **Eiweiß**
20 g frisches **Basilikum,** gehackt
6–8 **sonnengetrocknete Tomaten,** eingeweicht (siehe Tipp),
    dann abgetropft und in sehr feine Streifen geschnitten
30 g frisch geriebener **Parmesan**
½ TL **Meersalz**
¼ TL frisch gemahlener **schwarzer Pfeffer**
500 g lange **Vollkorn-Pasta,** gekocht (Spaghetti, Linguini oder Fettuccini)
Eat-Clean-Kochspray (siehe Seite 347)

NÄHRWERTE/PORTION
kcal: 224 (aus Fett: 52) |
Eiweiß: 15 g |
Kohlenhydrate: 30 g |
Fett: 6 g (davon
gesättigte Fettsäuren: 2 g,
Transfettsäuren: 0 g) |
Ballaststoffe: 4 g |
Salz: 188 mg |
Cholesterin: 110 mg

ZUBEREITUNG

1. Eine ofenfeste, antihaftbeschichtete Pfanne (25 cm Durchmesser) bei mittlerer Hitze erwärmen. Backofenrost auf die zweithöchste Schiene schieben und bei hoher Temperatur die Grillfunktion des Backofens anstellen.

2. Eier und Eiweiß in einer großen Schüssel verquirlen. Basilikum, sonnengetrocknete Tomaten, Parmesan, Salz und Pfeffer unterrühren. Nudeln dazugeben und alles gut vermengen. Die Pfanne mit Eat-Clean-Kochspray besprühen und die Eiermischung hineingießen. Die Oberfläche mit einem Gummispatel glätten. 5 Minuten braten, bis die Unterseite braun ist. In den Backofen geben und etwa 3 Minuten backen, bis die Eier durchgegart sind und die Oberfläche leicht gebräunt ist. (Behalten Sie das Omelette im Auge, damit es nicht anbrennt.)

3. Die heiße Pfanne mit einem Topflappen aus dem Backofen holen. 2 Minuten abkühlen lassen und dann ein wenig schütteln, damit sich das Omelette vom Pfannenboden löst. Gegebenenfalls die Ränder mit einem Gummispatel vorsichtig lösen. Einen großen Teller umgekehrt auf die Pfanne legen und drehen. Anstelle der Pfanne einen weiteren Teller auf das Omelette legen und erneut drehen. Das servierbereite Omelette in vier Stücke schneiden. Wenn etwas übrig bleibt, kann es im Kühlschrank noch bis zu drei Tage aufbewahrt werden.

TIPP *Um getrocknete Tomaten wieder saftig zu machen, diese einfach eine halbe Stunde lang in lauwarmem Wasser einweichen.*

Das kleine Einmaleins der Pfannengerichte

Sind Sie bereit, Ihr eigenes köstliches Pfannengericht zu kreieren? Das, was Sie in Ihrem Kühlschrank finden, reicht dafür normalerweise völlig aus (außer, Sie haben darin nur Reste der Pizza vom Vortag). Das unten stehende Rezept können Sie beliebig variieren. Eine Schüssel dampfend heißer Vollkornreis ist der ideale Begleiter Ihrer Pfannenkreation.

Portionen: 4
Vorbereitung:
10 Minuten
Zubereitung:
25 Minuten

ZUTATEN

450 **mageres Protein** (Rinderfilet, Hühnchen- oder Putenbrust ohne Haut; fester Tofu; Garnele)

2 TL salzarme **Soja-** oder **Tamarisoße** | 2 TL **Zitronensaft**

4 **Knoblauchzehen** (durch eine Knoblauchpresse gedrückt)

1 EL frisch geriebener **Ingwer** | 4 gehackte **Schalotten**

2 EL plus 1 TL natives **Olivenöl extra,** Rapsöl oder Avocadoöl | 1 TL **Sesamöl**

900 g frisches **Gemüse,** in mundgerechte Stücke geschnitten (die Garzeiten der verschiedenen Gemüse finden Sie auf der nächsten Seite)

Beachten Sie: Wenn Sie glutenfrei kochen möchten, verwenden Sie statt normaler Sojasoße eine glutenfreie Tamarisoße (und gegebenenfalls für die Knoblauchsoße eine glutenfreie Brühe bzw. Wasser).

NÄHRWERTE/PORTION:
kcal: ca. 182
(aus Fett: ca. 57) |
Eiweiß: ca. 25 g |
Kohlenhydrate: ca. 9 g |
Ballaststoffe: ca. 2 g |
Zucker: ca. 3 g | Fett: ca. 6 g |
Salz: ca. 351 mg

ZUBEREITUNG:

1. Die Proteinquelle Ihrer Wahl (Rind, Geflügel, Tofu oder Garnele) in einem kleinen Glasgefäß mit der Soja- bzw. Tamarisoße und dem Zitronensaft marinieren.

2. Knoblauch, Ingwer, Schalotten sowie 2 EL Öl und 1 TL Sesamöl in einer kleinen Schüssel vermischen.

3. In einer großen Pfanne 1 TL Olivenöl bei hoher Temperatur erhitzen. Fleisch oder Tofu hinzufügen und braun braten. Von der Pfanne in eine Schüssel geben und diese abdecken.

4. Die Gemüsestücke portionsweise anbraten und dabei je nach Bedarf noch etwas Öl in die Pfanne geben. Jede gegarte Gemüseportion in die Schüssel geben, in der sich bereits das Fleisch bzw. der Tofu befindet, und Schüssel wieder abdecken.

5. Ingwer-Knoblauch-Mischung in die Pfanne geben und erwärmen. Nun alle Zutaten, die sich in der Schüssel befinden, wieder in die Pfanne geben und unter Rühren erhitzen. Wenn Sie möchten, geben Sie jetzt noch eine passende Soße hinzu (Rezept auf der nächsten Seite).

Portionen: 4
Vorbereitung:
8 Minuten
Zubereitung:
2 Minuten

Knoblauchsoße
für Pfannengerichte

ZUTATEN

120 ml salzarme **Hühnerbrühe, Gemüsebrühe** oder **Wasser**
4 EL frisch gepresster **Zitronensaft**
4 EL frisch gepresster **Orangensaft**
2 EL **Hoisin-Soße**
2 EL salzarme **Soja-** oder **Tamarisoße**
2 EL **Maisstärke**
4 **Knoblauchzehen** (durch eine Knoblauchpresse gedrückt)
1 TL **Sesamöl**
1 Prise **Meersalz**

NÄHRWERTE/PORTION:
kcal: 42 (aus Fett: 10) |
Eiweiß: 1 g |
Kohlenhydrate: 6 g |
Ballaststoffe: 0,25 g |
Zucker: 3 g | Fett: 1 g |
Salz: 662,5 mg

ZUBEREITUNG:

1. Alle Zutaten in einer kleinen Schüssel vermischen.

2. Die Soße gegen Ende des Kochvorgangs (siehe linke Seite) in die Pfanne geben. Durchwärmen, bis kleine Bläschen in der Soße zu sehen sind.

Pfannengemüse

Die Garzeiten der einzelnen Gemüsesorten sind unterschiedlich. Es ist deshalb wichtig zu wissen, welche länger in die Pfanne müssen und welche kürzer. Hier eine kleine Übersicht:

1 BIS 5 MINUTEN	SCHNELL GAREND	LANGSAM GAREND (MEHR ALS 5 MINUTEN)
Edamame	Chinakohl	Blumenkohl
Karotten	Frühlingszwiebeln	Brokkoli
Knoblauch	Grünes Blattgemüse	Grüne oder gelbe Bohnen
Paprikaschoten	Mais	Kürbis
Pilze	Spinat	Rübstiel
Sellerie	Wasserkastanien	Weiß- oder Rotkohl
Senfkohl	Zucchini	
Spargel	Zuckerschoten	
Zwiebeln		

Vegetarische Gerichte

7

Vegetarische Gerichte

Venice-Beach-Sandwich

Wenn ich mir den Venice Beach vorstelle, denke ich an Sonne, Sand und Surfen und natürlich an schöne Körper! Dieses Sandwich schmeckt einfach frisch und lecker, perfekt für einen Tag am Strand.

Hinweis: Frischkäse muss im Voraus zubereitet werden.

ZUTATEN

3 **Auberginenscheiben,** 1 cm dick und schräg geschnitten
½ **Babyzucchini,** längs in Streifen geschnitten
Eat-Clean-Kochspray (siehe Seite 347)
⅛ TL **Meersalz**
⅛ TL frisch gemahlener **schwarzer Pfeffer**
Vollkorn-Baguette, ca. 20 cm lang, der Länge nach halbiert
3 EL **Frischkäse aus Joghurt** (siehe Seite 346)
½ **Avocado,** entkernt und zerdrückt
3 große oder 6 kleine **Tomatenscheiben**

NÄHRWERTE/PORTION:
kcal: 221 (aus Fett: 91) |
Eiweiß: 8 g |
Kohlenhydrate: 25 g |
Fett: 11 g (davon
gesättigte Fettsäuren: 2 g,
Transfettsäuren: 0 g) |
Ballaststoffe: 7 g |
Salz: 184 mg |
Cholesterin: 1 mg

ZUBEREITUNG

1. Backofen auf 220° C vorheizen. Die Auberginenscheiben und Zucchini-streifen auf ein Backblech legen, mit Eat-Clean-Kochspray besprühen und mit Salz und Pfeffer würzen. 10 Minuten im Backofen rösten, bis die Zucchini weich und auf der Unterseite leicht angebräunt sind. Die Zucchini mithilfe eines Pfannenwenders herausnehmen. Die Aubergi-nen weitere 15 Minuten backen, dabei einmal wenden.

2. Eine Hälfte des Baguettes mit Frischkäse bestreichen, die andere mit der zerdrückten Avocado. Aubergine, Zucchini und Tomatenscheiben auf die untere Hälfte legen und mit der oberen Hälfte bedecken. Mit einem Brotsägemesser das Baguette in zwei Hälften schneiden und servieren.

TIPP *Dem Frischkäse können Sie mit frischen gehackten Kräutern wie Basilikum extra Geschmack verleihen.*

Portionen: 4
Vorbereitung:
15 Minuten
Zubereitung:
20–25 Minuten

Grüne-Linsen-Salat
mit Radieschen und Feldsalat

Puy-Linsen („Lentilles du Puy") sind grüne Linsen, die in vulkanischer Land-schaft im Süden Frankreichs angebaut werden. Der Name kommt von der Stadt Le Puy. Diese Linsen wachsen ohne Bewässerung oder Düngung und behalten ihre Form, auch wenn sie gekocht werden.

ZUTATEN FÜR DEN SALAT

100 g **grüne Puy-Linsen**
1 **Lorbeerblatt**
1 Zweig frischer **Thymian**
1 Prise **Meersalz**
1 Bund **Radieschen,** geputzt und in dünne Scheiben geschnitten
½ **grüne Paprika,** gewürfelt
40 g **Feldsalat** (alternativ auch Spinat oder Rucola)
60 g fettarmer **Feta,** zerkrümelt
1 EL frisches **Basilikum,** gehackt
1 EL frische **Petersilie,** gehackt

ZUTATEN FÜR DIE VINAIGRETTE

1 EL frischer **Zitronensaft**
1 EL **weißer Balsamicoessig**
¼ TL **Meersalz**
⅛ TL frisch gemahlener **schwarzer Pfeffer**
1 EL natives **Olivenöl extra**

NÄHRWERTE/PORTION:
kcal: 146 (aus Fett: 40) |
Eiweiß: 8 g |
Kohlenhydrate: 19 g |
Fett: 5 g (davon
gesättigte Fettsäuren: 1 g,
Transfettsäuren: 0 g) |
Ballaststoffe: 5 g |
Salz: 285 mg |
Cholesterin: 3 mg

ZUBEREITUNG

1. Die Linsen in einen kleinen Topf geben und mit etwa 5 cm kaltem Wasser bedecken. Lorbeerblatt, Thymian und Salz hinzufügen. Aufko-chen und dann zugedeckt bei geringer Hitze 20 bis 25 Minuten köcheln lassen, bis die Linsen weich, aber noch ganz sind. Durch ein Sieb abgießen, Lorbeerblatt und Thymian entfernen. Linsen in eine Schüssel geben.

2. Alle Zutaten für die Vinaigrette in einer kleinen Schüssel vermengen und über die Linsen gießen. Radieschen, grünen Paprika, Feldsalat, Feta, Basilikum und Petersilie dazugeben und alles gut vermischen. Sofort servieren.

Mit Pesto gefüllte Portobello-Pizzas

Dieses Gericht ist einfach und schnell zubereitet, schmeckt aber so delikat, als sei man dafür einen ganzen Tag in der Küche gestanden. Die fleischigen Riesenchampignons (Portobellos) fungieren als „Pizzateig". Freuen Sie sich auf eine wundervolle vegetarische Mahlzeit mit wenig Kohlenhydraten.

ZUTATEN

4 **Portobello-Champignons,** Stiele entfernt

125 ml **Basilikum-Zitronen-Pesto**
   (siehe Seite 134) oder ein anderes cleanes Pesto

170 g frischer **Mozzarella,** abgetropft und in
   0,5 cm dicke Scheiben geschnitten

4 **Strauchtomaten** (wenn erhältlich Sorte Campari), in 0,5 cm dicke
   Scheiben geschnitten (es müssen genügend Scheiben sein,
   um bei allen vier Pizzas die Oberfläche fast abzudecken)

NÄHRWERTE/PORTION:
kcal: 201 (aus Fett: 121) |
Eiweiß: 12 g |
Kohlenhydrate: 10 g |
Fett: 14 g (davon
gesättigte Fettsäuren: 4 g,
Transfettsäuren: 0 g) |
Ballaststoffe: 4 g |
Salz: 434 mg |
Cholesterin: 20 mg

ZUBEREITUNG

1. Den Backofen auf 220° C vorheizen.

2. Mit einem Suppenlöffel die Lamellen aus der Unterseite der Pilzkappen herausschaben und wegwerfen. Dann in jede der ausgehölten Pilzkappen 2 EL Pesto hineingeben. Mit reichlich Mozzarella und Tomatenscheiben belegen.

3. Pizzas auf ein Backblech geben und im Ofen etwa 10 Minuten backen, bis der Mozzarella geschmolzen und die Portobellos durchgegart sind, ohne ihre Form verloren zu haben.

Persischer Couscous und Kichererbsen

mit Kumquats

Kumquats werden wegen ihres Aussehens auch Zwergorangen genannt, sind aber keine Zitrusfrüchte. Die Schale schmeckt herb-süßlich, das Fruchtfleisch eher sauer. In diesem Rezept dienen sie als erfrischende Ergänzung zu einem Couscous-Gericht, wie es im Nahen Osten zubereitet wird.

ZUTATEN FÜR DEN COUSCOUS

150 g **Couscous** aus Vollkorn-Hartweizen
160 g gekochte **Kichererbsen**
120 g gewürfelte **Baby-Zucchini**
½ **gelbe Paprikaschote,** gewürfelt
6 **Kumquats,** in Scheiben geschnitten
30 g gewürfelte **rote Zwiebel**
2 EL frisches **Basilikum,** gehackt
1 EL frische **Minze,** gehackt

ZUTATEN FÜR DAS DRESSING

Schale und Saft von 1 ½ **Zitronen** (unbehandelt)
½ TL gemahlener **Kreuzkümmel**
$\frac{1}{8}$ TL gemahlener **Nelkenpfeffer**
$\frac{1}{8}$ TL gemahlener **Zimt**
$\frac{1}{8}$ TL **Cayennepfeffer**
½ TL **Meersalz**
¼ TL frisch gemahlener **schwarzer Pfeffer**

NÄHRWERTE/PORTION:
kcal: 148 (aus Fett: 12) |
Eiweiß: 6 g |
Kohlenhydrate: 29 g |
Fett: 1 g (davon
gesättigte Fettsäuren: 0 g,
Transfettsäuren: 0 g) |
Ballaststoffe: 6 g |
Salz: 119 mg |
Cholesterin: 0 mg

ZUBEREITUNG

1. 300 ml Wasser in einem kleinen Topf zum Kochen bringen. Den Couscous einrühren, Topf abdecken und vom Herd nehmen. Den Couscous etwa 5 Minuten quellen lassen. Dann mit einer Gabel etwas auflockern und in eine große Schüssel füllen. Die restlichen Zutaten außer Basilikum und Minze dazugeben und gut vermischen, damit der Couscous das Gemüse aufwärmen kann.

2. Die Dressingzutaten in einer kleinen Schüssel zusammenrühren und das Dressing über die Couscous-Kichererbsen-Mischung geben. Basilikum und Minze hinzugeben und alles gut vermengen.

Portionen: 5
Vorbereitung:
20 Minuten
Zubereitung:
53 Minuten

Linsenfalafel mit Curry
mit Tahinasoße

Traditionelle Falafel sind frittierte Bällchen aus pürierten Kichererbsen und Favabohnen mit Kräutern und Gewürzen. Bei einer gesünderen Variante dieser im Nahen Osten sehr beliebten Speise sind die Hauptzutaten braune Linsen und Kichererbsenmehl. Statt in der Friteuse zu ertrinken, werden die Bällchen zuerst ganz kurz in der Pfanne gebraten und dann gebacken.

ZUTATEN

140 g **braune Linsen** | 480 ml **Wasser** | 3 EL natives **Olivenöl extra**
1 **Zwiebel,** geschält, fein gehackt | 2 **Stangen Sellerie,** fein gehackt
1 **Karotte,** fein gehackt | 3 **Knoblauchzehen,** klein geschnitten
1 EL gemahlener **Kreuzkümmel** | ½ TL **Currypulver** | ¼ TL **Cayennepfeffer**
1 TL **Meersalz** | ½ TL frisch gemahlener **schwarzer Pfeffer**
60 g **Kichererbsenmehl** | 30 g frische **Petersilie,** fein gehackt
175 ml **Tahinasoße** (siehe Seite 349)

NÄHRWERTE/PORTION:
kcal: 398 (aus Fett: 275) |
Eiweiß: 11 g |
Kohlenhydrate: 26 g |
Fett: 31 g (davon
gesättigte Fettsäuren: 4 g,
Transfettsäuren: 0 g) |
Ballaststoffe: 7 g |
Salz: 584 mg |
Cholesterin: 0 mg

ZUBEREITUNG

1. Linsen und Wasser in einen mittelgroßen Topf geben und zum Kochen bringen. Dann Hitze reduzieren und die Linsen 25 bis 30 Minuten köcheln lassen, bis sie weich sind, aber noch nicht auseinanderfallen. Durch ein Sieb abgießen.

2. Backofen auf 175° C vorheizen. 1 EL Olivenöl in einer großen Pfanne erhitzen. Zwiebel, Sellerie und Karotte hineingeben und das Gemüse bei mittlerer Hitze 5 bis 7 Minuten dünsten, bis es weich, aber noch nicht braun ist. Knoblauch hinzufügen und noch einmal 1 Minute kochen. Zum Schluss kommen die gekochten Linsen sowie Kreuzkümmel, Currypulver, Cayennepfeffer, Salz und Pfeffer hinzu. Gut verrühren und die Pfanne vom Herd nehmen.

3. Die Hälfte der Linsenmischung in einer Küchenmaschine intervall-mixen (Puls-Schalter), bis sie cremig ist. Mit einem Spatel in eine große Schüssel geben und die restlichen Linsen, das Kichererbsenmehl und die Petersilie hinzufügen und gut vermischen. Aus diesem Teig nun etwa 4 bis 5 cm große Bällchen formen und diese flach drücken (1 cm dick).

4. 2 EL Olivenöl in eine Pfanne erhitzen. Braten Sie die Falafels bei mittlerer Hitze portionsweise 2 Minuten auf jeder Seite braun. Auf ein Backblech legen und noch 15 Minuten im vorgeheizten Backofen fertig-backen. Warm mit Tahinasoße servieren.

TIPP *Übrig gebliebene Falafelbällchen können im Backofen aufgewärmt werden, so werden sie wieder schön knusprig.*

Tofu-Fajitas
mit verschiedenen Paprika

Hinweis: Frischkäse und Salsa Roja müssen im Voraus zubereitet werden.

ZUTATEN

1 ½ TL gemahlener **Kreuzkümmel** | 1 ½ TL **Chilipulver**
¾ TL gemahlener **Koriander** | ¾ TL **Meersalz**
¼ TL frisch gemahlener **schwarzer Pfeffer**
Eat-Clean-Kochspray (siehe Seite 347) | 340 g fester **Tofu,** abgetropft und
mit Küchenpapier getrocknet, in 8 gleich dicke Scheiben geschnitten
½ **rote Paprika,** entkernt, in dünne Streifen geschnitten
½ **gelbe Paprika,** entkernt, in dünne Streifen geschnitten
1 **Anaheim-Paprika (oder eine rote Chilischote**
 nach Wahl), entkernt, in dünne Streifen geschnitten
½ **Zwiebel,** geschält, in feine Scheiben geschnitten
4 **Tortillas** aus Vollkornweizen (Durchmesser 18–20 cm)
120 ml **Salsa Roja** (siehe Seite 126) oder eine andere cleane Salsa
8 EL **Frischkäse aus Joghurt** (siehe Seite 346) zum Garnieren
frischer **Koriander** zum Garnieren

NÄHRWERTE/PORTION:
kcal: 243 (aus Fett: 60) |
Eiweiß: 16 g |
Kohlenhydrate: 25 g |
Fett: 7 g (davon
gesättigte Fettsäuren: 2 g,
Transfettsäuren: 0 g) |
Ballaststoffe: 5 g |
Salz: 636 mg |
Cholesterin: 1 mg

ZUBEREITUNG

1. In einer kleinen Schüssel Kreuzkümmel, Chilipulver, Koriander, Salz und Pfeffer mischen. Eine große antihaftbeschichtete Pfanne erhitzen und die Innenseite mit Eat-Clean-Kochspray besprühen. Ein Drittel der Gewürzmischung auf eine Seite der Tofuscheiben streuen und die Scheiben mit der gewürzten Seite nach unten in die Pfanne legen. Falls nicht alle Scheiben in einer Lage hineinpassen, portionsweise arbeiten. Die andere Seite des Tofus mit einem weiteren Drittel der Gewürzmischung bestreuen und mit Eat-Clean-Kochspray besprühen. Die Tofuscheiben auf beiden Seiten jeweils etwa 3 Minuten bei mittlerer Hitze bräunen. Aus der Pfanne nehmen und beiseitestellen.

2. Die Pfanne bei leicht reduzierter Hitze wieder auf den Herd stellen. Mit Eat-Clean-Kochspray einsprühen und Paprika und Zwiebel hineingeben (nur in einer Lage, eventuell portionsweise vorgehen). Den Rest der Gewürzmischung daraufstreuen und gut vermischen. Die Paprikastreifen ohne Umrühren etwa 3 Minuten in einer Lage anbraten, bis sie an der Unterseite gebräunt sind. Dann umrühren und noch weitere 2 bis 3 Minuten garen, bis die Paprika weich und stellenweise braun sind. Pfanne vom Herd nehmen.

3. Zum Servieren Tortillas auf vier Teller verteilen, darauf jeweils zwei Scheiben Tofu legen. Paprika und Zwiebeln über die Tortillas verteilen. Darüber noch jeweils 2 EL Salsa Roja, 2 EL Frischkäse und einige Korianderzweige geben.

Portionen: 6
Vorbereitung:
15 Minuten
Zubereitung:
50–60 Minuten
Abkühlen: 10 Minuten

Vegetarische Auberginenlasagne

Vollgepackt mit Gemüse, überbacken mit köstlichem Parmesan – diese Auberginen-Gemüse-Lasagne wird Ihre Gäste begeistern, und zwar auch solche, die sonst nicht vegetarisch essen.

Hinweis: Die Marinarasoße muss im Voraus zubereitet werden.

ZUTATEN

1 **Aubergine,** in 0,5 cm dicke, schräge Scheiben geschnitten
1 **Babyzucchini,** der Breite nach halbiert und in
    0,5 cm dicke Längsscheiben geschnitten
1 **rote Paprikaschote,** entkernt und geviertelt
1 **gelbe Paprikaschote,** entkernt und geviertelt
3 EL natives **Olivenöl extra**
½ TL **Meersalz**
¼ TL frisch gemahlener **schwarzer Pfeffer**
720 ml **cleane Marinarasoße** (siehe Seite 130)
120 g frischer **Mozzarella,** in 0,5 cm dicke Scheiben geschnitten
2 EL geriebener **Parmesan**

NÄHRWERTE/PORTION:
kcal: 231 (aus Fett: 125) |
Eiweiß: 13 g |
Kohlenhydrate: 19 g |
Fett: 14 g (davon
gesättigte Fettsäuren: 3 g,
Transfettsäuren: 0 g) |
Ballaststoffe: 6 g |
Salz: 487 mg |
Cholesterin: 21 mg

ZUBEREITUNG

1. Backofen auf 220° C vorheizen. Die Auberginenscheiben nebeneinander auf ein Backblech, die Zucchini und Paprika auf ein anderes legen. Auberginen mit 2 EL Öl von beiden Seiten mit einem Küchenpinsel bestreichen. Restliches Öl über das Gemüse auf dem anderen Blech träufeln. Gemüse mit Salz und Pfeffer bestreuen. Im Ofen etwa 12 bis 15 Minuten rösten, bis Zucchini, Paprika und Auberginen weich sind und allmählich braun werden. Bleche aus dem Ofen holen und beiseitestellen.

2. Den Backofen auf 175° C herunterschalten. 120 ml Marinarasoße auf den Boden einer 23 × 33 cm großen Backform geben. Das Gemüse hineinschichten. Mit den Auberginenscheiben beginnen, sie sollten den Boden der Form komplett bedecken. Darauf folgt eine Schicht Soße, dann eine Schicht Zucchini, dann wieder Soße und so weiter. Darauf achten, dass auch für die letzte Schicht noch Soße übrig ist. Als Letztes die Mozzarellascheiben obendrauf legen und mit Parmesan bestreuen. 35 bis 45 Minuten backen, bis der Käse blasig und leicht braun ist. Vor dem Servieren etwa 10 Minuten abkühlen lassen.

Portionen: 4
Vorbereitung:
10 Minuten
Zubereitung:
25 Minuten

Quinoa-Risotto
mit Knoblauch-Champignons

Quinoa gehört zu den Nahrungsmitteln, die in keinem vegetarischen Haushalt fehlen sollten (und auch Fleischesser dürfen Quinoa ruhig öfter mal als Beilage wählen). Die knackige, körnige Struktur der Quinoasamen wird in diesem Rezept durch den Käse etwas aufgeweicht. Mit diesem Risotto können Sie Ihre Proteinspeicher mal wieder so richtig auffüllen!

ZUTATEN

720 ml salzarme **Gemüsebrühe**
2 EL natives **Olivenöl extra**
360 g **Zuchtchampignons,** in Scheiben geschnitten
2 **Knoblauchzehen,** gehackt
1 TL frischer **Thymian,** fein gehackt
½ TL frischer **Rosmarin,** fein gehackt
¾ TL plus 1 Prise **Meersalz**
¼ TL plus 1 Prise frisch gemahlener **schwarzer Pfeffer**
2 EL **Schalotten,** gehackt
185 g weißer **Quinoa**
60 ml **trockener Weißwein**
60 g fein geriebener **Parmesan**

NÄHRWERTE/PORTION:
kcal: 293 (aus Fett: 92) |
Eiweiß: 10 g |
Kohlenhydrate: 37 g |
Fett: 10 g (davon gesättigte
Fettsäuren: 1,5 g,
Transfettsäuren: 0 g) |
Ballaststoffe: 3 g |
Salz: 456 mg | Cholesterin:
3 mg

ZUBEREITUNG

1. Gemüsebrühe in einem Topf erhitzen, bis sie anfängt zu köcheln. Hitze reduzieren und warm halten.

2. 1 EL Olivenöl in einer großen Pfanne erhitzen. Champignons hineingeben (sie sollten nebeneinanderliegen) und bei mittlerer Hitze – ohne zu rühren – 2 Minuten anbraten. Knoblauch, Thymian und Rosmarin sowie eine Prise Salz und Pfeffer dazugeben. Weitere 2 Minuten braten, bis die Champignons gebräunt sind und der Knoblauch weich, aber nicht angebrannt ist. Pfanne vom Herd nehmen und beiseitestellen.

3. Restliches Olivenöl in einer großen Pfanne erhitzen. Die Schalotten etwa 2 Minuten darin andünsten, bis sie weich, aber noch nicht braun sind. Quinoa, Salz und Pfeffer hineinrühren und 1 Minute garen lassen. Weißwein hineingeben und etwa 1 Minute kochen lassen, bis die Flüssigkeit aufgenommen wurde. 120 ml heiße Gemüsebrühe zur Quinoa hinzugießen. Ab und zu umrühren. Wenn die Quinoa die Brühe fast vollständig aufgenommen hat, wieder 120 ml der Brühe hineingießen und immer so weiter, bis die Quinoa durchgegart ist. Sie sollte dick und leicht glasig sein. Das dauert etwa 20 Minuten.

4. Die gebratenen Champignons und den Parmesan hinzugeben. Das Risotto sollte eine cremige Konsistenz haben. Ist es zu fest, noch etwas Gemüsebrühe hinzufügen. Auf vier tiefe Teller verteilen und sofort servieren. Auf Wunsch noch etwas geriebenen Parmesan darüberstreuen.

Portionen: 4
Vorbereitung:
20 Minuten
Zubereitung:
8 Minuten

Gemüsepfanne für ein langes Leben

Die Zutatenliste ist lang, aber die Zubereitung geht schnell. Erst alle Zutaten vorbereiten, dann ab in den Wok damit und fertig!

ZUTATEN

1 EL **Distelöl** | 1 EL **Sesamöl**

4 getrocknete **Baumchilis (oder getrocknete Chilis nach Wahl),** Stiele entfernt

2 EL frischer **Ingwer,** gerieben

90 g **Champignons (weiße oder Zuchtchampignons),** in Scheiben geschnitten

130 g **Karotten,** geraspelt

½ **rote Paprika,** entkernt, in dünne Scheiben geschnitten

¼ Kopf **Weißkohl,** Strunk entfernt, in dünne Scheiben geschnitten

1 Glas ganze **Maiskölbchen,** abgegossen

240-ml-Dose in Scheiben geschnittene **Bambussprossen,** abgegossen

240-ml-Dose in Scheiben geschnittene geschälte **Wasserkastanien,** abgegossen

4 große **Knoblauchzehen,** gehackt

2 **Frühlingszwiebeln,** in dünne diagonale Scheiben geschnitten

1 EL salzarme **Sojasoße** | 1 EL **Reisweinessig**

1 TL **Meersalz** | ¼ TL frisch gemahlene **schwarzer Pfeffer**

740 g gekochte **Quinoa** | 1 TL gerösteter **Sesam**

ZUBEREITUNG

NÄHRWERTE/PORTION:
kcal: 350 (aus Fett: 80) |
Eiweiß: 12 g |
Kohlenhydrate: 58 g |
Fett: 9 g (davon gesättigte
Fettsäuren: 0,5 g,
Transfettsäuren: 0 g) |
Ballaststoffe: 10 g |
Salz: 645 mg |
Cholesterin: 0 mg

1. Einen sehr großen Wok oder eine Gusseisenpfanne erhitzen. Wenn der Wok oder die Pfanne schon sehr heiß ist, Distel- und Sesamöl hineingeben und Wok/Pfanne damit schwenken. Baumchilis und Ingwer hinzufügen und mithilfe eines Metallspatels ein paar Sekunden im Öl rühren. Dann sofort Champignons, Karotten, Paprika und Kohl hinzufügen und etwa 4 Minuten weich dünsten. Mais, Bambussprossen und Kastanien zugeben und 1 bis 2 Minuten garen. Knoblauch einrühren und 1 weitere Minute erhitzen. Frühlingszwiebeln, Sojasoße, Essig, Salz und Pfeffer untermischen.

2. Mit der gekochten Quinoa und garniert mit Sesam sofort servieren.

TIPP *Wenn Sie sehr scharfe Speisen nicht gut vertragen, sollten Sie die Chilis nicht mitessen. Sie dienen bei der Zubereitung dazu, dem Gericht Würze zu geben, können aber vor dem Servieren herausgenommen werden.*

Röstkartoffeln, Spargel und Friséesalat

mit knusprigen Croûtons

Dieses Gericht ist wie ein Frühstück zum Abendessen. Die Kartoffeln sind knackig, der Spargel ist zart, der Salat erfrischend und die Eier bringen alles zusammen.

ZUTATEN

450 g **Kartöffelchen,** halbiert
3½ TL natives **Olivenöl extra**
¼ TL plus einige Prisen **Meersalz**
⅛ TL plus ein paar Prisen frisch gemahlener **schwarzer Pfeffer**
1 Bund **grüner Spargel** (etwa
30 Stangen), Enden abgeschnitten
1 **Kopf Friséesalat,** in mundgerechte Stücke zerpflückt
Saft von ½ **Zitrone**
Eat-Clean-Kochspray (siehe Seite 347)
4 **Eier**
4 **Eiweiß**
8 EL knusprige **Kräuter-Knoblauch-Croûtons** (siehe Seite 351)

NÄHRWERTE/PORTION:
kcal: 270 (aus Fett: 94) |
Eiweiß: 16 g |
Kohlenhydrate: 29 g |
Fett: 10 g (davon
gesättigte Fettsäuren: 3 g,
Transfettsäuren: 0 g) |
Ballaststoffe: 7 g |
Salz: 307 mg |
Cholesterin: 211 mg

ZUBEREITUNG

1. Backofen auf 220° C vorheizen. Die Kartoffeln mit der Schnittseite nach oben auf ein Backblech legen, 2 TL Olivenöl, ¼ TL Meersalz und ⅛ TL schwarzen Pfeffer darübergeben. Kartoffeln umdrehen. Im Backofen etwa 15 Minuten rösten, bis sie leicht angebräunt und weich sind.

2. In der Zwischenzeit den Spargel auf ein Backblech legen, 1 TL Olivenöl, eine Prise Salz und Pfeffer darübergeben. Im Backofen etwa 7 Minuten rösten, bis der Spargel bissfest und angebräunt ist.

3. Friséesalat mit Zitronensaft, ½ TL Olivenöl, einer kleinen Prise Salz und Pfeffer anmachen.

4. Eine antihaftbeschichtete Pfanne erhitzen und mit Eat-Clean-Kochspray besprühen. Eier und Eiweiß dazugeben und mit einer kleinen Prise Salz und Pfeffer würzen. Bei mittlerer Hitze etwa 2 Minuten braten, bis das Eiweiß stockt und fest wird. Wenn Sie das Ei lieber durchgegart wollen, das Ei vorsichtig wenden und so lange braten, bis das Eigelb fest ist.

5. Den Spargel auf vier Teller verteilen, über jeden Spargelhaufen etwa 30 g Friséesalat geben. Daneben ca. 180 g Kartoffeln und die Eier anrichten und 2 EL knusprige Kräuter-Knoblauch-Croûtons darüberstreuen.

Worauf Vegetarier achten sollten

Die Entscheidung, sich vegetarisch zu ernähren, ist überaus clever, wenn Sie es richtig anstellen. Vegetarier nehmen normalerweise mit Leichtigkeit die täglich empfohlene Menge an Obst und Gemüse zu sich und haben ein weit geringeres Risiko, an Herz-Kreislauf-Erkrankungen, Diabetes oder Krebs zu erkranken. Andererseits müssen sie aufpassen, keinen Vitamin B_{12}- oder Eisenmangel oder gar Osteoporose zu entwickeln. Alles eine Frage der Balance!

Vegetarisch und gesund leben:
Jeder Mensch kann vegetarisch leben: Männer, Frauen (auch Schwangere und Stillende), Teenager und Kinder. Sie sollten dann aber möglichst gut Bescheid wissen, welche Nahrungsmittel welche Nährstoffe enthalten und in welchen Kombinationen Sie sie am besten zu sich nehmen.

Ausreichend Proteine aufnehmen:
Sie nehmen ausreichend Protein auf, wenn Sie die empfohlenen Mengen in den richtigen Kombinationen zu sich nehmen.

ALS ALLEINIGES NAHRUNGSMITTEL:
Eiweiß aus Eiern, Sojaproteinisolat, Molkenproteinisolat, Quinoa*, Hanfsamen*, Sojaprodukte (Edamame, Tofu, Tempeh, Miso)*, Spirulina

* Die Bioverfügbarkeit dieser Nahrungsmittel ist geringer als die von reinem Eier-Eiweiß.

IN KOMBINATIONEN:
Hülsenfrüchte + Vollkorn, Nüsse und Samen + Hülsenfrüchte, Getreide + Nüsse und Samen, Mais + Hülsenfrüchte

BEISPIELE:
Getreide: Hafer, Hirse, Buchweizen, Quinoa, Amaranth, brauner Reis; Hülsenfrüchte: schwarze Bohnen, Kichererbsen, Bohnen, Linsen, Pintobohnen, Puy-Linsen; Nüsse und Samen: Sonnenblumenkerne, Kürbiskerne, Mandeln, Walnüsse, Cashewnüsse.

Portionsgrößen

Öle – 2 EL
Nüsse und Kerne – 1 Handvoll
Milchprodukte – ½–1 Becher fettarm
Eier – 2–3
Hülsenfrüchte und Soja – 1 Handvoll
Obst – 1 Handvoll
Gemüse – 2 Handvoll
Körner – 1 Handvoll

Vegetarisch … …Portionen/Tag
2 Öle
2 Nüsse und Kerne
2 Eier | 3 Milchprodukte
6 Körner | 3 Hülsenfrüchte, Soja
8 Gemüse | 2 Obst

Vegan … …Portionen/Tag
2 Öle
2 Nüsse und Kerne
6 Körner
6 Hülsenfrüchte, Soja | 2 Obst
8 Gemüse

NÄHR-STOFF	WOFÜR ER GUT IST	VEGETARISCHE QUELLEN	TIPP
Kalzium	Starke Zähne und Knochen, Muskelerhaltung, Hormonfunktion	Milchprodukte, dunkelgrünes Gemüse, Mandeln, Brokkoli, Tofu und Sojamilch	
Jod	Schilddrüsengesundheit, Stoffwechsel	Grünes Blattgemüse, Spargel, Seetang, jodiertes Meersalz	
Eisen	Funktion der roten Blutkörperchen	Grünes Blattgemüse, Bohnen, Linsen, Tofu, Kürbiskerne, Hirse, getrocknete Feigen, Aprikosen und Datteln	Eisen sollte immer zusammen mit Vitamin C zugeführt werden, damit es vollständig resorbiert wird; Koffein dagegen behindert die Eisenaufnahme.
Omega-3-Fettsäuren	Gesundes Herz, Augen und Haut, Gehirnentwicklung	Leinsamen, Chia- und Hanfsamen, Eier, Walnüsse, Sojabohnen	Vor allem Personen, die auch keinen Fisch essen, müssen besonders auf die Zufuhr achten (evtl. Nahrungsergänzungsmittel).
Protein	Gewebewachstum und -reparatur, Hormone und Enzymfunktion	Vollkornprodukte, Nüsse, Samen, Sojasprossen, Hummus (siehe auch Seite 188)	
Vitamin B_{12}	Nervenbildung, Zellproduktion (vor allem rote Blutkörperchen)	Sojamilch und Müsli	Muss evtl. als Nahrungsergänzungsmittel zugeführt werden, da hauptsächlich in tierischen Nahrungsmitteln enthalten.
Vitamin D	Starke Zähne und Knochen, gesundes Immunsystem	Sonnenlicht, Getreide, Soja- und Kuhmilch	Als Ergänzungsmittel zuführen, wenn Sie nicht ausreichend Sonnenlicht abbekommen.
Zink	Gesundes Immunsystem, Wundheilung, Zellteilung, Enzymfunktion	Grünes Blattgemüse, Vollkornprodukte, Sojaprodukte, Avocados, Bananen, Aprikosen, Äpfel, Cashewnüsse, Mandeln, Weizenkeime	Muss evtl. als Nahrungsergänzung zugeführt werden, da Zink aus pflanzlichen Quellen weniger bioverfügbar als das aus tierischen ist.

Für unterwegs

8

Für unterwegs

Rindfleisch-Hotdogs

Hotdogs erinnern mich an meine Kinder- und Jugendzeit, an Nachmittage im Freibad. Jetzt, als Erwachsene, bin ich eher skeptisch gegenüber gekauften Würsten, man weiß ja nie so genau, was da alles drin ist. Deshalb empfehle ich auch Ihnen, Ihre Hotdogs selbst zu machen.

ZUTATEN

450 mageres **Rinderhack**
¼ mittelgroße **Zwiebel,** geschält, geraspelt
1 **Knoblauchzehe,** fein geschnitten oder durch
    eine Knoblauchpresse gedrückt
1 EL **gelber Senf**
1 EL **Tomatenpaste**
2 EL frisches **Basilikum,** gehackt
1 TL **Meersalz**
½ TL frisch gemahlener **schwarzer Pfeffer**
Eat-Clean-Kochspray (siehe Seite 347)
4 **Vollkorn-Hotdog-Brötchen**
Hotdog-Zugaben wie **Senf, Tomatenscheiben**, klein gemachter
    Kopfsalat, Essiggurken und **rote Zwiebel**

NÄHRWERTE/PORTION:
kcal: 296 (aus Fett: 141) |
Eiweiß: 21 g |
Kohlenhydrate: 21 g |
Fett: 16 g (davon
gesättigte Fettsäuren: 0 g,
Transfettsäuren: 0 g) |
Ballaststoffe: 4 g |
Salz: 682 mg |
Cholesterin: 59 mg

ZUBEREITUNG

1. Einen Grill oder eine Grillpfanne auf mittlerer Stufe erhitzen. Hackfleisch, Zwiebel, Knoblauchzehe, Senf, Tomatenpaste, Basilikum, ½ TL Salz und den Pfeffer vorsichtig vermischen, bis die Zutaten verbunden sind. Die Masse vierteln und zu etwa 12 cm langen Würstchen formen. Auf ein Backpapier oder einen Teller legen und ½ TL Salz darüberstreuen.

2. Den Grill mit Eat-Clean-Kochspray besprühen und die Würstchen darauflegen. 7 bis 12 Minuten bis zum gewünschten Garzustand grillen, dabei zwei- bis dreimal wenden. Vom Grill nehmen und mit den gewünschten Hotdog-Zugaben im Brötchen servieren.

Portionen: 4
Vor- und Zubereitung:
10 Minuten

Spanisches Thunfisch-Sandwich

Auf die Idee für dieses Rezept bin ich in Barcelona gekommen. Auf der Flaniermeile Las Ramblas werden solche Sandwiches an Imbissständen angeboten und sowohl von Touristen als auch Einheimischen gerne gekauft. Nach dem Essen können Sie sich getrost eine Siesta gönnen!

ZUTATEN

1 Dose (150 g) salzarmer **weißer Thunfisch** (aus nachhaltiger
    Fischerei) in Wasser eingelegt, durch ein Sieb abgegossen
180 g gekochte **weiße Bohnen**
150 g **Kirschtomaten,** in Scheiben geschnitten
70 g **rote Chilis,** gehackt
30 g entsteinte **grüne Oliven,** in Scheiben geschnitten
2 EL frischer **Zitronensaft**
2 EL natives **Olivenöl extra**
¼ TL **Meersalz**
⅛ TL frisch gemahlener **schwarzer Pfeffer**
40 cm langes **Vollkorn-Baguette,** in zwei Längs-
    hälften geschnitten und geröstet

NÄHRWERTE/PORTION:
kcal: 297 (aus Fett: 60) |
Eiweiß: 19 g |
Kohlenhydrate: 42 g |
Fett: 7 g (davon
gesättigte Fettsäuren: 1 g,
Transfettsäuren: 0 g) |
Ballaststoffe: 6 g |
Salz: 707 mg |
Cholesterin: 15 mg

ZUBEREITUNG

1. Thunfisch und weiße Bohnen in eine kleine Schüssel geben. Mit einer Gabel den Thunfisch in essbare Happen zerteilen und die weißen Bohnen etwas zerdrücken.

2. Restliche Zutaten hinzugeben und gut vermischen. Die Thunfischmischung auf die untere Baguettehälfte geben, obere Baguettehälfte aufsetzen. Baguette in vier gleich große Teile schneiden. Sofort servieren oder in Folie eingewickelt mitnehmen.

Gefüllte Pitataschen
mit Gartengemüse

Wenn ich mittags eine große Portion frisches, nährstoffreiches Gemüse esse, gibt es mir genug Energie für den ganzen Nachmittag. Gemüse lässt sich zum Beispiel gut in einer Pitatasche „verpacken". Füllen Sie sie möglichst erst kurz vor dem Essen, damit das Brot nicht aufweicht.

Hinweis: Frischkäse und würziger Hummus müssen im Voraus zubereitet werden.

ZUTATEN

1 **Pita aus Vollkornweizen,** Durchmesser etwa 15 cm
2 EL **würziger Hummus** (siehe Seite 353)
2 EL **Frischkäse aus Joghurt** (siehe Seite 346)
40 g **Karotte,** geraspelt oder gerieben
20 g **Pilze,** in Scheiben geschnitten
50 g **Rettich,** in Scheiben geschnitten
50 g **Sprossen** (z. B. Klee, Linsen oder Rettich)
1 EL **Sonnenblumenkerne**

NÄHRWERTE/PORTION:
kcal: 325 (aus Fett: 106) |
Eiweiß: 15 g |
Kohlenhydrate: 44 g |
Fett: 11 g (davon
gesättigte Fettsäuren: 2 g,
Transfettsäuren: 0 g) |
Ballaststoffe: 9 g |
Salz: 402 mg |
Cholesterin: 1 mg

ZUBEREITUNG

1. Pita in der Mitte durchschneiden. Beide Pitahälften auf der Innenseite zuerst mit Hummus, dann mit Frischkäse bestreichen.

2. Das Gemüse gleichmäßig in die beiden Hälften füllen. Sonnenblumenkerne in beide Hälften streuen. Die Pita sofort essen oder zum Mitnehmen in Folie einpacken.

Portionen: 2
Vorbereitung:
10 Minuten
Zubereitung:
10–15 Minuten

Mittagsteller mit Quinoa und schwarzen Bohnen

Dieses Mittagessen ist eine Variante eines typischen Reis-Bohnen-Gerichts. Durch die Quinoa hat es den Charakter einer Mahlzeit mit Getreide, ist aber vollgepackt mit Protein, das Ihre Muskeln mit Energie versorgt.

Hinweis: Würziger Hummus und Salsa müssen im Voraus zubereitet werden.

ZUTATEN

90 g **Quinoa**
180 g gekochte **schwarze Bohnen**
1 kleine **Babyzucchini,** der Länge nach geviertelt und in Scheiben geschnitten
60 ml **würziger Hummus** (siehe Seite 353) oder im Laden gekauft
Saft von ½ **Zitrone**
60 g **gemischtes grünes Blattgemüse**
60 ml frische **Salsa** (siehe Seite 126)
1 **Avocado,** entkernt und in Scheiben geschnitten
2 EL frischer **Koriander,** gehackt

NÄHRWERTE/PORTION:
kcal: 323 (aus Fett: 97) |
Eiweiß: 10 g |
Kohlenhydrate: 36 g |
Fett: 10 g (davon
gesättigte Fettsäuren: 1 g,
Transfettsäuren: 0 g |
Ballaststoffe: 10 g |
Salz: 326 mg |
Cholesterin: 0 mg

ZUBEREITUNG

1. In einem kleinen Topf 240 ml Wasser zum Kochen bringen. Quinoa hineingeben. Zudecken, Hitze reduzieren und 10 bis 12 Minuten köcheln lassen, bis das meiste Wasser aufgenommen wurde. Topf vom Herd nehmen und Quinoa mit einer Gabel auflockern. Zugedeckt weitere 5 Minuten quellen lassen.

2. In einer kleinen, hochwandigen Pfanne die schwarzen Bohnen und die Zucchini bei mittlerer Hitze erwärmen. Einen Schuss Wasser dazugeben und so lange kochen, bis das Wasser verdampft und die Zucchini etwas weich ist.

3. Für das Dressing Hummus und Zitronensaft verrühren.

4. Das gemischte Blattgemüse auf die zwei Schalen verteilen, Quinoa und die Mischung aus schwarzen Bohnen und Zucchini dazugeben. Das Dressing darübergießen und zum Schluss noch Salsa, Avocado und Koriander darübergeben.

Portionen:
4 × 2 Kanapees
Vorbereitung:
10 Minuten
Zubereitung:
2 Minuten

Feigen-Kanapees
mit Minze und Balsamicosirup

Kanapees sind kleine Appetithappen in Form einer dünnen Scheibe Brot oder Toast oder eines Crackers, belegt mit Kaviar, Sardellen, Käse oder einer anderen pikanten Zutat. Bei diesem Rezept dient mir Chicorée als Unterlage und frische Feigen als Belag. Feigen werden zweimal pro Jahr geerntet, im Mai/Juni und im Dezember/Januar.

Hinweis: Frischkäse aus Ziegenmilch muss im Voraus zubereitet werden. Wenn kein Ziegenmilchjoghurt erhältlich ist, einen normalen fettarmen Naturjoghurt verwenden.

ZUTATEN

1 großer **Chicorée** (mit mindestens 8 Blättern)
45 ml **Frischkäse aus Joghurt,** mit Ziegenmilch zubereitet (siehe Seite 346)
2 frische **Feigen,** jede in vier Scheiben geschnitten
60 ml **Balsamicoessig**
¼ TL **Walnussöl**
1 TL frische **Minze,** fein geschnitten (siehe Tipp)

NÄHRWERTE/PORTION:
kcal: 60 (aus Fett: 8) |
Eiweiß: 3 g |
Kohlenhydrate: 12 g |
Fett: 1 g (davon
gesättigte Fettsäuren: 0 g,
Transfettsäuren: 0 g) |
Ballaststoffe: 5 g |
Salz: 37 mg |
Cholesterin: 0 mg

ZUBEREITUNG

1. Chicorée putzen und waschen, den Strunk großzügig herausschneiden und die äußeren Blätter entfernen. 8 Blätter abnehmen und auf einer kleinen Servierplatte anrichten. Auf jedes Chicoréeblatt kommen 1 TL Frischkäse und eine Feigenscheibe. (Bis hier können Sie die Kanapees gut vorbereiten. Der Balsamicosirup sollte aber erst unmittelbar vor dem Servieren zubereitet werden, da er beim Abkühlen eindickt und es dann schwierig wird, ihn auf die Chicorée zu träufeln.)

2. Für den Balsamicosirup den Balsamicoessig bei mittlerer Hitze in einem kleinen Topf leicht aufkochen. Dann Hitze verringern und noch etwa 2 Minuten köcheln lassen, bis der Essig etwas dickflüssig geworden ist. Dabei mit dem Schneebesen umrühren. Sollte er zu dick werden, ein paar Tropfen Wasser hineingeben, damit er wieder gießfähig ist. Danach vom Herd nehmen.

3. Walnussöl über die Feigen träufeln. Dann denn Balsamicosirup über die Kanapees geben und diese noch mit Minze bestreuen. Sofort servieren.

TIPP *Legen Sie die Minzblätter aufeinander, die größten zuunterst. Rollen Sie sie auf und schneiden Sie sie dann mit einem scharfen Küchenmesser in ganz dünne Streifen. Man nennt dies eine „Chiffonade".*

Party-Nüsse

Nüsse zum Mittagessen? Aber das reicht doch nicht zum Sattwerden, oder?
Nun, ich sage nicht, dass Sie mittags ausschließlich Nüsse essen sollen, aber
mein Rezept ergibt eine ideale Ergänzung zu einem frischen Salat oder einem
einfachen Sandwich.

ZUTATEN

2 EL **Vollrohrzucker** oder **Rohrohrzucker**
1 TL grobes **Meersalz**
¼ TL **Cayennepfeffer**
240 g **ungesalzene Nussmischung** nach Belieben, z. B. mit
    Mandeln, Cashewkernen, Wal-, Para- und Haselnüssen
1 EL Bio-**Melasse** (ungeschwefelt)
1 gehäufter EL frische **Rosmarinnadeln**

NÄHRWERTE/PORTION:
kcal: 109 (aus Fett: 69) |
Eiweiß: 3 g |
Kohlenhydrate: 7 g |
Fett: 8 g (davon
gesättigte Fettsäuren: 1 g,
Transfettsäuren: 0 g) |
Ballaststoffe: 1 g |
Salz: 100 mg |
Cholesterin: 0 mg

ZUBEREITUNG

1. Backofen auf 175° C vorheizen. 1 EL Zucker, Salz und Cayennepfeffer
in einer kleinen Schüssel mischen. Die Nüsse auf ein Backblech auslegen
und im Backofen etwa 5 Minuten rösten, bis sie heiß sind.

2. Die Nüsse mit der Zuckermischung, der Melasse und dem Rosmarin
in eine mittelgroße Schüssel geben. Gut vermengen. (Durch die Wärme
der Nüsse schmelzen die Zutaten und bleiben an den Nüssen haften.)
Den restlichen Zucker dazugeben und mit den Nüssen vermischen.
Warm servieren. Übrige Nüsse bei Zimmertemperatur in einem verschlossenen Behälter aufbewahren.

Sushi-Bowl
mit ingwerglasiertem Lachs (Chirashizushi)

Denken Sie an Ihre bevorzugte Sushi-Rolle. Und jetzt nehmen Sie sie einfach auseinander und werfen alle Zutaten in eine Schüssel!

ZUTATEN

200 g **brauner Sushi-Reis** | 60 ml **Reisweinessig**
2 TL **Honig** | ½ TL **Meersalz**
450 g **Wildlachs,** mit Haut | 1 EL salzarme **Sojasoße**
½ TL **brauner Zucker** | ½ TL **geriebener Ingwer**
½ **Salatgurke,** längs geviertelt und in dünne Scheiben geschnitten
120 g **Daikon-Rettich,** geschält, längs geviertelt und in dünne Scheiben
geschnitten (oder anderer Rettich) | 1 mittelgroße **Karotte,** geschält, längs
geviertelt und in dünne Scheiben geschnitten | 2 **Frühlingszwiebeln,**
fein gehackt | **Nori** (getrockneter Seetang), zerpflückt oder fein gehackt, zum
GarnierenSchwarzer und weißer **Sesam** zum Garnieren
salzarme **Sojasoße** und **Wasabipaste** zum Garnieren

NÄHRWERTE/PORTION:
kcal: 242 (aus Fett: 51) |
Eiweiß: 15 g |
Kohlenhydrate: 25 g |
Fett: 8 g (davon
gesättigte Fettsäuren: 2 g,
Transfettsäuren: 0 g) |
Ballaststoffe: 1 g |
Salz: 280 mg |
Cholesterin: 39 mg

ZUBEREITUNG

1. Backofen auf 230° C vorheizen. Wenn Sie einen Reiskocher zu Hause haben, kochen Sie den braunen Sushi-Reis gemäß den Angaben auf der Verpackung. Für die Zubereitung auf dem Herd den abgespülten Reis in einen Topf mit 480 bis 600 ml Wasser geben, Wasser zum Kochen bringen, Hitze verringern und den Reis 45 bis 50 Minuten köcheln lassen, bis der Reis das Wasser vollständig aufgesogen hat. Den fertigen Reis vorsichtig mit der Gabel durchziehen.

2. In einer kleinen Schüssel Reisweinessig, Honig und Salz verrühren und über den gekochten Reis geben. Gut vermischen und beiseitestellen.

3. Ein Backblech mit Aluminiumfolie auslegen, darauf den Lachs setzen. Mit dem Finger die kleinen, scharfen Gräten ertasten und mit einer Lebensmittelzange oder Pinzette herausziehen. Oder lassen Sie das vorher schon von Ihrem Fischhändler erledigen. (Alterativ die Gräten erst vor dem Servieren entfernen.)

4. In einer kleinen Schüssel Sojasoße, Zucker und geriebenen Ingwer verrühren und über den Lachs gießen. Lachs im Backofen etwa 12 bis 14 Minuten backen, bis er fast durch ist. Sie können ihn auch etwas länger garen, dann ist er aber weniger zart und saftig. Aus dem Ofen nehmen, ein paar Minuten ruhen lassen. Haut mithilfe eines Pfannenwenders entfernen, Lachs in mundgerechte Stücke zupfen. Falls die Gräten vorher noch nicht entfernt wurden, dies jetzt tun.

5. Den Sushi-Reis auf sechs Schüsseln verteilen. Darauf das gehackte Gemüse und den Lachs geben. Mit Sojasoße und Wasabipaste servieren, die Ihre Gäste nach Wunsch vermischen und über ihr Essen geben können.

Portionen: 4
Vorbereitung:
15 Minuten
Zubereitung:
25 Minuten

Pikante Tempeh-Wurst und Spinat
mit Fusilli

Tempeh ist ein fermentiertes Lebensmittel aus Sojabohnen. Es ist protein-reich, vegan und sehr vielseitig verwendbar. Tempeh kann in dünne Scheiben oder große Würfel geschnitten und gegrillt, gebacken oder gekocht werden. Bei diesem Rezept wird das Tempeh zerbröckelt.

ZUTATEN

120 g **Vollkorn-Pasta** (Fusilli, Spirelli oder Penne)

2 EL natives **Olivenöl extra**

1 mittelgroße **Zwiebel,** fein gehackt

225 g **Tempeh** (Bioqualität), in kleine Teile zerbröckelt

1 TL **Fenchelsamen**

½ TL **rote Paprikaflocken**

2 EL frischer **Oregano,** gehackt

1 TL **Meersalz**

½ TL frisch gemahlener **schwarzer Pfeffer**

4 große **Knoblauchzehen,** gehackt

240 ml salzarme **Gemüsebrühe**

160 g frischer **Babyspinat**

15 g frisches **Basilikum,** in dünne Streifen geschnitten

4 TL geriebener **Pecorino Romano** oder **Parmigiano Reggiano** (optional)

NÄHRWERTE/PORTION:
kcal: 312 (aus Fett: 100) |
Eiweiß: 17 g |
Kohlenhydrate: 37 g |
Fett: 10,5 g (davon
gesättigte Fettsäuren: 1,5 g,
Transfettsäuren: 0 g) |
Ballaststoffe: 14 g |
Salz: 312 mg |
Cholesterin: 0 mg

ZUBEREITUNG

1. Pasta in einem Topf mit reichlich kochendem Salzwasser nach Packungsangabe bissfest kochen, in ein Sieb abgießen und beiseitestellen.

2. Olivenöl in einer großen Pfanne erhitzen. Darin die Zwiebeln bei mittlerer Hitze 3 bis 5 Minuten andünsten, bis sie glasig sind. Tempeh, Fenchelsamen, rote Paprikaflocken, Oregano, Salz und Pfeffer dazugeben und etwa 5 Minuten weiterkochen, bis der Tempeh allmählich braun wird. Knoblauchzehe unterrühren und noch 1 Minute garen.

3. Die Gemüsebrühe in die Pfanne gießen, Hitze reduzieren, 2 bis 3 Minuten kochen, bis die Brühe fast vollkommen aufgesogen wurde. Die fertige Pasta dazugeben und den Spinat unterheben. Auf vier Tellern anrichten und mit den Basilikumstreifen und eventuell dem geriebenen Käse (1 TL pro Teller) bestreuen.

Portionen: 3
Vorbereitung:
10 Minuten
Zubereitung:
15 Minuten

Eiersalat mit dem gewissen Etwas

Traditionelle Eiersalatsandwiches schmecken vielleicht gut, aber helfen Ihnen nicht gerade dabei, wieder in die engen Jeans zu passen. Indem Sie vor allem Eiweiß und nur wenig Eigelb sowie Frischkäse statt Mayonnaise verwenden, können Sie diesen Klassiker ohne schlechtes Gewissen genießen – so oft Sie wollen.

Hinweis: Frischkäse muss im Voraus zubereitet werden.

ZUTATEN

6 **Eier**
1 TL **Dijon-Senf**
2 EL **Frischkäse aus Joghurt** (siehe Seite 346)
¼ TL **Weißweinessig**
½ TL **Meersalz**
¼ TL frisch gemahlener **schwarzer Pfeffer**
25 g **Stangensellerie**, gewürfelt
3 Scheiben **Vollkornbrot,** leicht getoastet
1 mittelgroße **Tomate,** in dünne Scheiben geschnitten
1 TL frische **Schnittlauchröllchen**
¾ TL **Olivenöl mit weißen Trüffeln** (wenn Sie ein
    solches Öl nicht finden, weglassen)

NÄHRWERTE/PORTION:
kcal: 237 (aus Fett: 112) |
Eiweiß: 16 g |
Kohlenhydrate: 17 g |
Fett: 11 g (davon
gesättigte Fettsäuren: 3 g,
Transfettsäuren: 0 g) |
Ballaststoffe: 4 g |
Salz: 511 mg |
Cholesterin: 430 mg

ZUBEREITUNG

1. Eier in einen kleinen Topf mit kaltem Wasser geben. Das Wasser zum Kochen bringen, dann den Topf abdecken und vom Herd nehmen. Eine Eieruhr auf 15 Minuten stellen.

2. Während die Eier auf diese Weise gekocht werden, Senf, Frischkäse, Essig, Salz und Pfeffer vermischen und zur Seite stellen.

3. Nach Ablauf der 15 Minuten das heiße Wasser abschütten und den Topf mit kaltem Wasser füllen, damit die Eier abkühlen. Wenn sich das Wasser durch die Eier erwärmt hat, wieder abschütten und den Topf erneut mit kaltem Wasser füllen. Wiederholen, bis das Wasser kalt bleibt. (Der Vorgang lässt sich beschleunigen, wenn man Eiswasser ein-füllt.) Die abgekühlten Eier aus dem Topf nehmen, schälen und auf ein Schneidebrett legen.

4. Eier in zwei Hälften schneiden und das Eigelb herausnehmen. Zwei Eigelbe in die Senfmischung geben, mittels einer Gabel zerdrücken und alles gut vermengen. Die anderen Eigelbe werden nicht mehr gebraucht.

5. Eiweiß in kleine Würfel schneiden und in die Senfmischung geben. Sellerie hinzufügen und gut vermischen. Den Eiersalat nun gleichmä-ßig auf die Brotscheiben verteilen und noch mit Tomatenscheiben und Schnittlauch garnieren. Abschließend ¼ TL Trüffelöl über jedes Sand-wich träufeln.

Portionen: 6
Vorbereitung:
10 Minuten
Zubereitung:
12–15 Minuten

Caesar Salad mit gegrillter Hühnerbrust
mit pikantem Kefir-Caesar-Dressing

Der Caesar Salad wurde in den 1920er-Jahren von Caesar Cardini, einem in Italien geborenen Mexikaner kreiert, der Name hat also nichts mit dem römischen Staatsmann Julius Cäsar zu tun. Wie dem auch sei, ich bin mir sicher, dass meine Variante dieses Salats beiden Caesaren geschmeckt hätte!

ZUTATEN FÜR DAS DRESSING

1 **kleine rote Chilischote** | 1 große **Knoblauchzehe**
½ TL **Anchovispaste** | 30 ml frischer **Limettensaft**
120 ml fettarmer **Kefir**
30 ml natives **Olivenöl extra**
¼ TL **Meersalz** | ⅛ TL frisch gemahlener **schwarzer Pfeffer**

ZUTATEN FÜR DEN SALAT

680 g **entbeinte Hühnerbrust ohne Haut**
Eat-Clean-Kochspray (siehe Seite 347)
½ TL plus 1 Prise **Meersalz**
¼ TL plus 1 Prise frisch gemahlener **schwarzer Pfeffer**
6 **Minipitabrote aus Vollkornweizen**, 10 cm Durchmesser
2 **Römersalatherzen,** halbiert und in ca. 4 cm lange Streifen geschnitten
6 TL **Cotija-Käse,** zerbröckelt (alternativ Parmesan)
Limettenschnitze zum Garnieren

NÄHRWERTE/PORTION:
kcal: 246 (aus Fett: 44) |
Eiweiß: 31 g |
Kohlenhydrate: 19 g |
Fett: 5 g (davon
gesättigte Fettsäuren: 1 g,
Transfettsäuren: 0 g) |
Ballaststoffe: 3 g |
Salz: 456 mg |
Cholesterin: 70 mg

ZUBEREITUNG

1. Einen Grill oder eine Grillpfanne auf mittlere Hitze vorheizen.

2. Beide Seiten der Hühnerbrust mit Eat-Clean-Kochspray besprühen, salzen und pfeffern. Etwa 5 bis 6 Minuten auf jeder Seite grillen, bis sie gar ist. Auf ein Schneidebrett legen und ruhen lassen.

3. Alle Dressingzutaten in einen Standmixer geben und auf hoher Stufe etwa 1 Minute lang pürieren.

4. Die Oberseite der Pitas mit Eat-Clean-Kochspray besprühen und mit einer kleinen Prise Salz und Pfeffer würzen. Pitas etwa 1 bis 2 Minuten auf den Grill legen, bis sich ein Grillmuster darauf abzeichnet.

5. Die Römersalatstreifen in eine große Schüssel geben, mit 120 ml Caesar-Dressing vermischen und gleichmäßig auf sechs Teller verteilen. Die Hühnerbrust quer zur Faser in dünne Scheiben schneiden und fächerförmig auf die Salatteller legen. Restliches Dressing über das Hühnerfleisch träufeln und je 1 TL Käse über den Salat streuen. Mit den gegrillten Pitas und den Limettenschnitzen (zum Ausdrücken über dem Salat) servieren.

Portionen:
4 × 2 Wraps
Vorbereitung:
15 Minuten
Zubereitung:
8–10 Minuten
Kühlzeit:
1–24 Stunden

Jamaican-Jerk-Steak
in Ananas-Salat-Wraps

Wraps mit einer knackigen Salat- statt einer Tortillahülle sind die leichtere und gesündere Variante. Die hier beschriebenen Wraps schmecken ziemlich scharf… sind sie zu scharf, sind Sie zu schwach!

Hinweis: Die Jerk-Würzmischung muss im Voraus zubereitet werden.

ZUTATEN

450 g **Rinder-Steak**, überschüssiges Fett entfernt
2 EL **Jerk-Würzmischung** (siehe Seite 354)
½ **rote Paprika,** geputzt und in Würfel geschnitten
150 g frische **Ananas,** gewürfelt
30 g **Frühlingszwiebel,** in dünne Ringe geschnitten
Eat-Clean-Kochspray (siehe Seite 347)
½ Kopf **Eisbergsalat,** in 8 große Blätter geteilt

NÄHRWERTE/PORTION:
kcal: 240 (aus Fett: 93) |
Eiweiß: 26 g |
Kohlenhydrate: 10 g |
Fett: 10 g (davon
gesättigte Fettsäuren: 4 g,
Transfettsäuren: 0 g) |
Ballaststoffe: 2 g |
Salz: 466 mg |
Cholesterin: 45 mg

ZUBEREITUNG

1. Beide Seiten des Steaks mit der Jerk-Würzmischung einreiben. Danach Hände gründlich waschen. Das Steak abdecken und mindestens 1 bis 24 Stunden lang in den Kühlschrank legen.

2. In einer kleinen Schüssel rote Paprika, Ananas und Zwiebel vermischen. Die Schüssel abdecken und in den Kühlschrank stellen.

3. Steak aus dem Kühlschrank holen und bei Zimmertemperatur 15 Minuten ruhen lassen. Einen Grill oder eine Grillpfanne auf der mittleren Stufe erhitzen. Steak auf beiden Seiten mit dem Eat-Clean-Kochspray einsprühen, auf den Grill legen und bis zum gewünschten Garzustand grillen. Für medium rare (rosa) etwa 4 bis 5 Minuten auf jeder Seite. Auf ein Schneidebrett legen und 5 Minuten ruhen lassen.

4. Auf jeden Teller je zwei Salatblätter legen. Das Steak quer zur Faser in dünne Scheiben schneiden, auf die Salatblätter verteilen. Darüber jeweils 2 EL der Ananas-Paprika-Mischung geben.

5. Zum Essen die Salatblätter um das Fleisch und die Ananas-Paprika-Mischung rollen.

TIPP *Sie können die Wraps auch mit einem Zahnstocher oder einem Bambusspießchen zusammenhalten.*

Portionen: 5
Vorbereitung:
20 Minuten
Zubereitung:
15 Minuten

Schnippelsalat
mit gegrillter Hühnerbrust

Dieses Rezept heißt ganz einfach deshalb Schnippelsalat, weil bei der Zubereitung ziemlich viel geschnippelt werden muss.

Hinweis: Die scharfe cleane BBQ-Soße muss im Voraus zubereitet werden.

ZUTATEN

60 ml **scharfe cleane BBQ-Soße** (siehe Seite 138) | 1 **Knoblauchzehe,** fein gehackt | ½ TL **Dijon-Senf** | Saft von 1 **Limette** | 1 EL **Rotweinessig** ¼ TL ml frisch gemahlener **Pfeffer** | 1 EL natives **Olivenöl extra** 450 g **Hühnerbrust** | 2 **Maiskolben,** geschält | 1 **rote Paprika,** geputzt und geviertelt | 1 gelbe **Paprika,** geputzt und geviertelt 1 **Babyzucchini,** der Länge nach halbiert | **Eat-Clean-Kochspray** (siehe Seite 347) | 1 Kopf **Romana-Salat,** der Länge nach halbiert und gehackt | 350 g gekochte **schwarze Bohnen** | ¼ **rote Zwiebel,** geschält, in dünne Scheiben geschnitten | **Meersalz** zum Abschmecken | frisch gemahlener **schwarzer Pfeffer** zum Abschmecken | 1 **Avocado,** entkernt und in mundgerechte Stücke geschnitten | 30 g frischer **Koriander,** gehackt

NÄHRWERTE/PORTION:
kcal: 367 (aus Fett: 110) |
Eiweiß: 30 g |
Kohlenhydrate: 36 g |
Fett: 11 g (davon
gesättigte Fettsäuren: 2 g,
Transfettsäuren: 0 g) |
Ballaststoffe: 11 g |
Salz: 160 mg |
Cholesterin: 54 mg

ZUBEREITUNG

1. In einer kleinen Schüssel BBQ-Soße, Knoblauch, Senf, Limettensaft, Essig und Pfeffer vermischen. Olivenöl unterrühren und zur Seite stellen.

2. Einen Grill oder eine Grillpfanne auf mittlerer Stufe erhitzen. Hühnerbrust, Mais, Paprika und Zucchini leicht mit Eat-Clean-Kochspray besprühen und mit Salz und Pfeffer würzen. Hühnerbrust und Gemüse auf dem Grill etwa 2 Minuten auf jeder Seite grillen, bis sich ein Muster darauf abzeichnet und das Gemüse etwas weich, aber noch nicht durchgegart ist. Hähnchenfleisch weitergrillen, bis es gar ist, etwas 5 Minuten von jeder Seite. Vom Grill nehmen und etwas abkühlen lassen.

3. In eine sehr große Schüssel Romana-Salat, schwarze Bohnen und Zwiebeln geben. Von den Maiskolben die Körner entfernen (siehe Tipp), Paprika, Zucchini und Hühnerbrust in mundgerechte Stücke schneiden. Alles in die Schüssel geben. Das bereits zubereitete Dressing darübergießen und alles gut vermengen. Avocado und Koriander vorsichtig unterheben. Sofort servieren.

TIPP *Um die Körner zu entfernen, setzen Sie den Maiskolben mit dem Stielende nach unten in die Mitte einer Gugelhupfform. Halten Sie den Maiskolben an der Spitze fest und schneiden Sie mit einem Messer die Körner rundherum herunter.*

Proteine

9

Proteine

Hirschmedaillons in Haselnusskruste

mit gerösteten Karotten und Pastinaken

Mit diesem Gericht genießen Sie Köstlichkeiten, die der Herbst uns schenkt – Wildfleisch und Wurzelgemüse.

ZUTATEN

2 große **Karotten**, halbiert und in 1 cm dicke Scheiben geschnitten
2 große **Pastinaken**, halbiert und in 1 cm dicke Scheiben geschnitten
2 TL natives **Olivenöl extra**
1 TL frische **Schnittlauchröllchen**
1 TL frischer **Thymian,** gehackt
¼ TL **Meersalz**
¼ TL frisch gemahlener **schwarzer Pfeffer**
230 g **Hirschfilet,** in 1 cm dicke Medaillons geschnitten
40 g **Haselnüsse,** fein gehackt

NÄHRWERTE/PORTION:
kcal: 469 (aus Fett: 167) |
Eiweiß: 38 g |
Kohlenhydrate: 37 g |
Fett: 22 g (davon
gesättigte Fettsäuren: 2 g,
Transfettsäuren: 0 g) |
Ballaststoffe: 8 g |
Salz: 413 mg |
Cholesterin: 0 mg

ZUBEREITUNG

1. Den Backofen auf 200° C vorheizen. Karotten, Pastinaken, 1 TL Olivenöl, Schnittlauch, Thymian und die Hälfte des Salzes und Pfeffers vermengen und auf einem Backblech verteilen. Das Gemüse im Backofen etwa 25 Minuten backen, bis es weich und leicht angebräunt ist. Dabei einmal wenden.

2. Während das Gemüse im Backofen gart, die Hirschmedaillons zwischen zwei Lagen Klarsichtfolie legen. Mit der flachen Seite eines Fleischklopfers flach klopfen, bis sie ungefähr 0,5 cm dick sind. Die Haselnüsse in einer Küchenmaschine fein hacken und in eine Schüssel geben. Die Medaillons auf der einen Seite mit dem verbleibenden Salz und Pfeffer würzen. Anschließend „panieren", dazu die Medaillons von beiden Seiten in die gehackten Haselnüsse drücken.

3. 1 TL Olivenöl in einer großen gusseisernen Pfanne erhitzen. Die Hirschmedaillons darin bei geringer Hitze etwa 1 Minute von jeder Seite braten, bis sie braun sind.

4. Die Medaillons zusammen mit dem gerösteten Gemüse auf einer Servierplatte anrichten.

In Seezunge eingewickelter Spargel
mit Dijon-blanc-Soße

Für dieses Gericht kann sowohl die klassischer Seezunge als auch die pazifische Rotzunge verwendet werden. Beide sind sich sehr ähnlich und haben einen wunderbar leichten Geschmack.

Hinweis: Die Dijon-blanc-Soße muss im Voraus zubereitet werden.

ZUTATEN

Eat-Clean-Kochspray (siehe Seite 347)
4 **Seezungenfilets** aus Wildfang (etwa 340 g)
12 Stangen grüner **Spargel,** Enden 2 cm abgeschnitten
¼ TL **Meersalz**
⅛ TL frisch gemahlener **schwarzer Pfeffer**
2 EL **Dijon-blanc-Soße** (siehe Seite 354)

NÄHRWERTE/PORTION:
kcal: 110 (aus Fett: 34) |
Eiweiß: 16 g |
Kohlenhydrate: 4 g |
Fett: 4 g (davon
gesättigte Fettsäuren: 1 g,
Transfettsäuren: 0 g) |
Ballaststoffe: 0 g |
Salz: 243 mg |
Cholesterin: 45 mg

ZUBEREITUNG

1. Den Backofen auf 220° C vorheizen. Ein Backblech mit etwas Eat-Clean-Kochspray besprühen. Die Seezungenfilets auf das Backblech legen, in die Mitte jedes Filets drei Spargelstangen quer darüberlegen. Die einzelnen Filets dann um die Stangen herumwickeln. Mit Eat-Clean-Kochspray besprühen und mit Salz und Pfeffer würzen.

2. Das Backblech für 10 Minuten in den Backofen geben, bis der Fisch eine feste Konsistenz hat und nicht mehr glasig aussieht und der Spargel zart und knackig ist. Blech aus dem Ofen holen und die Bündel mithilfe eines Pfannenwenders vorsichtig auf eine Servierplatte legen. Auf jedes Bündel 1 ½ TL Dijon-blanc-Soße geben und sofort servieren.

Portionen: 4 × 3 oder
4 Rippchen
Vorbereitung:
10 Minuten
Zubereitung:
3 Stunden, 10 Minuten

Schweinerippchen vom Grill
– unglaublich zart!

Wenn Sie Ihrem Mann eine Freude machen wollen, liegen Sie mit diesen Rippchen garantiert richtig.

Hinweis: Die scharfe cleane BBQ-Soße muss im Voraus zubereitet werden.

ZUTATEN

1300 g **Rippchen vom Schwein,** überschüssiges Fett entfernt
1 **Knoblauchzehe,** fein gehackt
½ TL **Meersalz**
¼ TL frisch gemahlener **schwarzer Pfeffer**
500 ml salzarme **Rinderbrühe**
120 ml **scharfe cleane BBQ-Soße** (siehe Seite 138)

NÄHRWERTE/PORTION:
kcal: 428 (aus Fett: 207) |
Eiweiß: 31 g |
Kohlenhydrate: 11 g |
Fett: 22 g (davon
gesättigte Fettsäuren: 6 g,
Transfettsäuren: 0 g) |
Ballaststoffe: 1 g |
Salz: 658 mg |
Cholesterin: 79 mg

ZUBEREITUNG

1. Den Backofen auf 135° C vorheizen.

2. Die weiße Haut an der Unterseite des Rippenbogens entfernen. Dazu ein Messer unter die Haut schieben, um sie zu lösen, und dann vorsichtig abziehen. Falls die Haut zu rutschig ist, ein Küchenpapier verwenden. Gegebenenfalls die Haut in mehreren Teilen entfernen. Das Entfernen der Haut macht das Fleisch zarter.

3. Das Fleisch zwischen zwei Knochen in zwei gleich große Teile schneiden. Die Rippchen mit dem Bogen nach oben in eine große Röstpfanne oder Backform aus Metall oder Keramik legen. Das Fleisch muss in einer Lage daraufpassen. Das Fleisch salzen und pfeffern, den gehackten Knoblauch darauf verteilen. So viel Rinderbrühe in die Backform gießen, dass etwa 0,5 cm des Bodens bedeckt sind. Mit einem Deckel oder Aluminiumfolie gut abdecken und in den Backofen stellen. Das Fleisch etwa 3 Stunden schmoren, bis es gar ist.

4. Die Rippchen herausholen und auf ein Backblech legen. Der Bratensaft wird nicht mehr benötigt. (Sie können die Rippchen im Voraus zubereiten und abgekühlt bis zu drei Tage im Kühlschrank aufbewahren.)

5. Einen Grill oder eine Grillpfanne auf mittlerer Stufe erhitzen. Die Rippchen mithilfe eines Backpinsels auf beiden Seiten mit der scharfen cleanen BBQ-Soße bestreichen und in einer Lage auf den Grill legen, mit der Fleischseite nach unten. 5 bis 10 Minuten grillen, bis die Würzkruste knusprig brutzelt. Vom Grill nehmen und in vier Portionen teilen. Falls gewünscht, weitere Grillsoßen dazureichen – und auf jeden Fall Servietten!

Portionen: 4
Vorbereitung:
10 Minuten
Zubereitung:
15 Minuten

Gebackene Hähnchenbruststücke

Wer gerne Chickenwings mag, dem empfehle ich diese gesündere Finger-food-Variante mit einer pikanten Trockenmarinade. Servieren Sie sie mit frischem Blattgemüse oder klassisch mit selbst gemachten Pommes frites aus dem Backofen.

ZUTATEN

80 g **Vollkorn-Maismehl**

40 g **Vollkorn-Maisgrieß,** mittelfein oder fein gemahlen

20 g **Weizenkeime**

1 ½ TL **Chilipulver**

1 ½ TL **Knoblauchpulver**

½ TL **Zwiebelpulver**

½ TL **Paprikapulver edelsüß**

½ TL gemahlene **Senfkörner**

½ TL **weißer Pfeffer**

½ TL gemahlener **Kreuzkümmel**

½ TL gemahlener **Oregano**

¼ TL **Cayennepfeffer**

1 TL **Meersalz**

3 **Eiweiß**

3 EL fettarme **Milch**

450 g **Hähnchenbruststücke**

Eat-Clean-Kochspray (siehe Seite 347)

NÄHRWERTE/PORTION:
kcal: 453 (aus Fett: 197) |
Eiweiß: 20 g |
Kohlenhydrate: 40 g |
Fett: 20 g (davon
gesättigte Fettsäuren: 5 g,
Transfettsäuren: 0 g) |
Ballaststoffe: 4 g |
Salz: 1042 mg |
Cholesterin: 45 mg

ZUBEREITUNG

1. Backofen auf 230° C vorheizen. In einer mittelgroßen Schüssel alle Zutaten von Maismehl bis Cayennepfeffer miteinander vermengen. ½ TL Meersalz dazugeben. In einer kleinen Schüssel Eiweiß und Milch verquirlen. Die Panier- und die Eiermischung in zwei flache Schalen geben.

2. Das Hähnchenfleisch mit ½ TL Meersalz würzen. Die zwei Schalen sowie ein mit Eat-Clean-Kochspray eingesprühtes Backblech nahe aneinanderstellen. Um die knusprige Panade anzufertigen, die Hähnchenbruststücke eines nach dem anderen in der trockenen Paniermischung wenden, etwas abklopfen, durch die flüssige Mischung ziehen, abtropfen lassen und erneut in die Trockenmischung drücken. Überschüssige Panade sanft abklopfen und das Fleisch auf das Backblech legen. Übrig gebliebene Panier- und Eiermischung wird nicht mehr benötigt.

3. Die Hähnchenbruststücke von oben leicht mit Eat-Clean-Kochspray besprühen. Im Backofen etwa 15 Minuten backen, bis sie goldbraun und gar sind, zwischendurch einmal wenden. Mit Ihrer bevorzugten Dip-Soße servieren, wie cleaner Ketchup oder cleane Grillsoße.

Heilbutt
mit Limabohnenpüree und Minze

Püree aus Limabohnen ist eine einfach und schnell zubereitete Beilage zum Fisch. Diese gesündere und schmackhaftere Alternative zu Kartoffelbrei wird Ihre Gäste überraschen und begeistern.

ZUTATEN

340 g gefrorene **kleine Limabohnen**
1 **Knoblauchzehe,** gehackt
60 ml frischer **Zitronensaft**
2 EL natives **Olivenöl extra**
½ TL frische **Zitronenschale**
1 gehäufter EL frische **Minze,** gehackt
1 gehäufter EL frisches **Basilikum,** gehackt
560 g **Heilbuttfilet aus** Wildfang, ohne Haut
Meersalz
frisch gemahlener **schwarzer Pfeffer**
Eat-Clean-Kochspray (siehe Seite 347)

NÄHRWERTE/PORTION:
kcal: 296 (aus Fett: 94) |
Eiweiß: 27 g |
Kohlenhydrate: 23 g |
Fett: 17 g (davon
gesättigte Fettsäuren: 2 g,
Transfettsäuren: 0 g) |
Ballaststoffe: 5 g |
Salz: 826 mg |
Cholesterin: 33 mg

ZUBEREITUNG

1. In einem kleinen Topf 480 ml Wasser zum Kochen bringen. Limabohnen in den Topf geben und zugedeckt etwa 5 Minuten köcheln lassen, bis sie weich sind. Durch ein Sieb abschütten und in eine Küchenmaschine geben. Knoblauchzehe, ¾ TL Salz, ¼ TL Pfeffer und Zitronensaft hinzufügen. Intervallmixen (Puls-Schalter), bis die Mischung vermengt, aber noch nicht cremig ist. Während des Mixvorgangs langsam das Olivenöl hineinfließen lassen. Küchenmaschine stoppen, um die an der Innenseite der Rührschüssel hängen gebliebenen Bestandteile herunterzuschieben. Dann noch etwa 1 Minute pürieren, bis die Mischung cremig und alles gut vermischt ist. Küchenmaschine ausstellen, Zitronenschale, Minze und Basilikum zugeben. 1 Minute mixen, in eine Schüssel umfüllen und beiseitestellen.

2. Eine antihaftbeschichtete Pfanne bei mittlerer Hitze erhitzen. Heilbutt auf beiden Seiten mit ½ TL Salz und ¼ TL Pfeffer würzen. Pfanne mit Eat-Clean-Kochspray besprühen und den Heilbutt mit der Hautseite nach unten in die Pfanne geben. 3 bis 4 Minuten braten, bis der Heilbutt an der Unterseite goldbraun ist. Danach vorsichtig wenden und noch einmal 3 bis 4 Minuten garen, bis der Fisch am dicksten Teil fast weiß ist.

3. Das Bohnenpüree, wie auf dem Foto gezeigt, separat vom Fisch servieren oder das Püree in die Mitte des Tellers geben und das Filet obendrauf legen.

Portionen: 4
Vorbereitung:
15 Minuten
Zubereitung:
10 Minuten
Ruhezeit: 5 Minuten

Filet mignon
mit Feigen-Demi-glace

„Mignon" ist das französische Wort für „niedlich". Und genau so sehen diese handtellergroßen Filets aus dem vorderen, schmalen Ende einer Rinderlende auch aus. Die Feigen-Demi-glace-Soße passt perfekt dazu.

Hinweis: Die Feigen-Demi-glace muss im Voraus zubereitet werden.

ZUTATEN

1 TL **Distelöl**
4 Stücke **Filet mignon** (450 g)
½ TL **Meersalz**
¼ TL frisch gemahlener **schwarzer Pfeffer**
Feigen-Demi-glace (siehe Seite 355)

NÄHRWERTE/PORTION:
kcal: 411 (aus Fett: 234) |
Eiweiß: 25 g |
Kohlenhydrate: 17 g |
Fett: 23 g (davon
gesättigte Fettsäuren: 8 g,
Transfettsäuren: 0 g) |
Ballaststoffe: 2 g |
Salz: 584 mg |
Cholesterin: 75 mg

ZUBEREITUNG

1. Backofen auf 200° C vorheizen. Distelöl in einer großen ofenfesten Pfanne erhitzen, bis das Öl anfängt zu sieden. Beide Seiten des Filets gleichmäßig mit Salz und Pfeffer würzen. Vorsichtig in die Pfanne legen, damit das Öl nicht herausspritzt. Filets 3 bis 5 Minuten braten, bis sie an der Unterseite gut gebräunt sind. Dann wenden und die Pfanne in den Backofen stellen. 5 Minuten für medium rare (rosa) bei einem 5 cm dicken Filet (ein dünneres Stück braucht etwas weniger Zeit.) Um zu prüfen, wie gar das Fleisch ist, drücken Sie mit dem Finger darauf. Wenn es sich elastisch anfühlt, aber doch etwas mehr Widerstand gibt als im rohen Zustand, ist es blutig gebraten. Je weniger das Fleisch federt, desto höher ist der Garzustand. Da Filet mignon das zarteste Rindfleischstück ist, isst man es am besten blutig bis rosa.

2. Wenn das Filet den gewünschten Gargrad erreicht hat, die Pfanne aus dem Backofen holen und auf dem Herd abstellen, damit das Fleisch noch 5 Minuten ruhen kann. Lässt man das Fleisch nicht ruhen, ist es oft zäh und verliert beim Aufschneiden viel Flüssigkeit. Die Filets auf vier Teller verteilen und jeweils 60 ml Feigen-Demi-glace darübergeben.

Mediterrane Fleischbällchen

Fleischbällchen sind in vielen Ländern und Kulturen eine beliebte Speise. In Deutschland werden sie zum Beispiel in Form von Königsberger Klopsen serviert. Die Grundlage für mein Rezept ist mageres Bison- und Lammhackfleisch.

Hinweis: Cleane Marinarasoße muss im Voraus zubereitet werden.

ZUTATEN

1 mittelgroße **Zwiebel,** geschält, geviertelt | 3 große **Knoblauchzehen**
30 g frisches **Basilikum** | 30 g frische **Minze** | 30 g frische **Petersilie**
3 bis 4 Scheiben **Vollkornbrot** | 1 **Eiweiß** | 2 EL **Tomatenpaste**
½ TL **rote Paprikaflocken** | ½ TL gemahlener **Piment**
¼ TL gemahlener **Zimt** | 1 TL **Meersalz**
½ TL frisch gemahlener **schwarzer Pfeffer**
220 g mageres **Lammhackfleisch** | 220 g extramageres **Rinderhackfleisch**
1,4 l **cleane Marinarasoße** (siehe Seite 130)

NÄHRWERTE/PORTION
(MIT SOSSE):
kcal: 254 (aus Fett: 99) |
Eiweiß: 24 g |
Kohlenhydrate: 14 g |
Fett: 11 g (davon
gesättigte Fettsäuren: 4 g,
Transfettsäuren: 0 g) |
Ballaststoffe: 3 g |
Salz: 575 mg |
Cholesterin: 59 mg

ZUBEREITUNG

1. Den Backofen auf 220° C vorheizen.

2. Zwiebel, Knoblauch, Basilikum, Minze und Petersilie in eine Küchenmaschine geben und intervallmixen (Puls-Schalter), bis alles fein gehackt ist. In eine große Schüssel umfüllen. Drei Brotscheiben in die Küchenmaschine geben und sie zu feinen Brotkrumen zerkleinern. Krumen dann in einer großen Schüssel mit der Zwiebelmasse vermischen. Eiweiß, Tomatenpaste, rote Paprikaflocken, Piment, Zimt, Salz und Pfeffer hinzufügen und gut verrühren. Lamm und Bison in die Schüssel geben und noch einmal gründlich mischen, bis alle Zutaten verbunden sind. Probeweise ein Bällchen rollen. Wenn es zu feucht ist, noch eine Scheibe Brot zu Krumen verarbeiten und in die Hackfleischmischung geben.

3. Hackfleischmischung zu 28 bis 30 golfballgroßen Klößchen formen (im Idealfall mit einer Eiskugelzange, sonst mit einem Suppenlöffel). 18 bis 20 Minuten im Ofen backen, bis sie außen leicht gebräunt und innen gar sind.

4. In einem großen Topf die Marinarasoße erhitzen, bis sie anfängt zu blubbern. Fleischbällchen hinzufügen und etwa 10 Minuten in der Soße köcheln lassen, damit die Aromen verschmelzen. Wenn einige der Bällchen auseinanderbrechen, ist das nicht schlimm, sondern führt lediglich dazu, dass die Soße noch etwas dicker und würziger wird.

5. Die Soße mit Ihren Lieblings-Vollkornnudeln, Quinoa oder Vollkorngetreide servieren.

Portionen: 4
Vor- und Zubereitung:
10 Minuten

Pikanter Hawaiianischer Thunfischsalat (Ahi Poke)

mit Avocado

Ahi Poke ist ein auf Hawaii und zunehmend auch im Rest der USA sehr beliebter Salat aus rohem Gelbflossen-Thunfisch. Er ist leicht zuzubereiten und schmeckt wunderbar frisch.

ZUTATEN

220 g roher **Gelbflossen-Thunfisch (Ahi)**, in 1 cm große Würfel geschnitten
1 EL **Zwiebel,** geschält, fein gehackt
1 **Frühlingszwiebel,** nur grüner Teil, fein geschnitten
8 ml salzarme **Sojasoße**
1 TL **Sesamöl**
½ TL / 2,5 ml **Chilipaste aus gemahlenen Chilischoten**
   (in Feinkostgeschäften oder Asia-Läden erhältlich)
1 Prise **Meersalz**
1 Prise frisch gemahlener **schwarzer Pfeffer**
1 **Avocado,** entkernt und in 1 cm große Würfel geschnitten

NÄHRWERTE/PORTION:
kcal: 157 (aus Fett: 78) |
Eiweiß: 14 g |
Kohlenhydrate: 5 g |
Fett: 9 g (davon
gesättigte Fettsäuren: 1 g,
Transfettsäuren: 0 g) |
Ballaststoffe: 3 g |
Salz: 112 mg |
Cholesterin: 26 mg

ZUBEREITUNG

1. Alle Zutaten außer der Avocado vermischen.

2. Wird der Salat sofort gegessen, auch die Avocadowürfel vorsichtig unterrühren. Ansonsten den Salat zugedeckt in den Kühlschrank stellen (bis zu 2 Stunden) und die Avocado erst kurz vor dem Servieren hinein-geben.

Mit Olivenpaste gefüllte Seezunge

Eine Tapenade oder Olivenpaste ist eine einfache Art, Fischfilets aufzupeppen. Seezungen verfügen über festes, weißes Fleisch. Ihr milder Geschmack wird durch die salzige Olivenpaste bereichert.

Hinweis: Die Tapenade muss im Voraus zubereitet werden.

ZUTATEN

Eat-Clean-Kochspray (siehe Seite 347)
4 **Seezungenfilets** (wild gefangen), Gräten und Haut entfernt
8 TL **Tapenade** (siehe Seite 356) oder andere cleane Olivenpaste
1 TL **glatte Petersilie,** gehackt

ZUBEREITUNG

NÄHRWERTE/PORTION:
kcal: 130 (aus Fett: 39) |
Eiweiß: 1 g |
Kohlenhydrate: 0,3 g |
Fett: 4 g (davon
gesättigte Fettsäuren: 1 g,
Transfettsäuren: 0 g) |
Ballaststoffe: 0 g |
Salz: 124 mg |
Cholesterin: 55 mg

1. Backofen auf 200° C vorheizen. Ein Backblech leicht mit Eat-Clean-Kochspray besprühen und die Seezungenfilets auf das Backblech legen. 2 TL Tapenade auf jedes Filet geben und gleichmäßig verstreichen.

2. Die Filets einrollen, dabei am dickeren Ende beginnen, und mit einem oder zwei Zahnstochern fixieren.

3. Die Filets im Backofen etwa 10 Minuten garen, bis sie fest und schön weiß sind. Mit einem Bratenwender auf vier Teller geben. Die Zahnstocher entfernen und die Teller mit frischer Petersilie garnieren.

Gelbflossen-Thunfisch
mit Cashewsoße

Gelbflossen-Thunfisch, auch „Ahi" genannt, wird in tropischen und subtropischen Ozeanen gefangen. Am besten kaufen Sie ihn gefroren, so können Sie sicher sein, dass er frisch ist. Lassen Sie ihn vor der Zubereitung langsam auftauen.

ZUTATEN FÜR DIE CASHEWSOSSE

2 EL ungesalzene und ungesüßte **Cashewbutter**
30 ml warmes **Wasser**
2 TL salzarme **Sojasoße**
2 TL naturbelassener **Reisessig** (ungesüßt)
1 TL **Honig**
½ TL **Chilipaste**
½ TL **asiatische Fischsoße**
1 **Knoblauchzehe,** fein gehackt

ZUTATEN FÜR DEN THUNFISCH

450 g wild gefangener **Gelbflossen-Thunfisch**
Eat-Clean-Kochspray (siehe Seite 347)
½ TL **Meersalz**
¼ TL frisch gemahlener **schwarzer Pfeffer**
80 g **gemischte Blattsalate**
1 EL **Cashewkerne,** fein gehackt, geröstet
2 EL frischer **Dill,** gehackt

NÄHRWERTE/PORTION:
kcal: 297 (aus Fett: 116) |
Eiweiß: 6 g |
Kohlenhydrate: 13 g |
Fett: 13 g (davon
gesättigte Fettsäuren: 3 g,
Transfettsäuren: 0 g) |
Ballaststoffe: 3 g |
Salz: 526 mg |
Cholesterin: 52 mg

ZUBEREITUNG

1. Alle Zutaten für die Cashewsoße gut vermischen.

2. Einen Grill oder eine Grillpfanne auf hoher Stufe erhitzen. Beide Seiten des Thunfisches mit Eat-Clean-Kochspray besprühen sowie salzen und pfeffern. Thunfisch 2 Minuten auf jeder Seite grillen, bis er außen ganz leicht geröstet, innen aber noch saftig ist. Thunfisch sollte immer rosa gebraten bzw. gegrillt werden. Wird er ganz durchgegart, ist er trocken und zäh.

3. Thunfisch auf ein Schneidebrett legen und gegen die Faser in dünne Scheiben schneiden. Blattsalate auf eine Servierplatte legen und die Thunfischscheiben darauf anrichten. Die Cashewsoße über den Thunfisch geben und mit Cashewkernen und Dill bestreuen.

Seezunge „blackened"

„Blackened" heißt wörtlich „geschwärzt", was aber nicht heißt, dass bei dieser Zubereitungsart für Huhn und Fisch, die vor allem in den Südoststaaten der USA sehr verbreitet ist, das Fleisch angebrannt wird. Vielmehr wird in unserem Fall die Seezunge mit einer schmackhaften Gewürzmischung einge-rieben und dann bei einer hohen Temperatur in einer Eisenpfanne gebraten, wodurch sie eine braunschwarze Farbe annimmt.

ZUTATEN

1 TL zerkleinerte **schwarze Pfefferkörner**
2 TL **Paprikapulver**
1 TL **Knoblauchpulver**
1 TL **Zwiebelpulver**
1 TL getrocknetes **Basilikum**
½ TL **Meersalz**
¼ TL **weißer Pfeffer**
¼ TL **Cayennepfeffer**
450 g wild gefangene **Seezungenfilets,** Gräten entfernt
Eat-Clean-Kochspray (siehe Seite 347)
1 **Zitrone,** in 4 Schnitze geschnitten

NÄHRWERTE/PORTION:
kcal: 123 (aus Fett: 24) |
Eiweiß: 20 g |
Kohlenhydrate: 3 g |
Fett: 1 g (davon
gesättigte Fettsäuren: 0 g,
Transfettsäuren: 0 g) |
Ballaststoffe: 1 g |
Salz: 327 mg |
Cholesterin: 52 mg

ZUBEREITUNG

1. Alle Gewürzzutaten in einer Gewürzmühle oder sauberen Kaffee-mühle zu einem feinen Pulver mahlen.

2. Eine große Eisenpfanne erhitzen. Die Gewürzmischung auf beide Sei-ten der Seezungenfilets streuen und gleichmäßig einreiben. Die Pfanne mit Eat-Clean-Kochspray besprühen und die Filets hineinlegen, aber nur so viele, wie nebeneinander Platz finden. 1 bis 2 Minuten von der einen Seite anbraten. Mit einem Pfannenwender vorsichtig wenden, denn See-zunge ist sehr empfindlich und fällt schnell auseinander, wenn man nicht behutsam vorgeht. Noch 1 Minute braten, dann auf ein Backblech legen.

3. Die Pfanne mit einem Küchenpapier säubern, wieder mit Eat-Cle-an-Kochspray besprühen. Weiter wie oben beschrieben vorgehen, bis alle Filets gebraten sind. Auf vier Teller verteilen und mit den Zitronen-schnitzen servieren.

Portionen:
4 × 2 Spieße
Vorbereitung:
10 Minuten
Gesamtzeit:
18 Minuten

Kokosshrimps
mit pikanter Orangentunke

Übliche Zutaten für Kokosshrimps sind Eier, Weißmehl, gesüßte Kokosraspeln und viel Öl zum Frittieren. Meine Version ist etwas leichter, weil ich nur das Eiweiß und außerdem ungesüßte Kokosraspeln verwende und die Shrimps backe, statt sie zu frittieren!

Hinweis: Die pikante Orangentunke muss im Voraus zubereitet werden.

ZUTATEN

24 Stück (ca. 450 g) wild gefangene **Shrimps,** geschält und entdarmt
1 **Eiweiß**
½ TL **Sesamöl**
⅛ TL **Meersalz**
1 Prise frisch gemahlener **schwarzer Pfeffer**
60 ml ungesüßte **Kokosraspeln**
Eat-Clean-Kochspray (siehe Seite 347)
Pikante Orangentunke (siehe Rezept auf Seite 356)

NÄHRWERTE/PORTION:
kcal: 276 (aus Fett: 127) |
Eiweiß: 26 g |
Kohlenhydrate: 10 g |
Fett: 14 g (davon
gesättigte Fettsäuren: 3 g,
Transfettsäuren: 0 g) |
Ballaststoffe: 1 g |
Salz: 303 mg |
Cholesterin: 172 mg

ZUBEREITUNG

1. Den Backofen auf 230° C vorheizen.

2. Die Shrimps auf acht Spieße verteilen. In einer kleinen Schüssel Eiweiß mit Sesamöl verquirlen. Die Shrimps mithilfe eines Küchenpinsels damit bestreichen und mit Salz und Pfeffer würzen.

3. Kokosraspeln in eine flache Schale geben, die lang genug ist, dass die Spieße hineinpassen. Die Shrimps-Spieße einen nach dem anderen in den Kokosraspeln wälzen und auf ein Backblech legen. Die am Ende noch verbleibenden Raspeln werden nicht mehr gebraucht.

4. Die Shrimps mit Eat-Clean-Kochspray besprühen. Im Backofen 5 Minuten backen, dann wenden und weitere 2 bis 3 Minuten backen, bis die Shrimps durchgegart und die Raspeln etwas braun sind. Mit der pikanten Orangentunke servieren.

TIPP *Wenn Sie Spieße aus Holz oder Bambus verwenden, weichen Sie sie vor Gebrauch 30 Minuten in Wasser ein.*

Portionen: 4
Vorbereitung:
15 Minuten
Zubereitung:
4 Minuten

Gegrillter Blauer Marlin
mit Erdbeer-Nektarinen-Salsa

Blauer Marlin ist ein fetthaltiger Fisch. Dieser in tropischen Gewässern lebende Raubfisch verfügt über eine speerförmige Schnauze, mit der er seine Beute tötet, verletzt oder auch nur betäubt. Dann lässt er sich Zeit, bis er zurückkehrt und die Beute in Ruhe verspeist. Er wartet aber nicht länger als drei Stunden, damit sein Stoffwechsel stimuliert bleibt!

ZUTATEN SALSA

50 g frische **Erdbeeren**, entstielt und geviertelt
2 **Nektarinen,** entkernt und in 1 cm große Stücke geschnitten
1 **rote Chilischote** (roter Jalapeño), geputzt and fein gehackt
1 EL **rote Zwiebel,** geschält, fein gehackt
2 EL frischer **Limettensaft**
1 EL frische **Minze,** gehackt
1 EL frischer **Koriander,** gehackt
1 kleine Prise **Meersalz**
1 kleine Prise **schwarzer Pfeffer**

ZUTATEN BLAUER MARLIN

4 × 140 g wild gefangener **Blauer Marlin (Steaks)**
   (alternativ auch Schwert- oder Thunfisch)
1 EL frischer **Limettensaft**
Eat-Clean-Kochspray (siehe Seite 347)
1 TL **Meersalz**
½ TL frisch gemahlener **schwarzer Pfeffer**

NÄHRWERTE/PORTION:
kcal: 262 (aus Fett: 79) |
Eiweiß: 33 g |
Kohlenhydrate: 13 g |
Fett: 3 g (davon
gesättigte Fettsäuren: 1 g,
Transfettsäuren: 0 g) |
Ballaststoffe: 2 g |
Salz: 328 mg |
Cholesterin: 60 mg

ZUBEREITUNG

1. Die Salsa-Zutaten in einer mittelgroßen Schüssel vermengen. In den Kühlschrank stellen, damit die Aromen verschmelzen können, während der Fisch zubereitet wird.

2. Die Marlin-Steaks in eine flache Schüssel legen und den Limettensaft darübergeben. Die Steak-Ränder dabei anheben, damit der Saft darunterfließen kann. Steaks 5 Minuten lang im Limettensaft marinieren.

3. Einen Grill oder eine Grillpfanne auf mittlerer Stufe erhitzen und mit Eat-Clean-Kochspray besprühen. Die Marlin-Steaks von oben mit dem Kochspray besprühen und mit der Hälfte des Salzes und Pfeffers bestreuen. Auf den Grill legen und 2 Minuten garen. Die Steaks wenden, erneut mit Eat-Clean-Kochspray besprühen und salzen und pfeffern. Weitergrillen bis zum gewünschten Gargrad (etwa 2 Minuten für medium rare). Achtung: Der Fisch wird durch zu langes Garen trocken.

4. Die Marlin-Steaks auf eine Servierplatte legen und die Salsa dekorativ darüber geben.

Portionen: 4
Vorbereitung:
10 Minuten
Zubereitung:
15 Minuten

Knusprig gebackener Ingwer-Dill-Lachs

Gebackener Lachs ist eine köstliche und gesunde Mahlzeit, die sich schnell zubereiten lässt. Der spritzige Limettensaft, der sowohl bei der Panade als auch in der Soße zum Einsatz kommt, trägt zu einem aufregenden und einzigartigen Geschmackserlebnis bei.

ZUTATEN

Eat-Clean-Kochspray (siehe Seite 347)
30 g **Vollkorn-Weizenmehl**
60 ml frischer **Limettensaft**
1 EL **Honig**
1 EL frischer **Dill,** fein gehackt
1 TL frischer **Ingwer,** fein gerieben
¼ TL frische **Chilipaste** | ¼ TL **Meersalz**
⅛ TL frisch gemahlener **schwarzer Pfeffer**
40 g **Paniermehl** aus Vollkornweizen
4 × 140 g **Wildlachsfilets,** ohne Haut
60 ml salzarme **Hühner-** oder **Gemüsebrühe**
80 g **Babyspinat**

NÄHRWERTE/PORTION:
kcal: 133 (aus Fett: 33) |
Eiweiß: 3 g |
Kohlenhydrate: 20 g |
Fett: 4 g (davon
gesättigte Fettsäuren: 1 g,
Transfettsäuren: 0 g) |
Ballaststoffe: 3 g |
Salz: 278 mg |
Cholesterin: 11 mg

ZUBEREITUNG

1. Backofen auf 230° C vorheizen. Ein Backblech mit Eat-Clean-Kochspray besprühen.

2. Drei flache Gefäße wie große Suppenteller oder Plastikschüsseln nebeneinanderstellen. In den ersten Behälter kommt das Mehl, im zweiten Limettensaft, Honig, Dill, Ingwer, Chilipaste, Salz und Pfeffer gut verrühren und in den dritten das Paniermehl geben.

3. Lachsfilets im Mehl wenden (beide Seiten müssen mit Mehl bedeckt sein), durch die Limettensaftmischung ziehen und dann im Paniermehl wenden. Auf ein Backblech legen. Im Backofen 8 bis 10 Minuten garen, bis die Filets von außen goldbraun sind. Das Fleisch sollte fest sein, aber doch noch etwas nachgeben, wenn man daraufdrückt.

4. Während der Lachs gart, die Limettensaftmischung in einen kleinen Topf geben und bei mittlerer Hitze auf den Herd stellen. Sollten sich in der Mischung noch größere Mehlreste befinden, diese mit einem Löffel entfernen. Brühe in den Topf geben, unter Rühren aufkochen lassen und etwa 1 Minute kochen, bis die Flüssigkeit etwas eingedickt ist. Vom Herd nehmen.

5. Die Spinatblätter auf vier Teller verteilen und jeweils ein Lachsfilet darauflegen. Jeweils 1 EL der Limetten-Ingwer-Soße über die Blätter neben dem Lachs träufeln und sofort servieren.

Portionen: 6
Vorbereitung:
20 Minuten
Zubereitung:
ca. 3 Stunden
Abkühlzeit:
4–24 Stunden

Puerco Pibil
(Schweinebraten in mexikanischer Achiote-Soße)

Puerco Pibil, auch Cochinita Pibil genannt, stammt von der mexikanischen Halbinsel Yucatán und ist ein Schweinebraten, der durch langsames Garen extrem zart wird. Traditionellerweise wird das Fleisch in einem sehr sauren Zitrusfrüchtesaft mariniert und dann mit Bananenblättern umwickelt und im Ofen geschmort. Das mit den Bananenblättern habe ich in meinem Rezept weggelassen, was aber dem guten Geschmack keinen Abbruch tut.

ZUTATEN

900 g **Wildschwein-** oder **Schweineschulter,** in 5 cm große
    Würfel geschnitten, überflüssiges Fett entfernt
3 EL gemahlener **Annatto-Samen** (erhältlich z. B. in Feinkostgeschäften
    oder im Regal mit mexikanischen Lebensmitteln in größeren Supermärkten;
    kann ggf. weggelassen werden, dient hauptsächlich der Färbung der Soße)
5 große **Knoblauchzehen**
Saft von 3 **Limetten**
Saft von 1 **Orange**
60 ml **Apfelessig**
2 TL gemahlener **Kreuzkümmel**
1 TL gemahlener **Piment**
2 **Habañero-Chilischoten,** Stiele entfernt und halbiert (die
    Soße wird etwas weniger scharf, wenn die Schoten auch
    noch entkernt werden; hinterher unbedingt gründlich die
    Hände waschen oder Einmalhandschuhe verwenden)
2 TL **Meersalz**
1 TL frisch gemahlener **schwarzer Pfeffer**

NÄHRWERTE/PORTION:
kcal: 381 (aus Fett: 188) |
Eiweiß: 39 g |
Kohlenhydrate: 7 g |
Fett: 21 g (davon
gesättigte Fettsäuren: 7 g,
Transfettsäuren: 0 g) |
Ballaststoffe: 1 g |
Salz: 741 mg |
Cholesterin: 136 mg

ZUBEREITUNG

1. Das Fleisch in einen flachen Bratentopf oder eine große Auflaufform geben. Die restlichen Zutaten in einem Mixer oder einer Küchenmaschine cremig mixen. Die Mischung über das Fleisch gießen, zudecken und für mindestens 4 bis zu 24 Stunden in den Kühlschrank stellen.

2. Backofen auf 175° C vorheizen. Den Topf mit dem Fleisch zugedeckt in den Backofen stellen. Fleisch 15 Minuten lang köcheln lassen. Temperatur auf 135° C senken und das Fleisch 2 ½ bis 3 Stunden schmoren lassen, bis es gabelzart ist und sich leicht auseinanderzupfen lässt. Mit einem Sieblöffel Fleisch aus der Soße herausnehmen und mit zwei Gabeln zerkleinern. Die Soße in einen Topf geben und kurz aufkochen. Hitze verringern und die Soße 5 bis 7 Minuten köcheln lassen, bis sich das Volumen um etwa ein Drittel verringert hat.

3. Das auseinandergezupfte Fleisch auf sechs Teller verteilen und pro Teller etwa 60 ml Soße darübergeben. Mit spanischem Reis oder auf Tortillas (siehe Foto) servieren.

Mit Chili eingeriebenes Rinderfilet vom Grill

Die nachfolgend beschriebene Trockenmarinade aus Chili schmeckt einfach köstlich und funktioniert mit fast allem: Rind, Schwein, Huhn oder sogar Fisch. Wenn Sie also keine Lust auf Rind haben, greifen Sie zu Hühnerbrust oder Schweinefilet. Stecken Sie nicht den Kopf in den Sand, sondern probieren Sie gleich heute Abend dieses schmackhafte Gericht aus!

ZUTATEN

1 TL gemahlener **Kreuzkümmel**
1 TL **Chilipulver**
½ TL geräuchertes **Paprikapulver**
½ TL **Knoblauchpulver**
½ TL gemahlener **Koriander**
⅛ TL **Zimt**
⅛ TL gemahlene **Nelken**
⅛ TL **Ingwer**
⅛ TL frisch gemahlener **schwarzer Pfeffer**
680 g **Rinderfilet**
1 TL **Meersalz**
Eat-Clean-Kochspray (siehe Seite 347)

ZUBEREITUNG

1. In einer kleinen Schüssel alle Zutaten von Kreuzkümmel bis zum schwarzen Pfeffer vermischen.

2. Einen Grill oder eine Grillpfanne auf hoher Stufe erhitzen. Das Filet von allen Seiten mit Meersalz bestreuen. Dann gleichmäßig mit der Marinade einreiben. Mit Eat-Clean-Kochspray besprühen und etwa 2 Minuten auf jeder Seite grillen, aber insgesamt nicht länger als 6 bis 7 Minuten. Damit das Fleisch zart bleibt, nur halb gar braten. Fleisch 5 bis 10 Minuten ruhen lassen. Gegen die Faser in Streifen schneiden und servieren.

NÄHRWERTE/PORTION:
kcal: 240 (aus Fett: 93) |
Eiweiß: 24 g |
Kohlenhydrate: 1 g |
Fett: 6 g (davon
gesättigte Fettsäuren: 0 g,
Transfettsäuren: 0 g) |
Ballaststoffe: 1 g |
Salz: 572 mg |
Cholesterin: 88 mg

Portionen: 4
Vorbereitung:
15 Minuten
Gesamtzeit:
27–29 Minuten

Lachs
mit Tomaten-Tapenade in Backpapier

In Backpapier verpackter Lachs wird im Ofen schonend gedämpft und bleibt dadurch saftig und zart. Also die perfekte Zubereitung für Lachs!

ZUTATEN

2 **Knoblauchzehen**
60 g frisches **Basilikum**
50 g **sonnengetrocknete Tomaten** in Olivenöl eingelegt, abgegossen
40 g entsteinte **Kalamata-Oliven**
Schale von 1 **Zitrone** (unbehandelt)
2 EL frischer **Zitronensaft**
1 TL frische **Thymianblätter**
1 Prise **Meersalz**
frisch gemahlener **schwarzer Pfeffer**
4 × 110 g **Wildlachsfilets,** ohne Haut und Gräten

NÄHRWERTE/PORTION:
kcal: 142 (aus Fett: 64) |
Eiweiß: 19 g |
Kohlenhydrate: 5 g |
Fett: 13 g (davon
gesättigte Fettsäuren: 1 g,
Transfettsäuren: 0 g) |
Ballaststoffe: 1 g |
Salz: 585 mg |
Cholesterin: 45 mg

ZUBEREITUNG

1. Den Backofen auf 200° C vorheizen.

2. Knoblauch, Basilikum, getrocknete Tomaten, Oliven, Zitronenschale und -saft, Thymian, Salz und Pfeffer in eine Küchenmaschine geben und grob intervallmixen (Puls-Schalter), die Mischung soll nicht ganz cremig werden. Die fertige Tapenade in eine Schüssel geben und zur Seite stellen.

3. Vier Backpapierteile à 30 × 40 cm zurechtschneiden. Den Lachs auf beiden Seiten mit Pfeffer würzen. Auf jedes Papier ein Filet legen und 2 EL Tapenade darauf verstreichen. Backpapiere zu festen Päckchen falten, wobei zwischen Filet und Päckchenoberseite etwa 2 cm Luft bleiben sollte.

4. Die Lachspäckchen auf ein Backblech legen und im Backofen 12 bis 14 Minuten garen, bis der Fisch nicht mehr glasig ist und anfängt, ganz leicht auseinanderzufallen. Die Päckchen auf vier Teller geben, sofort servieren und am Tisch öffnen.

Wild Bourguignon

Bœuf bourguignon ist ein bekanntes Gericht aus dem französischen Burgund. Es besteht im Wesentlichen aus in Rotwein geschmorten Rindfleischstücken. In meiner Version verwende ich Wildfleisch, das fettarm, aber reich an Proteinen ist. Die Zubereitungsmethode ist ansonsten dieselbe und am Ende dürfen Sie sich auf ein gesundes Gericht mit einem warmen, wohltuenden Geschmack freuen.

ZUTATEN

1 EL plus 1 TL **Olivenöl**

450 g **Wildschulter,** in 5 cm große Stücke geschnitten

1 große **Karotte,** geschält und diagonal in Scheiben geschnitten

1 **Zwiebel,** geschält und in Scheiben geschnitten

2 **Knoblauchzehen,** gehackt

1 TL **Meersalz**

¼ TL frisch gemahlener **schwarzer Pfeffer**

1 EL **Vollkorn-Weizenmehl**

240 ml **trockener Rotwein** (z. B. ein Bordeaux oder Burgunder)

240 bis 480 ml salzarme **Rinderbrühe**

1 EL **Tomatenmark**

1 EL frischer **Thymian,** gehackt

1 TL frischer **Rosmarin,** gehackt

1 **Lorbeerblatt**

NÄHRWERTE/PORTION:

kcal: 353 (aus Fett: 86) |

Eiweiß: 43 g |

Kohlenhydrate: 11 g |

Fett: 9 g (davon

gesättigte Fettsäuren: 5 g,

Transfettsäuren: 0 g) |

Ballaststoffe: 2 g |

Salz: 687 mg |

Cholesterin: 128 mg

ZUBEREITUNG

1. Den Backofen auf 135° C vorheizen.

2. Bei mittlerer Hitze 1 EL Olivenöl in einem großen Schmortopf oder einem Bratentopf erhitzen. Das Wildfleisch mit einem Küchenpapier trocken tupfen und die Stücke in einer Lage in den Topf legen. Ohne Rühren 2 Minuten anbraten, bis das Fleisch auf der Unterseite braun ist. Dann die Stücke wenden und auf der anderen Seite 2 Minuten bräunen. In eine Schüssel geben und beiseitestellen.

3. 1 TL Olivenöl in den Topf geben und Karotte, Zwiebel und Knoblauchzehen hinzufügen. Das Gemüse 1 bis 2 Minuten anbraten, bis es anfängt, braun zu werden. Fleisch mit dem in der Schüssel angesammelten Fleischsaft wieder in den Topf geben. Mit Salz und Pfeffer würzen und dann das Mehl einstreuen und gut verrühren. Rotwein und so viel Rinderbrühe dazugeben, bis Wild und Gemüse fast abgedeckt sind. Tomatenmark, Thymian, Rosmarin und Lorbeerblatt einrühren. Topf zudecken und in den vorgeheizten Backofen stellen, bis das Wild gabelzart ist und fast auseinanderfällt. Das dauert ungefähr 4 Stunden.

4. Lorbeerblatt entfernen, Fleischmischung in Schüsseln geben und gleich servieren.

Was es bei Fisch zu beachten gilt

Fisch ist reich an Proteinen und arm an gesättigten Fettsäuren und erfreut sich immer größerer Beliebtheit. Auch für den Eat-Clean-Lebensstil ist Fisch eine perfekte Wahl. Fischgerichte schmecken gut und überzeugen durch Omega-3-Fettsäuren (Gehirnnahrung!). Laut dem *Women's Health Source Newsletter* der Mayo Clinic enthalten sie auch weniger Kalorien, weniger gesättigte Fettsäuren und weniger Fett als vergleichbare Portionen von rotem Fleisch oder Geflügel. Sie sind deshalb gut beraten, diese Geschenke aus Flüssen, Seen und Meeren zu einem regelmäßigen Bestandteil Ihres Speiseplans zu machen.

Ich höre immer wieder, dass Menschen sich nicht so recht trauen, Fischgerichte zu kochen, weil sie unsicher sind, welchen Fisch sie kaufen sollen und wie er zubereitet wird. Sie essen Fisch gerne im Restaurant, aber lassen zu Hause die Finger davon.

Auf diesen beiden Seiten gebe ich Ihnen deshalb ein paar Tipps zum Einkauf und zur Zubereitung von Fisch. Beides ist gar nicht so schwierig, glauben Sie mir!

Fisch einkaufen

Fisch lässt sich in drei Kategorien unterteilen: magerer, mäßig fetter und fetter Fisch. Magerer Fisch enthält 1 bis 5 Prozent Fett, fetter Fisch bis zu 35 Prozent Fett. Fische mit einem hohen Fettgehalt haben ein dunkleres Fleisch und einen intensiveren Geschmack. Denken Sie daran, dass diese Fette Ihrem Körper guttun und sogar dazu beitragen, dass Sie Gewicht verlieren. Ihr Speisezettel sollte also auf jeden Fall fette Fischsorten enthalten, achten Sie lediglich darauf, dass die Portionen nicht zu groß sind.

Am kostengünstigsten kommen Sie weg, wenn Sie den Fisch als Ganzes kaufen und ihn sich vom Fischhändler schuppen und ausnehmen lassen, wenn Sie das nicht selbst machen möchten. Die Alternative sind fertige Fischfilets.

GERINGER FETTGEHALT

Schwarz-, Rot- und Buntbarsch, Bachforelle, Kabeljau, Schellfisch, Seehecht, Heilbutt, Red Snapper, Drachenkopf

MITTLERER FETTGEHALT

Barrakuda, Felsenbarsch, Schwertfisch, Forelle, Thunfisch, Weißfisch

HOHER FETTGEHALT

Hering, Butterfisch, Makrele, Lachs, Stint, Stör, Gelbschwanz

Fisch auswählen

Nutzen Sie Ihre Sinne, wenn Sie einen Fisch aus-
wählen. Schauen Sie seine Augen an, sie müssen
klar und dürfen nicht eingefallen sein. Frischer
Fisch hat einen angenehmen süßen, niemals aber
fischigen Geruch. Fischfilets dürfen weder trocken noch verfärbt sein, die Haut sollte glänzen.
Bei gefrorenem Fisch achten Sie ebenfalls auf
Verfärbungen sowie auf sichtbares Blut, beides
kein gutes Zeichen. Außerdem sollten sich in der
Verpackung keine Eiskristalle gebildet haben.

Fisch zubereiten

Die gesündesten Zubereitungsarten von Fisch
sind Pochieren, Dämpfen, Im-Backofen-Garen
und Grillen.

Egal, für welche Zubereitungsmethode Sie sich
entscheiden, der Fisch ist dann genau richtig
gegart, wenn das Fleisch nicht mehr durchschei-
nend ist und sich leicht mit einer Gabel zerpflücken lässt. Die Garzeiten variieren je nach
Fischart, aber als groben Anhaltspunkt können
Sie sich Folgendes merken:

- Bei frischem Fisch beträgt die Garzeit pro
  2,5 cm Dicke 10 Minuten.
- Bei gefrorenem Fisch beträgt die Garzeit pro
  2,5 cm Dicke 20 Minuten.

Fisch in Backpapier garen

Eine der einfachsten Arten, Fisch zuzubereiten,
ist das Garen in einer Papierhülle (Pergament-
papier, Backpapier). Der Fisch gart dann im heißen Backofen im eigenen Dampf und trocknet
nicht so schnell aus. Nehmen Sie einen großen
Bogen Backpapier und beträufeln Sie ihn mit
etwas Öl. Auf der einen Hälfte des Bogens sollten ein oder zwei Filets plus eventuell Gemüse/
Kräuter als Zugabe Platz finden.

Spülen Sie die Filets ab und legen Sie sie flach
auf das Papier. Fügen Sie gegebenenfalls die
übrigen Zutaten hinzu. Sollten Sie Gemüse wie
Kartoffeln und Karotten hinzugeben, müssen
Sie sie vorher ankochen. Legen Sie nun die
andere Seite des Bogens über den Fisch und
verschließen Sie die Papierhülle an den Rändern
mit kleinen Knicken. Legen Sie das Päckchen
auf ein Backblech und garen Sie den Fisch je
nach Größe 20 bis 25 Minuten oder bis sich das
Fleisch leicht mit einer Gabel zerpflücken lässt.

Dies ist ein perfektes Gericht, wenn Sie Gäste
eingeladen haben. Die Päckchen werden nach
dem Herausnehmen aus dem Ofen sofort serviert und erst bei Tisch geöffnet, wo sie einen
wundervollen Duft verströmen. Wenn Sie nach
Komplimenten fischen, werden Ihnen dann mit
Sicherheit viele ins Netz gehen!

Salate

10

Salate

Caprese-Salat
mit Pfirsichen und Tomaten

Dies ist ein typischer Sommersalat, wenn überall frisch geerntete Pfirsiche und Tomaten erhältlich sind. Alte Tomatensorten findet man auf Bauernmärkten und in Feinkostgeschäften. Alternativ können Sie aber auch schmackhafte Rispentomaten nehmen.

ZUTATEN

1 EL **weißer Balsamicoessig** | 1 EL frischer **Zitronensaft**
1 EL natives **Olivenöl extra** | $\frac{1}{8}$ TL **Meersalz**
1 Prise frisch gemahlener **schwarzer Pfeffer**
2 große reife **Tomaten (alte Sorten)**, in Scheiben geschnitten
2 große reife **Pfirsiche**, entkernt und in Scheiben geschnitten
2 frische **Mozzarellakugeln**, in Scheiben geschnitten
1 kleine Handvoll frische **Basilikumblätter**, in dünne Scheiben geschnitten

NÄHRWERTE/PORTION:
kcal: 207 (aus Fett: 114) |
Eiweiß: 14 g |
Kohlenhydrate: 13 g |
Fett: 13 g (davon
gesättigte Fettsäuren: 6 g,
Transfettsäuren: 0 g) |
Ballaststoffe: 2 g |
Salz: 125 mg |
Cholesterin: 30 mg

ZUBEREITUNG

1. Essig, Zitronensaft, Olivenöl, Salz und Pfeffer in einer kleinen Schüssel verrühren.

2. Die in Scheiben geschnittenen Tomaten, Pfirsiche und den Mozzarella auf einer Servierplatte auslegen. Mit Dressing beträufeln und die geschnittenen Basilikumblätter darüberstreuen.

Portionen: 4
Vor- und Zubereitung:
15 Minuten

Knollensellerie-Fenchel-Salat
mit Granatapfelkernen

Knollensellerie, auch Wurzelsellerie genannt, unterscheidet sich durch seine große Wurzelknolle vom Stangensellerie. Knollensellerie mag vielleicht nicht zu den am schönsten anzusehenden Gemüsesorten gehören, verleiht aber jedem Bissen Salat einen leckeren Geschmack.

ZUTATEN

1 EL **Zitronensaft**
1 TL frische **Petersilie,** gehackt
½ TL **Honig**
⅛ TL **Meersalz**
1 Prise frisch gemahlener **schwarzer Pfeffer**
1 EL natives **Olivenöl extra**
½ kleine **Sellerieknolle,** geschält
½ mittelgroßer **Fenchel,** Stängel entfernt und Strunk herausgeschnitten
40 g **Endiviensalat,** Blätter in mundgerechte Streifen geschnitten
½ **Granatapfel**

NÄHRWERTE/PORTION:
kcal: 89 (aus Fett: 34) |
Eiweiß: 2 g |
Kohlenhydrate: 13 g |
Fett: 4 g (davon gesättigte Fettsäuren: 0,5 g, Transfettsäuren: 0 g) |
Ballaststoffe: 4 g |
Salz: 126 mg |
Cholesterin: 0 mg

ZUBEREITUNG

1. Zitronensaft, Petersilie, Honig, Salz und Pfeffer in einer großen Schüssel vermischen. Olivenöl unterrühren und zur Seite stellen.

2. Mit einem Gemüsehobel oder einem scharfen Küchenmesser Sellerie und Fenchel in fast papierdünne Scheiben schneiden. Zur Vinaigrette geben. Endiviensalat hinzufügen und alles vorsichtig vermengen. Die halbe Granatapfelfrucht mit der Schnittseite nach unten über den Salat halten und mit einem großen Kochlöffel daraufklopfen, damit die Kerne in den Salat fallen. Noch in der Frucht verbliebene Kerne mit den Fingern lösen und über den Salat streuen.

Portionen: 7
Vorbereitung:
5 Minuten
Zubereitung:
5 Minuten

Salat aus kalten Soba-Nudeln
mit Cashew-Miso-Dressing

Die vor allem in Japan beliebten Soba-Nudeln bestehen zu mindestens 30 Prozent aus Buchweizen, einem sehr gesunden Getreide. Soba-Nudeln ähneln Spaghetti, sind jedoch dunkler. Sie können heiß gegessen werden, schmecken aber auch kalt sehr gut – wie in diesem Salat!

Hinweis: Cashew-Miso-Dressing muss im Voraus zubereitet werden.

ZUTATEN

170 g **Soba-Nudeln**
120 ml **Cashew-Miso-Dressing** (siehe Seite 357)
½ **rote Paprika,** geputzt und in dünne Streifen geschnitten
½ **gelbe Paprika,** geputzt und in dünne Streifen geschnitten
½ Bund **Radieschen,** in dünne, halbe Scheiben geschnitten
½ **Salatgurke,** halbiert und in dünne Scheiben geschnitten
2 **Frühlingszwiebeln,** fein geschnitten
1 TL **Sesam** zum Garnieren

NÄHRWERTE/PORTION:
kcal: 94 (aus Fett: 39) |
Eiweiß: 2 g |
Kohlenhydrate: 12 g |
Fett: 5 g (davon
gesättigte Fettsäuren: 1 g,
Transfettsäuren: 0 g) |
Ballaststoffe: 1 g |
Salz: 122 mg |
Cholesterin: 0 mg

ZUBEREITUNG

1. Die Nudeln laut Packungsanleitung kochen, durch ein Sieb geben, mit Wasser abspülen und abtropfen lassen.

2. Nudeln in eine große Schüssel geben. Cashew-Miso-Dressing darübergießen und vermischen. Das vorbereitete Gemüse hinzufügen und erneut alles mischen. In eine Salatschüssel geben und mit Sesamkörnern bestreuen.

Portionen: 6
Vorbereitung:
15 Minuten
Zubereitung:
15 Minuten

Sommersalat aus Wurzelgemüse
mit frischen Kirschen

Dieser Salat ist leicht, knackig und bunt und kann mittags oder abends serviert werden. Die Kirschen verleihen ihm eine dezente Süße und eine schlichte Raffinesse.

Hinweis: Frischkäse muss im Voraus zubereitet werden.

ZUTATEN

3 EL **Walnussstücke**
½ mittelgroße Knolle **Fenchel**
1 mittelgroße **Karotte**, geschält
2 kleine **Rote Bete**, roh und geschält
1 EL **weißer Balsamicoessig**
½ TL **Senfkörner**
⅛ TL **Meersalz**
1 Prise frisch gemahlener **schwarzer Pfeffer** plus etwas mehr zum Garnieren
1 EL natives **Olivenöl extra**
1 **Selleriestange**, dünn diagonal geschnitten, plus Blättchen
150 g frische **Süßkirschen,** entsteint und halbiert
60 ml **Frischkäse aus Joghurt** (siehe Seite 346)

NÄHRWERTE/PORTION:
kcal: 93 (aus Fett: 45) |
Eiweiß: 3 g |
Kohlenhydrate: 11 g |
Fett: 5 g (davon
gesättigte Fettsäuren: 1 g,
Transfettsäuren: 0 g) |
Ballaststoffe: 2 g |
Salz: 104 mg |
Cholesterin: 0 mg

ZUBEREITUNG

1. Backofen auf 175° C vorheizen. Die Walnussstücke auf einem Backblech verteilen und etwa 5 Minuten im Backofen rösten. Herausnehmen und zur Seite stellen.

2. Mit einem Gemüsehobel oder einem scharfen Küchenmesser Fenchel, Karotte und Rote Bete in fast papierdünne Scheiben schneiden. Die Rote Bete getrennt verarbeiten, damit nicht alles rot eingefärbt wird.

3. Essig, Senfkörner, Salz und Pfeffer in einer kleinen Schüssel vermischen. Dann das Olivenöl unterrühren.

4. Auf einer großen Servierplatte Fenchel, Karotte und Rote Bete auslegen und die Selleriescheiben hinzufügen. Das Dressing darübergeben und alles mit den Sellerieblättchen bestreuen. Als nächste Lage kommen die Kirschhälften und die Walnussstücke darauf. Zum Schluss teelöffelgroße Klackse Frischkäse darüber verteilen. Nach Belieben noch frisch gemahlenen schwarzen Pfeffer darübergeben.

Süßkartoffel-Spinat-Salat

Süßkartoffeln schmecken großartig und sind eine exzellente Kohlenhydrat-quelle mit einem niedrigen glykämischen Index. Ihr süßlicher Geschmack, kombiniert mit der Schärfe des Cayennepfeffers und der Säure der Vinaigrette, führt zu einem perfekt ausbalancierten Geschmackserlebnis.

ZUTATEN FÜR DEN SALAT

2 **Süßkartoffeln,** geschält und in etwa 1 cm große Würfel geschnitten
1 **rote Paprikaschote,** geputzt und in etwa 1 cm große Stücke geschnitten
3 TL natives **Olivenöl extra**
¼ TL **Meersalz**
⅛ TL frisch gemahlener **schwarzer Pfeffer**
¼ TL gemahlener **Kreuzkümmel**
1 Prise **Cayennepfeffer**
80 g **Babyspinat**

ZUTATEN FÜR DIE VINAIGRETTE

2 TL **weißer Balsamicoessig**
1 TL frischer **Zitronensaft**
1 kleine **Knoblauchzehe,** fein gehackt
½ TL **Ingwer,** fein geraspelt
½ TL **Honig**
¼ TL gemahlener **Kreuzkümmel**
¼ TL **Meersalz**
⅛ TL frisch gemahlener **schwarzer Pfeffer**
1 EL natives **Olivenöl extra**

NÄHRWERTE/PORTION:
kcal: 139 (aus Fett: 22) |
Eiweiß: 2 g |
Kohlenhydrate: 26 g |
Fett: 3 g (davon gesättigte
Fettsäuren: 0,5 g,
Transfettsäuren: 0 g) |
Ballaststoffe: 0 g |
Salz: 78 mg |
Cholesterin: 0 mg

ZUBEREITUNG

1. Den Backofen auf 230° C vorheizen.

2. Die Süßkartoffel- und die Paprikastücke in jeweils einer Lage auf zwei Backblechen verteilen. 2 TL Olivenöl über die Süßkartoffeln und 1 TL Olivenöl über die Paprika träufeln, mit Salz und Pfeffer bestreuen. Über die Süßkartoffeln noch Kreuzkümmel und Cayennepfeffer geben. Beide Bleche für 20 bis 25 Minuten in den Backofen geben, bis das Gemüse weich und karamellisiert ist. Gemüse zwischendurch zwei- bis dreimal durchmischen.

3. In einer kleinen Schüssel alle Vinaigrette-Zutaten außer dem Olivenöl verrühren. Das Olivenöl zum Schluss unterrühren.

4. Den Spinat in eine große Servierschüssel geben. Die gerösteten Süß-kartoffeln und den Paprika hinzugeben. Die Vinaigrette darübergießen und alles vermischen. Auf sechs Teller verteilen und servieren.

Salat aus gegrilltem Treviso und Chicorée
mit Cranberrys und Kürbiskernen

Treviso ist eine besonders geschmackvolle Radicchio-Sorte und erfreut sich wachsender Beliebtheit in erstklassigen Restaurants und auch in Kochshows. Er ist knackig und leicht bitter und lässt sich auf vielfältige Art zubereiten, zum Beispiel gegrillt, gedünstet oder einfach als Salat. In meinem Rezept wird der gegrillte Treviso unter anderem mit Cranberrys kombiniert.

ZUTATEN

1 Kopf **Treviso** (oder andere **Radicchio**-Sorte), halbiert, Kern intakt

4–5 **Chicorée,** halbiert, Kern intakt

Eat-Clean-Kochspray (siehe Seite 347)

40 g getrocknete **Cranberrys**

30 g **Kürbiskerne,** ungesalzen

1 EL **weißer Balsamicoessig**

1 EL natives **Olivenöl extra**

¼ TL **Meersalz**

⅛ TL frisch gemahlener **schwarzer Pfeffer**

NÄHRWERTE/PORTION:
kcal: 128 (aus Fett: 56) |
Eiweiß: 7 g |
Kohlenhydrate: 14 g |
Fett: 7 g (davon
gesättigte Fettsäuren: 1 g,
Transfettsäuren: 0 g) |
Ballaststoffe: 11 g |
Salz: 150 mg |
Cholesterin: 0 mg

ZUBEREITUNG

1. Einen Grill oder eine Grillpfanne auf mittlerer Stufe erhitzen. Beide Seiten des Treviso und des Chicorée mit Eat-Clean-Kochspray besprühen und mit der Schnittseite nach unten auf den Grill legen. Dort 1 bis 2 Minuten belassen, bis sich das Muster vom Grill darauf abzeichnet, dann wenden. 1 Minute grillen und danach auf ein Schneidebrett legen. In 5 cm große Stücke schneiden und in eine große Salatschüssel geben.

2. Cranberrys und Kürbiskerne hinzufügen. Den Salat mit Essig und Olivenöl beträufeln und mit Salz und Pfeffer abschmecken. Gut vermischen, damit alles mit Dressing benetzt wird, und servieren.

Portionen: 4
Vorbereitung:
10 Minuten
Zubereitung:
4 Minuten

Warmer Rosenkohlsalat
mit Walnüssen und Zitrone

Rosenkohl zuzubereiten ist eine Kunst. Gekocht sehen sie aus wie matschige grüne Bällchen (und schmecken auch so), aber kurz angebraten oder geröstet sind sie ein echter Gaumenschmaus!

ZUTATEN

450 g **Rosenkohl,** Strunk jeweils etwas abgeschnitten,
    äußere Blätter abgetrennt
1 EL natives **Olivenöl extra**
1 **Knoblauchzehe,** klein geschnitten
½ TL **Meersalz**
⅛ TL frisch gemahlener **schwarzer Pfeffer**
Saft von 1 **Zitrone**
70 g **Walnüsse,** gehackt und geröstet

NÄHRWERTE/PORTION:
kcal: 180 (aus Fett: 115) |
Eiweiß: 6 g |
Kohlenhydrate: 14 g |
Fett: 13 g (davon
gesättigte Fettsäuren: 1 g,
Transfettsäuren: 0 g) |
Ballaststoffe: 5 g |
Salz: 260 mg |
Cholesterin: 0 mg

ZUBEREITUNG

1. Den Rosenkohl mit der Küchenmaschine, einem Gemüsehobel oder einem scharfen Messer in feine Scheiben schneiden.

2. Das Olivenöl bei mittlerer Hitze in einer sehr großen Pfanne erhitzen. Knoblauch hinzufügen und 1 Minute dünsten, sodass der Knoblauch sein Aroma entfaltet, aber noch nicht braun ist. Die Rosenkohlscheiben dazugeben, salzen und pfeffern und in der Pfanne schwenken, damit sie mit Öl bedeckt werden. Unter gelegentlichem Rühren 3 Minuten andünsten. Der Rosenkohl sollte noch leicht knackig und nicht braun sein. Pfanne vom Herd nehmen, Zitronensaft und Walnüsse hineingeben. Gut vermischen und auf einer Servierplatte oder vier Tellern anrichten.

Salat aus Nashi-Birnen,

Kresse, Erbsensprossen und Blauschimmelkäse

Asiatische Nashi-Birnen sehen mit ihrer kugeligen Form fast aus wie Äpfel, aber das süß-säuerliche Aroma ihres saftigen Fruchtfleisches erinnert dann doch wieder eher an Birnen. Sie sind schön knackig und passen deshalb sehr gut zu diesem sommerlichen Salat.

Hinweis: Tahinasoße muss im Voraus zubereitet werden.

ZUTATEN FÜR DAS DRESSING

1 EL **Tahinasoße** (siehe Seite 349)
1 ½ TL **weißer Balsamicoessig**
1 TL frischer **Zitronensaft**
½ TL salzarme **Sojasoße**
1 TL **Honig**
$\frac{1}{8}$ TL **Meersalz**
$\frac{1}{8}$ TL frisch gemahlener **schwarzer Pfeffer**
1 EL natives **Olivenöl extra**

ZUTATEN FÜR DEN SALAT

1 Bund **Brunnenkresse,** in einzelne Blätter gezupft, ohne die Wurzelbällchen
2 **Nashi-Birnen,** entkernt und in dünne Scheiben geschnitten
15 g **Erbsensprossen**
30 g **Blauschimmelkäse,** zerkrümelt
½ TL **schwarzer Sesam**

NÄHRWERTE/PORTION:
kcal: 117 (aus Fett: 65) |
Eiweiß: 4 g |
Kohlenhydrate: 9 g |
Fett: 8 g (davon
gesättigte Fettsäuren: 2 g,
Transfettsäuren: 0 g) |
Ballaststoffe: 3 g |
Salz: 207 mg |
Cholesterin: 5 mg

ZUBEREITUNG

1. Alle Dressingzutaten miteinander vermischen.

2. Zum Anrichten die Brunnenkresse auf vier große Teller verteilen. Das Dressing über die Stängel der Kresse und den Teller träufeln. Die Birnenscheiben fächerförmig neben die Kresse legen. Mit Erbsensprossen, dem Blauschimmelkäse und den Sesamkörnern bestreuen. Sofort servieren.

Portionen: 4
Vorbereitung:
10 Minuten
Zubereitung:
5 Minuten

Wintersalat
mit Kirschen und Walnüssen

Wenn ich geröstete Nüsse auf dem Teller habe, wird mir warm ums Herz. Dieser Salat enthält geröstete Walnüsse, die ausgezeichnet mit süßen Kirschen und leicht bitteren Salatsorten harmonieren. In Verbindung mit einer proteinhaltigen Speise ist dieser Salat ein ideales leichtes Mittagessen.

ZUTATEN

30 g **Walnussstücke**
1 TL **weißer Balsamicoessig**
½ TL **Dijon-Senf**
1 Prise **Meersalz**
1 Prise frisch gemahlener **schwarzer Pfeffer**
1 EL **Walnussöl**
40 g **Endiviensalat,** gehackt
½ Kopf **Radicchio-Salat,** gehackt
40 g ungesüßte getrocknete **Kirschen**

NÄHRWERTE/PORTION:
kcal: 127 (aus Fett: 85) |
Eiweiß: 3 g |
Kohlenhydrate: 11 g |
Fett: 9 g (davon
gesättigte Fettsäuren: 1 g,
Transfettsäuren: 0 g) |
Ballaststoffe: 4 g |
Salz: 78 mg |
Cholesterin: 0 mg

ZUBEREITUNG

1. Backofen auf 175° C vorheizen. Die Walnussstücke auf einem Backblech verteilen und im Backofen etwa 5 Minuten rösten. Herausnehmen und zur Seite stellen.

2. In einer großen Schüssel Essig und Senf verrühren. Mit einer Prise Salz und Pfeffer würzen. Dann das Walnussöl unterrühren. Endiviensalat, Radicchio, Kirschen und geröstete Walnüsse in die Schüssel geben und mit der Soße vermischen.

Orzo-Kichererbsen-Salat
mit gerösteten roten Paprika und Dill

Orzo, auch Nudelreis oder Kritharáki genannt, sind kleine Nudeln in Reisform. Sie werden gerne als Suppeneinlage, Auflauf- oder Salatzutat verwendet. Kaufen Sie Vollkorn-Orzo und zwar möglichst in Bioqualität.

ZUTATEN

¼ TL plus 1 Prise **Meersalz**

200 g **Orzo aus Vollkornweizen** (möglichst bio)

Saft von 1 **Zitrone**

½ TL **Honig**

½ TL gemahlener **Kreuzkümmel**

1 Prise **Meersalz**

frisch gemahlener **schwarzer Pfeffer**

1 EL natives **Olivenöl extra**

140 g gekochte **Kichererbsen**

80 g gewürfelte **rote Paprika,** geröstet

2 EL frischer **Dill,** gehackt

50 g fettarmer **Feta,** zerkrümelt

NÄHRWERTE/PORTION:
kcal: 220 (aus Fett: 40) |
Eiweiß: 9 g |
Kohlenhydrate: 36 g |
Fett: 5 g (davon
gesättigte Fettsäuren: 1 g,
Transfettsäuren: 0 g) |
Ballaststoffe: 8 g |
Salz: 236 mg |
Cholesterin: 1 mg

ZUBEREITUNG

1. Einen großen Topf mit Wasser zum Kochen bringen. Eine Prise Salz in das kochende Wasser geben. Orzo gemäß den Anweisungen auf der Packung kochen, bis er weich, aber noch bissfest ist. Durch ein Sieb abgießen und beiseitestellen.

2. In einer kleinen Schüssel Zitronensaft, Honig, Kreuzkümmel, Salz und Pfeffer vermischen. Das Olivenöl zum Schluss unterrühren.

3. Gekochten Orzo, Kichererbsen, Paprika und Dill in eine große Schüssel geben, Dressing über den Salat gießen und mischen. Die Feta-Stücke zum Salat geben und vorsichtig unterheben.

Portionen: 6
Vorbereitung:
15 Minuten
Zubereitung:
1 Stunde

Beten, Blutorangen und Rucola
mit Feta

Rote Bete ist ein sehr vielseitig verwendbares Gemüse mit einer kräftigen dunkelroten Farbe, das gekocht, gedämpft, eingelegt, gebacken, geröstet oder gegrillt werden kann.

ZUTATEN FÜR DEN SALAT

4 mittelgroße **Rote** oder **Gelbe Beten** | 1 **Blutorange**
80 g **Rucola** | 60 g fettarmer **Feta**, zerkrümelt

ZUTATEN FÜR DIE VINAIGRETTE

1 EL **Weißweinessig** | ½ TL **Honig** | ⅛ TL **Meersalz**
1 Prise frisch gemahlener **schwarzer Pfeffer** | 1 EL natives **Olivenöl extra**

NÄHRWERTE/PORTION:
kcal: 81 (aus Fett: 28) |
Eiweiß: 4 g |
Kohlenhydrate: 10 g |
Fett: 3 g (davon
gesättigte Fettsäuren: 1 g,
Transfettsäuren: 0 g) |
Ballaststoffe: 2 g |
Salz: 143 mg |
Cholesterin: 2 mg

ZUBEREITUNG

1. Backofen auf 220° C vorheizen. Die Beten in eine Kastenform legen und so viel Wasser hinzufügen, bis es knapp 1,5 cm über die Beten reicht. Die Form gut mit Aluminiumfolie abdecken und die Beten im Backofen etwa 1 Stunde garen. Garprobe mit einem Zahnstocher machen. Die Form dann aus dem Backofen herausnehmen, zudecken und etwas abkühlen lassen. Die Beten schälen (am besten Einmalhandschuhe anziehen, um Verfärbungen der Hände zu vermeiden), in Scheiben, dann in mundgerechte Stücke schneiden.

2. Von der Blutorange die Schale samt weißer Haut wegschneiden. Orangenfilets mit einem scharfen Messer vorsichtig auslösen. Die dabei übrig bleibenden Häutchen nicht wegwerfen.

3. Zur Zubereitung der Vinaigrette die Orangenhäutchen in eine kleine Schüssel auspressen. 2 EL Orangensaft, Essig, Honig, Salz und Pfeffer vermischen. Zum Schluss das Olivenöl mit einem Schneebesen unterrühren.

4. Rucola in eine Schüssel geben und die Hälfte der Vinaigrette zugeben. Gut vermischen und dann auf Teller verteilen. Beten und die verbleibende Vinaigrette vermischen und um den Rucola herum auf den Tellern anrichten. Die Orangenstückchen auf die Teller verteilen und darüber den Feta verkrümeln. Sofort servieren.

TIPP *Nutzen Sie die Blätter der Beten zur Zubereitung der Schmorpfanne mit Rote-Bete-Blättern und Apfelstücken (siehe Seite 315) oder für die Bruschetta mit Ricotta, Rote-Bete-Blättern und Walnüssen (siehe Seite 292).*

Aromatische Speiseöle

Es gab eine Zeit, da waren künstlich gehärtete Fette der letzte Schrei. Margarine galt als Nonplusultra einer gesunden Ernährung. Heute weiß man, dass beim Erhitzen von künstlich gehärtetem Fett Transfettsäuren entstehen. Diese stehen im Verdacht, verschiedene Krankheiten zu begünstigen, zum Beispiel die Entstehung von Bluthochdruck, Diabetes und Krebs. Zum Braten und Anbraten sollten Sie deshalb Öle verwenden, die nur einen geringen Anteil Transfettsäuren aufweisen. Achten Sie auch auf den Rauchpunkt (siehe Tabelle Seite 289). Nicht alle Öle sind gleichermaßen hitzestabil. Beginnt es in Ihrer Pfanne zu rauchen, verliert das Öl seinen guten Geschmack und ein Großteil der gesunden Inhaltsstoffe zerfällt. Schlimmer noch: Es bilden sich giftige Stoffe wie das krebserregende Acrolein. Verwenden Sie zum Braten deshalb Öle mit hohem Rauchpunkt. Öle mit niedrigem Rauchpunkt sind wunderbar geeignet zum Verfeinern von Salaten, Dips und Co.

Im Regal Ihres Supermarktes oder Feinkostgeschäftes finden Sie Öle in bester Qualität für verschiedene Verwendungszwecke. Kaufen Sie nicht immer nur das bewährte Maiskeim- oder Olivenöl, sondern probieren Sie auch einmal etwas Neues aus. Sie werden entzückt sein von der geschmacklichen Vielfalt.

Öl aufbewahren

Speiseöle sind empfindlich und werden schnell ranzig, wenn sie nicht vor Licht und Wärme geschützt werden. Nach dem Anbrechen einer Flasche lagern Sie sie dunkel, vor direktem Sonnenlicht geschützt, und kühl, also weit entfernt von Ihrem Ofen oder elektrischen Geräten. Sollten Sie das Öl im Kühlschrank aufbewahren, kann es sein, dass es sich verfestigt. Nehmen Sie in diesem Fall das Öl eine Stunde vor Gebrauch aus dem Kühlschrank, und es wird wieder flüssig.

Walnussöl

Walnussöl wird durch Kaltpressung aus getrockneten Walnüssen gewonnen. Dieses hochwertige und fantastisch schmeckende Öl sollte in Ihrer Clean-Eating-Küche nicht fehlen. Es ist relativ teuer und wird deshalb eher sparsam verwendet. Walnussöl genügt den höchsten Ansprüchen eines natürlich schmeckenden Speiseöls. Aufgrund seines niedrigen Rauchpunkts ist es nicht zum Braten geeignet; nehmen Sie es stattdessen für Salatsoßen oder für andere kalte Speisen. Wenn Walnussöl ranzig ist, merken Sie das an einem bitteren Geschmack.

Haselnussöl

Haselnussöl schmeckt sehr aromatisch nach Nuss. Dieses klare, hellgelbe Öl wird – Überraschung! – aus Haselnüssen gepresst und eignet sich als Salatöl, für Marinaden und Backwaren. Sein Rauchpunkt ist relativ hoch, sodass es auch zum Kochen verwendet werden kann. Bewahren Sie Haselnussöl am besten im Kühlschrank auf. Die kühle Lagerung ist wichtig, weil es sonst schnell ranzig wird.

Kürbiskernöl

Die Kerne des Steirischen Ölkürbis haben keine Samenschale und sind deshalb ideal zum Pressen geeignet. Das daraus gewonnene aromatische Öl verfügt über eine intensive grüne, rot fluoreszierende Farbe und ist dickflüssig. Achten Sie beim Kauf darauf, dass Sie reines Kürbiskernöl kaufen, das nicht mit anderen billigeren Ölen (zum Beispiel Sonnenblumenöl) gestreckt wurde. Verwenden Sie es zum Beispiel zum Verfeinern von warmem Kartoffelsalat oder von Kürbissuppe. Kürbiskernöl hat einen niedrigen Rauchpunkt und eignet sich nicht zum Braten oder Frittieren.

Avocadoöl

Avocadoöl ist der neue Shootingstar am Gesundheitshimmel und löst damit das ebenfalls gesunde und leckere Kokosöl ab. Gewonnen wird es aus dem Fruchtfleisch von Avocados und stammt meistens aus Australien oder Neuseeland. Aber auch in Mexiko ist der kulinarische Wert der Avocado nicht nur als Frucht, sondern auch als Speiseöl längst bekannt. Das hellgrüne Öl ist relativ dickflüssig und schmeckt sanft nach Avocado. In Kombination mit Zitrone, Chilis, Salsas und aromatischen Kräutern kommt sein Aroma sehr gut zur Geltung. Avocadoöl ist vollgepackt mit Antioxidantien einschließlich der Vitamine D und E und anderen wertvollen Inhaltsstoffen wie Phytosterinen. Das wirkt sich günstig auf die Cholesterinwerte aus: Der Spiegel des „bösen" LDL-Cholesterins wird gesenkt, das „gute" HDL-Cholesterin hingegen ausbalanciert. Der Rauchpunkt von Avocadoöl ist relativ hoch, es ist also gut geeignet für die Zubereitung heißer Speisen. Wenn Sie Gemüse sautieren möchten, ist Avocadoöl dafür ideal.

Reiskleieöl

Der Neuling unter den Speiseölen. Reiskleieöl wird aus den Schalen der Reiskörner gepresst. Das klare, fast farblose Reiskleieöl ist sehr gesund, schmeckt nussig und hat einen hohen Rauchpunkt, ist also gut zum Braten geeignet. Es enthält viel Gamma-Oryzanol und Tocotrienole. Gamma-Oryzanol wirkt antioxidativ und hilft beim Muskelaufbau. Tocotrienole sind Vitamin-E-Analoge, schützen vor Zellschäden und verzögern Alterungsprozesse. Wenn das kein Grund ist, Reiskleieöl zu verwenden!

Rauchpunkte von Speiseölen

ÖL	GRAD CELSIUS	ÖL	GRAD CELSIUS
Leinöl	107	Mandelöl	218
Kürbiskernöl	107	Haselnussöl	221
Hanföl	166	Sonnenblumenöl	227
Butterfett	177	Olivenöl	227
Kokosöl	177	Erdnussöl	227
Sesamöl	177	Maiskeimöl	232
Schmalz(öl)	182	Palmöl	232
Rapsöl	204	Distelöl	232
Walnussöl	204	Reiskleieöl	254
natives Olivenöl extra	160	Sojaöl	257
Baumwollsamenöl	216	Avocadoöl	271

Gemüse

11

Gemüse

Bruschetta
mit Ricotta, Rote-Bete-Blättern und Walnüssen

*Ricotta ist ein fettarmer Frischkäse, der gerne in italienischen Gerichten
wie Lasagne und Cannelloni verwendet wird. Er ist nahezu geschmacksneutral und lässt sich deshalb gut mit Zutaten kombinieren, die kräftiger im
Geschmack sind – wie die Walnüsse und grünen Blätter auf dieser Bruschetta.*

ZUTATEN

4 gehäufte TL **Walnüsse,** gehackt
4 knapp 1,5 cm dicke Scheiben von einem
   Weizenvollkorn-Baguette (diagonal geschnitten)
1 **Knoblauchzehe**
120 ml fettarmer **Ricotta**
1 TL fein geriebene **Zitronenschale** (unbehandelt)
2 TL natives **Olivenöl extra**
Grüne Blätter von 3 Rote Beten, Stiele entfernt und
   Blätter in etwa 5 cm große Stücke geschnitten
1 Prise **Meersalz**
1 Prise frisch gemahlener **schwarzer Pfeffer**
1 EL frischer **Zitronensaft**

NÄHRWERTE/PORTION:
kcal: 175 (aus Fett: 50) |
Eiweiß: 8 g |
Kohlenhydrate: 23 g |
Fett: 8 g (davon
gesättigte Fettsäuren: 2 g,
Transfettsäuren: 0 g) |
Ballaststoffe: 3 g |
Salz: 307 mg |
Cholesterin: 10 mg

ZUBEREITUNG

1. Backofen auf 175° C vorheizen. Walnüsse auf ein Backblech legen, im
Backofen 5 Minuten rösten. Aus dem Ofen nehmen und beiseitestellen.

2. Eine Grillpfanne oder einen Grill auf mittlerer Stufe erhitzen. Die
Brotscheiben 30 Sekunden bis 1 Minute auf jeder Seite grillen, bis sich
ein Muster darauf abzeichnet. Die Scheiben auf einer Seite mit der Knoblauchzehe einreiben.

3. In einer kleinen Schüssel Ricotta und Zitronenschale verrühren.
1 TL Olivenöl bei mittlerer Hitze in einer Pfanne erhitzen, Pfanne
schwenken, damit sich das Öl gut verteilt. Die Bete-Blätter hineingeben
und mit Salz und Pfeffer würzen. Etwa 2 Minuten anbraten, bis sie
zusammenfallen. Die Pfanne vom Herd nehmen und den Zitronensaft
hineingießen.

4. 2 EL der Zitronen-Ricotta-Mischung auf jede Brotscheibe streichen.
Die Bete-Blätter gleichmäßig darauf verteilen und mit 1 gehäuften
TL Walnüsse bestreuen. Zum Schluss die Scheiben noch mit jeweils
¼ TL Öl beträufeln. Sofort servieren.

Gegrillte Fingerling-Kartoffeln

Fingerling-Kartoffeln (in Österreich Kipfler genannt) sind Kartoffeln, die ein wenig wie kleine Finger aussehen. Diese alte Kartoffelsorte ist kleiner als die heute üblichen Kartoffeln. In diesem Rezept werden die Kartoffeln gegrillt, was ihnen einen angenehm rauchigen Geschmack verleiht.

ZUTATEN

680 g **Fingerling-Kartoffeln**
2 EL natives **Olivenöl extra**
1 große **Knoblauchzehe,** klein geschnitten
1 EL frische glatte **Petersilie,** gehackt
1 TL frischer **Thymian,** gehackt
½ TL **Meersalz**
¼ TL frisch gemahlener **schwarzer Pfeffer**

NÄHRWERTE/PORTION:
kcal: 128 (aus Fett: 40) |
Eiweiß: 2 g |
Kohlenhydrate: 19 g |
Fett: 5 g (davon
gesättigte Fettsäuren: 1 g,
Transfettsäuren: 0 g) |
Ballaststoffe: 0 g |
Salz: 194 mg |
Cholesterin: 0 mg

ZUBEREITUNG

1. Kartoffeln in einen großen Topf geben. So viel kaltes Wasser dazugeben, dass es die Kartoffeln etwa 2 cm überragt. Das Wasser zum Kochen bringen, Hitze leicht reduzieren und die Kartoffeln in etwa 12 bis 15 Minuten weich kochen. Durch ein Sieb abgießen und etwa 5 Minuten abkühlen lassen.

2. In der Zwischenzeit einen Grill oder eine Grillpfanne auf mittlerer Stufe erhitzen. Die Fingerlinge in zwei Längshälften schneiden. Olivenöl, Knoblauch, Kräuter, Salz und Pfeffer darübergeben. Die Kartoffeln mit der Schnittseite nach unten auf den Grill legen und etwa 1 Minute grillen, bis sich ein Muster darauf abzeichnet. Damit sie ein Gittermuster bekommen, Kartoffeln um ein Viertel drehen und noch einmal 1 Minute grillen. Vom Grill nehmen und servieren.

Pattison-Kürbis

Die Sommerkürbissorte Pattison erkennt man an der charakteristischen Form, die an ein Ufo erinnert. Pattisons sind ziemlich klein (5 bis 8 cm Durchmesser) und schmecken ähnlich wie Zucchini. Es gibt sie in unterschiedlichen Farben: gelb, grün und weiß.

ZUTATEN

450 g **Pattison-Kürbis**
1 TL natives **Olivenöl extra**
1 **Knoblauchzehe,** klein geschnitten
¼ TL **Meersalz**
$\frac{1}{8}$ TL frisch gemahlener **schwarzer Pfeffer**
1 EL salzarme **Sojasoße**

NÄHRWERTE/PORTION:
kcal: 22 (aus Fett: 7) |
Eiweiß: 1 g |
Kohlenhydrate: 3 g |
Fett: 1 g (davon
gesättigte Fettsäuren: 0 g,
Transfettsäuren: 0 g) |
Ballaststoffe: 1 g |
Salz: 186 mg |
Cholesterin: 0 mg

ZUBEREITUNG

1. Das grüne Ende vom Stiel des Kürbis abtrennen und dann von oben nach unten in zwei Hälften schneiden. (Pattisons müssen nicht geschält werden.) Die beiden Hälften in etwa 2 cm große Spalten schneiden.

2. Olivenöl in einer großen Pfanne erhitzen. Die Kürbisspalten in die Pfanne geben und unter gelegentlichem Rühren 2 bis 3 Minuten bei mittlerer Hitze anbraten, bis sie etwas weich sind und anfangen, braun zu werden. (Achten Sie darauf, den Kürbis nicht zu übergaren.) Den Knoblauch dazugeben und noch einmal 1 Minute garen. Salzen und pfeffern. Die Sojasoße in die Pfanne geben und rühren, bis sich alles vermischt hat. Von der Pfanne auf eine Servierplatte gleiten lassen und sofort servieren.

Portionen:
4 × 2 Scheiben
Vorbereitung:
10 Minuten
Zubereitung:
3 Minuten

Gebratene Peperoni
mit Frischkäse und Baguette

Peperoni sind vor allem in der französischen, griechischen und osteuropäischen Küche eine beliebte Zutat. Es handelt sich dabei um relativ milde Paprikaschoten, die zum Konservieren in Essig eingelegt werden. Ich verwende für mein Rezept frische Peperoni, die ich kurz anbrate, sodass sie knackig bleiben und den Gemüseteller mit ihrem Geschmack nicht zu sehr dominieren.

Hinweis: Frischkäse muss im Voraus zubereitet werden.

ZUTATEN

2 EL natives **Olivenöl extra**

250 g frische **Peperoni**, Kerne und Kernansätze entfernt;
   in 0,5 cm dicke Scheibchen geschnitten

2 **Knoblauchzehen**, klein geschnitten

1 TL frischer **Zitronensaft**

8 × 1 cm dicke Scheiben **Weizenvollkorn-Baguette**

60 ml **Frischkäse aus Joghurt** (siehe Seite 346)

½ TL grobes **Meersalz**

¼ TL frisch gemahlener **schwarzer Pfeffer**

NÄHRWERTE/PORTION:
kcal: 302 (aus Fett: 60) |
Eiweiß: 10 g |
Kohlenhydrate: 48 g |
Fett: 7 g (davon
gesättigte Fettsäuren: 1 g,
Transfettsäuren: 0 g) |
Ballaststoffe: 8 g |
Salz: 420 mg |
Cholesterin: 0 mg

ZUBEREITUNG

1. Olivenöl in einer großen Pfanne erhitzen. Peperoni darin bei mittlerer Hitze 2 Minuten anbraten, bis sie weich sind. Den Knoblauch hinzufügen und noch einmal 1 Minute anbraten. Pfanne vom Herd nehmen und den Zitronensaft einrühren.

2. Baguettescheiben gleichmäßig mit Frischkäse bestreichen, auf eine Servierplatte legen. Peperoncini mit einem Löffel daraufgeben und mit grobem Meersalz und frisch gemahlenem schwarzen Pfeffer bestreuen. Sofort servieren.

Stängelkohl
mit getrockneten Tomaten

Stängelkohl wird in manchen Gegenden auch Rapa, Broccoli raab oder einfach Raab genannt. Dieses vor allem in Italien beheimatete Blattgemüse ähnelt dem Rübstiel und besitzt eine leicht senfige Note. Essbar sind Stängel, Blätter und die geschlossenen Blüten. Servieren Sie Stängelkohl mit einer proteinhaltigen Hauptspeise wie Grillhähnchen oder mit magerem Schweine- bzw. Rindfleisch – und schon haben Sie eine perfekte cleane Mahlzeit.

ZUTATEN

1 EL **Pinienkerne,** geröstet
2 gehäufte EL **sonnengetrocknete Tomaten** in
    Olivenöl, in sehr feine Streifen geschnitten
1 Prise **rote Paprikaflocken**
1 **Knoblauchzehe,** gehackt
1 Bund **Stängelkohl,** Enden abgeschnitten, in große
    mundgerechte Stücke geschnitten
$1/8$ TL **Meersalz**
1 Prise frisch gemahlener **schwarzer Pfeffer**

NÄHRWERTE/PORTION:
kcal: 59 (aus Fett: 22) |
Eiweiß: 5 g |
Kohlenhydrate: 5 g |
Fett: 2 g (davon
gesättigte Fettsäuren: 0 g,
Transfettsäuren: 0 g) |
Ballaststoffe: 3 g |
Salz: 139 mg |
Cholesterin: 0 mg

ZUBEREITUNG

1. Backofen auf 175° C vorheizen. Die Pinienkerne auf ein Backblech streuen und im Backofen 3 bis 5 Minuten rösten, bis sie goldbraun sind. (Nicht anbrennen lassen!)

2. Die sonnengetrockneten Tomaten mit dem Öl bei mittlerer Hitze in einer großen Pfanne erhitzen. Die roten Paprikaflocken und den Knoblauch darin 1 Minute anbraten, bis sich das Aroma entfaltet hat. Dann den Stängelkohl hinzugeben, mit Salz und Pfeffer würzen. Die Hitze verringern und das Gemüse unter Rühren etwa 3 Minuten garen, bis die Blätter zusammengefallen sind. Zum Schluss noch Pinienkerne in die Pfanne geben und gut vermischen. Auf vier Teller verteilen und servieren.

Portionen: 4
Vorbereitung:
10 Minuten
Zubereitung:
12–15 Minuten

Karamellisierte Champignons und Perlzwiebeln

Diese karamellisierte Champignon-Zwiebel-Mischung werden auch Gourmets zu schätzen wissen. Und das, obwohl sie leicht herzustellen ist. Sie ist eine Bereicherung für ganz viele Speisen, ich selbst esse sie zum Beispiel gerne zusammen mit einer gebackenen Kartoffel oder einem knackigen Vollkornweizen-Baguette.

ZUTATEN

1 TL **Olivenöl**
1 Glas ungesüßte **Perlzwiebeln**, abgetropft
230 g **Zuchtchampignons**, geviertelt
1 **Knoblauchzehe**, klein geschnitten
½ TL frischer **Thymian**, gehackt
¼ TL frischer **Rosmarin**, gehackt
⅛ TL **Meersalz**
1 Prise frisch gemahlener **schwarzer Pfeffer**
240 ml salzarme **Rinderbrühe**

NÄHRWERTE/PORTION:
kcal: 67 (aus Fett: 13) |
Eiweiß: 3 g |
Kohlenhydrate: 10 g |
Fett: 2 g (davon
gesättigte Fettsäuren: 0 g,
Transfettsäuren: 0 g) |
Ballaststoffe: 0 g |
Salz: 104 mg |
Cholesterin: 0 mg

ZUBEREITUNG

1. Olivenöl bei mittlerer Hitze in einer sehr großen beschichteten Pfanne erhitzen. Zwiebeln und Champignons hineingeben (in einer Lage, alle sollten den Pfannenboden berühren). Unter gelegentlichem Rühren etwa 5 Minuten anbraten, bis sie braun sind.

2. Knoblauch, Thymian, Rosmarin, Salz und Pfeffer hinzufügen, 1 Minute andünsten. Rinderbrühe in die Pfanne gießen und alles 6 bis 8 Minuten köcheln lassen, bis die Zwiebeln weich sind und die Brühe fast vollständig verdampft ist. Ein- bis zweimal umrühren. Pfanne vom Herd nehmen und die Champignon-Mischung servieren.

Portionen: 4
Vorbereitung:
10 Minuten
Zubereitung:
45 Minuten

Geschmorter Blattkohl

Schmoren ist eine kombinierte Garmethode, bei dem Lebensmittel zuerst in heißem Fett angebraten werden und dann in einem Topf in siedender Flüssigkeit weiter vor sich hin garen. Geschmortes Gemüse ist eine leckere, gesunde Beilage, die ein fester Bestandteil Ihres Ernährungsplans sein sollte.

ZUTATEN

1 EL natives **Olivenöl extra**
2 **Knoblauchzehen,** gehackt
1 Prise **Paprikaflocken**
1 Bund **Blattkohl,** geputzt und in 5 cm große Stücke geschnitten
240 ml salzarme **Hühner-** oder **Gemüsebrühe**
1 EL **Apfelessig**
2 TL **brauner Zucker**
¼ TL geräuchertes **Paprikapulver**
1 **Lorbeerblatt**
¾ TL **Meersalz**
¼ TL frisch gemahlener **schwarzer Pfeffer**

NÄHRWERTE/PORTION:
kcal: 79 (aus Fett: 33) |
Eiweiß: 4 g |
Kohlenhydrate: 9 g |
Fett: 4 g (davon
gesättigte Fettsäuren: 1 g,
Transfettsäuren: 0 g) |
Ballaststoffe: 3 g |
Salz: 470 mg |
Cholesterin: 0 mg

ZUBEREITUNG

1. Olivenöl in einer großen Pfanne erhitzen. Knoblauch und rote Paprikaflocken darin bei mittlerer Hitze 30 Sekunden andünsten. Blattkohlstücke dazugeben, umrühren, bis die Blätter zusammengefallen sind.

2. Brühe und restliche Zutaten hineingeben, die Hitze reduzieren und etwa 45 Minuten köcheln lassen, bis der Blattkohl weich ist.

Portionen:
4 × ½ Maiskolben
Vorbereitung:
8 Minuten
Zubereitung:
4–5 Minuten

Maiskolben vom Grill

Mais ist eines meiner bevorzugten Sommergemüse. Die Kolben erinnern mich an Jahrmarktbesuche und Familiengrillnachmittage in meiner Kindheit. Diese mit Gewürzen aufgepeppten Maiskolben werden auch Ihre erwachsenen Grillgäste begeistern. Machen Sie sich darauf gefasst, dass sie bald wiederkommen werden!

ZUTATEN

½ TL geräuchertes **Paprikapulver**
½ TL **Chilipulver**
½ TL **Meersalz**
¼ TL frisch gemahlener **schwarzer Pfeffer**
2 **Maiskolben,** geschält
1 TL natives **Olivenöl extra**
2 TL **Parmesan,** fein gerieben

NÄHRWERTE/PORTION:
kcal: 73 (aus Fett: 29) |
Eiweiß: 4 g |
Kohlenhydrate: 9 g |
Fett: 2 g (davon
gesättigte Fettsäuren: 1 g,
Transfettsäuren: 0 g) |
Ballaststoffe: 1 g |
Salz: 337 mg |
Cholesterin: 6 mg

ZUBEREITUNG

1. Einen Grill oder eine Grillpfanne auf mittlerer Stufe erhitzen.

2. In einer kleinen Schüssel Paprika- und Chilipulver, Salz und Pfeffer mischen. Die Maiskolben mit Olivenöl einreiben und mit der Gewürzmischung bestreuen. Die Maiskolben abgedeckt auf den Grill legen. 4 bis 5 Minuten grillen, bis sich ein Muster auf den Maiskolben abzeichnet, dabei zwei- bis dreimal wenden. Maiskolben herunternehmen, mit Parmesan bestreuen und servieren.

HINWEIS *Eine Portion entspricht einem halben Maiskolben.*

Portionen: 6

Vor- und Zubereitung:

15 Minuten

Krautsalat
mit Sesam und Mandarinen

Das aus Sesamkörnern gewonnene Sesamöl wird als „Königin der Öle" bezeichnet. Es überzeugt durch einen hohen Gehalt an Antioxidantien und wird seit Tausenden von Jahren überall auf der Welt wegen seiner Heilkraft geschätzt, unter anderem als Bestandteil von Salben und Massageölen. Darüber hinaus ist es aber auch ein hochwertiges Speiseöl und verleiht den Speisen beim Kochen einen angenehmen Sesamgeschmack.

ZUTATEN FÜR DEN KRAUTSALAT

Je $\frac{1}{8}$ Kopf **Rot- und Weißkohl,** fein geschnitten

2 **Mandarinen,** geschält und in kleine Stücke geschnitten

$\frac{1}{8}$ **rote Zwiebel,** geschält, in dünne Scheiben geschnitten

2 EL frischer **Koriander,** gehackt

1 EL frische **Minze,** gehackt

1 EL **Sesam,** geröstet

ZUTATEN FÜR DAS DRESSING

1 EL frischer **Ingwer,** fein gerieben

1 EL frischer **Limettensaft**

1 EL **Sesamöl,** geröstet

2 TL **Honig**

1 TL salzarme **Tamari** (Bioqualität)

¼ TL frische **Chilipaste**

½ TL **Meersalz**

$\frac{1}{8}$ TL frisch gemahlener **schwarzer Pfeffer**

NÄHRWERTE/PORTION:

kcal: 41 (aus Fett: 10) |

Eiweiß: 1 g |

Kohlenhydrate: 7 g |

Fett: 1 g (davon gesättigte Fettsäuren: 0 g, Transfettsäuren: 0 g) |

Ballaststoffe: 2 g |

Salz: 10 mg |

Cholesterin: 0 mg

ZUBEREITUNG

1. In einer großen Schüssel Rot- und Weißkohl, Mandarinen und rote Zwiebeln vermengen.

2. Die Dressingzutaten in einer kleinen Schüssel verquirlen und das Dressing über den Krautsalat gießen. Koriander, Minze und Sesamkörner hinzufügen und alles gut vermischen.

Portionen: 6
Vorbereitung:
15 Minuten
Zubereitung:
25 Minuten

Colcannon
mit Grün- und Weißkohl

Colcannon ist ein traditioneller irischer Eintopf aus zerstampften Kartoffeln, Grün- oder Weißkohl (in meinem Rezept beidem!), Milch und Butter. In meiner Version ist dieses traditionell zu Halloween servierte Gericht durch die Verwendung von Olivenöl und Nährhefe (eine durch Hitze inaktivierte Hefe mit einem hohen Gehalt an Vitamin B$_{12}$ und einer käsigen Geschmacksnote) sogar eine cleane Mahlzeit!

ZUTATEN

450 g **rote Kartoffeln,** in knapp 3 cm große Stücke geschnitten
2 EL natives **Olivenöl extra**
1 mittelgroße **Zwiebel,** gehackt
400 g **Grünkohl,** Blätter von den Stängeln entfernt, gehackt
400 g **Weißkohl,** fein geschnitten
1 ½ TL **Meersalz**
2 **Knoblauchzehen,** fein gehackt
120 ml fettarme **Milch** (1,5 % Fett)
120 ml salzarme **Hühnerbrühe**
2 EL **Nährhefe**
½ TL frisch gemahlener **schwarzer Pfeffer**
6 TL fettarmer geriebener gereifter **Cheddar**

NÄHRWERTE/PORTION:
kcal: 413 (aus Fett: 58) |
Eiweiß: 13 g |
Kohlenhydrate: 83 g |
Fett: 6 g (davon
gesättigte Fettsäuren: 1 g,
Transfettsäuren: 0 g) |
Ballaststoffe: 8 g |
Salz: 533 mg |
Cholesterin: 3 mg

ZUBEREITUNG

1. Kartoffeln in einem mittelgroßen Topf mit kaltem Wasser zum Kochen bringen und 15 bis 20 Minuten köcheln lassen, bis die Kartoffeln weich sind. Abgießen und in eine große Schüssel geben.

2. Während die Kartoffeln kochen, das Olivenöl bei mittlerer Hitze in einer sehr großen Pfanne erhitzen. Zwiebeln hinzufügen und etwa 5 Minuten anbraten, bis sie weich und glasig sind. Grün- und Weißkohl sowie ½ TL Meersalz in die Pfanne geben und mit den Zwiebeln verrühren. Bei mittlerer Hitze 10 Minuten kochen lassen, bis das Grün eingefallen und weich ist. Knoblauch dazugeben und noch 1 Minute auf dem Herd lassen.

3. Die Kartoffeln mit einem Kartoffelstampfer zerdrücken. Hühnerbrühe, Nährhefe, 1 TL Meersalz und schwarzen Pfeffer hinzufügen und mit dem Kartoffelbrei vermischen. Dann den Kohl unterrühren. Den Colcannon in großen Schüsseln servieren, bestreut mit je 1 TL Cheddar. Colcannon ist auch eine leckere Beilage zu einem Irish Stew mit Lammfleisch!

Portionen: 4
Vorbereitung:
5 Minuten
Zubereitung:
15 Minuten

Gelbe Kartöffelchen
mit Petersilie

Wenn Sie sich an der Gemüsetheke im Supermarkt bedienen oder auf dem Markt unterwegs sind, übersehen Sie bitte nicht die bescheidene Kartoffel! Die unterirdischen Knollen sind nährstoffreich, schmackhaft und einfach zuzubereiten. Die perfekte Beilage zu jedem Abendessen. Und was übrig bleibt, können Sie problemlos aufbewahren und zwei Tage später noch einmal auf den Tisch bringen.

ZUTATEN

1 TL plus 1 Prise **Meersalz**
450 g **gelbe Babykartoffeln**
½ TL natives **Olivenöl extra**
1 TL frische **Petersilie**, gehackt
1 Prise frisch gemahlener **schwarzer Pfeffer**

NÄHRWERTE/PORTION:
kcal: 89 (aus Fett: 5) |
Eiweiß: 2 g |
Kohlenhydrate: 21 g |
Fett: 1 g (davon
gesättigte Fettsäuren: 0 g,
Transfettsäuren: 0 g) |
Ballaststoffe: 2 g |
Salz: 691 mg |
Cholesterin: 0 mg

ZUBEREITUNG

1. In einem mittelgroßen Topf Wasser zum Kochen bringen. Dann 1 TL Salz und die Kartoffeln hineingeben. Hitze verringern und Kartoffeln etwa 15 Minuten kochen. (Wenn Sie sie mit einem Messer anstechen, sollten sie weich sein.) Kartoffeln durch ein Sieb abgießen und in eine Schüssel geben.

2. Mit Olivenöl, Petersilie und je einer Prise Salz und Pfeffer vermischen.

Portionen: 4
Vorbereitung:
10 Minuten
Zubereitung:
13–15 Minuten

Schmorpfanne mit Rote-Bete-Blättern und Apfelstücken

Wenn Sie das nächste Mal Rote (oder Gelbe) Beten kaufen und zubereiten, werfen Sie bitte nichts davon weg. Die Stängel und Blätter der Roten Bete sind vollgepackt mit Vitaminen, Mineralien und Antioxidantien. Sie bringen damit also nicht nur etwas Wohlschmeckendes, sondern noch dazu etwas sehr Gesundes auf den Tisch.

ZUTATEN

2 TL natives **Olivenöl extra**

½ mittelgroße **Zwiebel,** geschält, in dünne Scheiben geschnitten

½ **Apfel** (z. B. Granny Smith oder Braeburn), entkernt, in dünne
  Scheiben, dann in 2–3 cm große Stücke geschnitten

½ TL **Meersalz**

¼ TL frisch gemahlener **schwarzer Pfeffer**

1 **Knoblauchzehe,** gehackt

1 Bündel **Rote-Bete-Grün** oder **Mangold,** Blätter und Stiele ausei-
  nandergerupft, alles in je 2–3 cm große Stücke geschnitten

1 EL **unraffinierter Zucker**

2 EL **Rotweinessig**

1 Prise gemahlene **Nelken**

120 ml salzarme **Hühner-** oder **Gemüsebrühe**

NÄHRWERTE/PORTION:

kcal: 74 (aus Fett: 23) |

Eiweiß: 2 g |

Kohlenhydrate: 12 g |

Fett: 3 g (davon gesättigte

Fettsäuren: 0,5 g,

Transfettsäuren: 0 g) |

Ballaststoffe: 2 g |

Salz: 303 mg |

Cholesterin: 0 mg

ZUBEREITUNG

1. Olivenöl in einer großen Pfanne bei mittlerer Hitze erwärmen. Zwie-beln, Apfelstücke sowie Salz und Pfeffer in die Pfanne geben und etwa 3 Minuten weich dünsten. Knoblauch hinzufügen und noch einmal 1 Minute garen.

2. Die Rote-Bete-Stiele (ohne Blätter), Zucker, Rotweinessig, gemahlene Nelken und Brühe in die Pfanne geben und gut verrühren. Halb zuge-deckt 8 bis 10 Minuten köcheln lassen, bis die Stiele „al dente" sind. Die Bete-Blätter unterrühren, Pfanne zudecken und noch 1 Minute garen.

Portionen: 4
Vorbereitung:
10 Minuten
Zubereitung:
15–20 Minuten

Gerösteter Delicata-Kürbis

Wenn Sie noch nie Delicata-Kürbis probiert haben, müssen Sie dies jetzt unbedingt nachholen! Er verfügt über eine längliche Form und eine gelbe Schale mit grünen oder grün-orangenen Streifen. Delicata-Kürbisse schmecken leicht süß – sie werden deshalb auch „Süßkartoffelkürbis" genannt – und ihr Fruchtfleisch hat eine sahnige Konsistenz.

ZUTATEN

1 Bio-**Delicata-Kürbis,** gut gewaschen, ungeschält
1 EL natives **Olivenöl extra**
¼ TL **Kräuter der Provence**
½ TL **Meersalz**
¼ TL frisch gemahlener **schwarzer Pfeffer**

NÄHRWERTE/PORTION:
kcal: 45 (aus Fett: 34) |
Eiweiß: 1 g |
Kohlenhydrate: 9 g |
Fett: 4 g (davon gesättigte
Fettsäuren: 0,5 g,
Transfettsäuren: 0 g |
Ballaststoffe: 1 g |
Salz: 306 mg |
Cholesterin: 0 mg

ZUBEREITUNG

1. Backofen auf 220° C vorheizen. Den Kürbis der Länge nach halbieren. Fasern und Kerne entfernen (die Kerne können Sie säubern und rösten). Dann die Kürbishälften mit der flachen Seite nach unten auf ein Schneidebrett legen und in 1 bis 2 cm dicke Halbringe schneiden.

2. Kürbisstücke auf ein Backblech legen und mit Olivenöl beträufeln. Kräuter der Provence sowie Salz und Pfeffer darüberstreuen und gleichmäßig einreiben. Den Kürbis in einer Lage im Backofen 15 bis 20 Minuten backen, dabei einmal wenden. Am Ende sollte er weich und an der Oberfläche goldbraun sein. Der gesamte Kürbis ist essbar, auch die Schale!

Süßes

12

Süßes

Portionen: 6
Vorbereitung:
15 Minuten
Zubereitung:
55–60 Minuten

Pochierte Birnen

Diese gesunde und einfach zuzubereitende Leckerei ist hübsch anzusehen und kann dementsprechend auch gut bei einem schicken Abendessen mit Gästen serviert werden. „Pochiert" heißt in diesem Fall, dass die Birnen bei geringer Hitze in einer Mischung aus Rotwein, Orangensaft, Vanille, Honig und Gewürzen gar ziehen.

ZUTATEN

6 feste, reife **Birnen** (z. B. **Kaiser Alexander**), geschält,
    Kerngehäuse von unten herausgeschnitten, mit Stiel
1 **Vanilleschote** | 240 ml **Rotwein**
240 ml frischer **Orangensaft** | 1 EL abgeriebene **Orangenschale**
1 **Zimtstange** | 2 **Sternanis**
2 Scheiben frischer **Ingwer**
3 EL **Honig** | 960 ml **Wasser**

NÄHRWERTE/PORTION:

kcal: 187 (aus Fett: 10) |
Eiweiß: 1 g |
Kohlenhydrate: 39 g |
Fett: 1 g (davon
gesättigte Fettsäuren: 0 g,
Transfettsäuren: 0 g) |
Ballaststoffe: 4 g |
Salz: 9 mg |
Cholesterin: 0 mg

ZUBEREITUNG

1. Birnen an der Unterseite etwas begradigen, damit sie beim Servieren auf den Teller gestellt werden können. In einen Topf legen, der groß genug ist, dass alle Birnen nebeneinander Platz haben. Vanilleschote längs aufschneiden und mit einem kleinen Messer das Mark herauskratzen. Schoten und Mark zusammen mit den restlichen Zutaten in den Topf geben.

2. Flüssigkeit zum Köcheln bringen. Birnen zugedeckt 15 bis 20 Minuten pochieren, bis sie weich sind. (Sollte die Flüssigkeit die Birnen nicht ganz bedecken, die Birnen während des Pochierens vorsichtig einmal umdrehen). Um zu prüfen, ob die Birnen gar sind, mit einem Zahnstocher in die Birnen stechen – das Fruchtfleisch sollte keinen Widerstand mehr bieten.

3. Birnen herausnehmen und in einem großen Sieb abtropfen lassen. Die Pochierflüssigkeit in eine saubere Schüssel abseihen und wieder zurück in den Topf gießen, 25 bis 30 Minuten köcheln lassen, bis sich die Flüssigkeit auf etwa 250 ml reduziert hat. Die Konsistenz soll etwas weniger dick als Sirup sein.

4. Die Flüssigkeit mit einem Löffel auf sechs Dessertschalen verteilen und jeweils eine Birne in die Mitte stellen. Nach Wunsch neben jede Birne noch einen Klacks Honig-Vanille-Frischkäse geben. Sofort servieren oder in den Kühlschrank stellen und zu einem späteren Zeitpunkt gekühlt auf den Tisch bringen.

TIPP *Sie können die pochierten Birnen auch schon einen Tag vorher zubereiten.*

Himbeer-Crumble
mit Walnuss-Hafer-Topping

Die Oregon-Himbeere, auch Blaue Himbeere oder Blue Raspberry genannt, wurde ursprünglich im amerikanischen Bundesstaat Oregon gezüchtet, daher ihr Name. Inzwischen wird sie auch in Europa angeboten. Die dunkelblauen bis schwarzen Früchte sehen auf den ersten Blick fast wie Brombeeren aus. Sie sind robust und verfügen über einen vollen süß-herben Geschmack, wodurch sie sich perfekt für Streuselkuchen und Crumbles eignen.

ZUTATEN

600 g **Oregon-Himbeeren** und **Himbeeren,**
   gemischt (oder nur „normale" Himbeeren)
Saft von ½ **Zitrone**
2 TL **Pfeilwurzelpulver**
2 EL **Honig**
90 g entkernte **Datteln**
40 g **Haferflocken**
60 g **Hafermehl**
40 g rohe **Walnussstücke**
60 g zerlassene **Kokosbutter** (Bioqualität)
45 g **unraffinierter Zucker** (z. B. Sucanat)
¼ TL **Muskatnuss**
¼ TL **Zimt**
1 Prise **Meersalz**

NÄHRWERTE/PORTION:
kcal: 331 (aus Fett: 103) |
Eiweiß: 7 g |
Kohlenhydrate: 46 g |
Fett: 12 g (davon
gesättigte Fettsäuren: 6 g,
Transfettsäuren: 0 g) |
Ballaststoffe: 10 g |
Salz: 34 mg |
Cholesterin: 0 mg

ZUBEREITUNG

1. Backofen auf 175° C vorheizen. In einer mittelgroßen Schüssel Beeren, Zitronensaft, Pfeilwurzelpulver und Honig vermischen und in eine Auflaufform aus Glas oder Keramik füllen.

2. Die Datteln in eine Küchenmaschine geben und mittels Intervallmixen (Puls-Schalter) in kleine Stücke hacken. Die weiteren Zutaten hinzugeben und mixen, bis die Walnussstücke noch etwas kleiner und alle Zutaten gut vermischt sein. Die Dattel-Walnuss-Mischung gleichmäßig über die Beeren verteilen. Die Auflaufform auf den Rost in den Ofen (Mitte) stellen und das Crumble 40 bis 45 Minuten backen, bis die Beerenfüllung anfängt zu blubbern und das Topping leicht angebräunt ist. Warm servieren.

Engelskuchen
mit frischen Erdbeeren

Engelskuchen ist ein sehr luftiger Biskuitkuchen, der traditionell in einer Gugelhupfform gebacken wird. Bei seiner Zubereitung wird steif geschlagenes Eiweiß vorsichtig unter die anderen Zutaten gehoben. Für meine Version verwende ich Vollkornmehl statt Weißmehl, was aber dem Geschmack überhaupt keinen Abbruch tut. Jeder Bissen wird Ihnen auf der Zunge zergehen!

ZUTATEN

180 g **Vollkorn-Weizenmehl** | ½ TL **Meersalz**
10–12 **Eiweiß** | 1 EL kaltes **Wasser**
1 EL frischer **Zitronensaft** | 1 TL **Vanilleextrakt**
90 g **Vollrohrzucker** oder **Rohrohrzucker,** fein gemahlen
450 g frische **Erdbeeren,** geschnitten
1 TL **Honig**

NÄHRWERTE/PORTION:
kcal: 85 (aus Fett: 3) |
Eiweiß: 5 g |
Kohlenhydrate: 17 g |
Fett: 0 g (davon
gesättigte Fettsäuren: 0 g,
Transfettsäuren: 0 g) |
Ballaststoffe: 2 g |
Salz: 148 mg |
Cholesterin: 0 mg

ZUBEREITUNG

1. Backofen auf 175° C vorheizen und eine nicht eingefettete 26-cm-Gugelhupfform bereitstellen.

2. In einer kleinen Schüssel Mehl und Salz vermischen.

3. Mit einem elektrischen Handmixer Eiweiß, Wasser, Zitronensaft und Vanille in einer großen Schale 1 Minute bei kleinster Stufe verrühren, dann auf mittlerer Stufe etwa 2 Minuten schaumig schlagen; am Ende sollte das Volumen vier- bis fünfmal so groß wie am Anfang sein. Den Zucker hineinrieseln lassen und mindestens 2 Minuten rühren, bis eine schnittfeste, glänzende, weiße Masse entstanden ist. Mit einem Teigschaber vorsichtig etwa ein Fünftel der Mehlmischung unterheben. Nicht rühren! Dann das nächste Fünftel und so weiter. Den Teig in die Backform geben und glatt verstreichen.

4. Im Backofen 35 bis 38 Minuten backen, bis Sie einen eingeführten Zahnstocher ohne Teigrückstände herausziehen können. Die Gugelhupfform aus dem Ofen nehmen und auf einen Flaschenhals stecken, damit sie abkühlen kann. (Eine andere Möglichkeit wäre, die Form auf vier gleich hohe Gläser zu stellen.)

5. Zum Lösen des Biskuits ein dünnes Messer vorsichtig an der Innenseite der Backform entlangführen. Wenn der Teigboden nicht festklebt, den Kuchen vorsichtig herausheben. Andernfalls die Form umdrehen und ganz vorsichtig auf die Arbeitsfläche klopfen, damit sich der Kuchen löst. Den Kuchen dann in die Hände gleiten lassen und auf einem Kuchenrost auskühlen lassen.

6. Erdbeeren und Honig vermischen. Den Kuchen in zwölf Stücke teilen und auf jedes Stück knapp 40 g Erdbeeren geben.

Gestürzter Pflaumenkuchen

Wenn Sie bisher noch nicht so richtig wussten, was Sie mit Pflaumen anfangen können, außer sie roh zu essen, dann lernen Sie jetzt von mir, wie Sie diese süß bis herb schmeckenden Früchte zu einem schmackhaften, saftigen Kuchen verarbeiten.

ZUTATEN

2 EL plus 60 g native **Kokosbutter**

40 g **Vollrohrzucker** oder **Rohrohrzucker**

2 EL **Melasse** (ungeschwefelt)

8 reife **Pflaumen**, halbiert und entkernt

1 **Ei** | 2 **Eiweiß**

½ TL **Vanilleextrakt**

90 ml fettarme **Buttermilch**

120 g **Vollkorn-Weizenmehl** für Feingebäck

¾ TL **Backpulver**

¼ TL **Backnatron** | ¼ TL **Meersalz**

60 ml **Apfelmus** (ungesüßt) | 60 ml **Honig**

NÄHRWERTE/PORTION:
kcal: 132 (aus Fett: 20) |
Eiweiß: 2 g |
Kohlenhydrate: 27 g |
Fett: 2 g (davon
gesättigte Fettsäuren: 1 g,
Transfettsäuren: 0 g) |
Ballaststoffe: 3 g |
Salz: 96 mg |
Cholesterin: 16 mg

ZUBEREITUNG

1. Backofen auf 175° C vorheizen. 2 EL Kokosbutter in einer etwa 25 cm großen Eisenpfanne im Ofen zerlassen (oder durch Erhitzen auf dem Herd schmelzen). Pfanne schwenken, damit sich die Butter gleichmäßig verteilt. Dann Zucker und anschließend Melasse gleichmäßig in der Pfanne verteilen. Halbierte Pflaumen mit der Schnittseite nach unten hineinlegen.

2. In einer kleinen Schüssel Ei, Eiweiß, Vanille und 30 ml Buttermilch verquirlen.

3. Mehl, Backpulver, Backnatron und Salz in einer großen Schüssel vermengen. Apfelmus, Honig, 60 ml Buttermilch und 60 g zerlassene Kokosbutter hinzufügen und gründlich mischen. Ein Drittel der Eier-mischung zugeben und 1 Minute schlagen. Mit dem zweiten und dritten Drittel genauso verfahren, jeweils 30 Sekunden schlagen. Dazwischen die an der Innenseite der Schüssel hängende Masse wieder nach unten schieben. Den Teig auf den Pflaumen in der Pfanne gleichmäßig ver-streichen.

4. Kuchen im Backofen 35 bis 40 Minuten backen, bis Sie einen einge-führten Zahnstocher ohne Teigrückstände herausziehen können. Her-ausnehmen und 5 Minuten abkühlen lassen. Einen Teller umgekehrt auf die Pfanne legen und den Kuchen stürzen. Sollten noch Frucht- oder Teigreste in der Pfanne kleben, diese herausschaben und mit einem Löffel über den Kuchen geben. Warm oder mindestens bei Zimmertem-peratur servieren. Wenn nach zwei Tagen noch etwas übrig sein sollte, bitte einfrieren.

Portionen:
12 Scheiben
Vorbereitung:
15 Minuten
Zubereitung:
40 Minuten

Schokoladen-Mandel-Kuchen

Schokoholiker vor! Dieser Kuchen schmeckt einfach nur himmlisch! Der Trick ist das Hinzufügen von Mandelbutter zum Teig, die jeden Bissen mit einem fantastischen Schokoladen-Mandel-Geschmack bereichert. Ihre Gäste werden Sie um eine zweite Portion förmlich anflehen!

ZUTATEN

Eat-Clean-Kochspray (siehe Seite 347)
120 g plus 1 EL **Vollkorn-Weizenmehl**
50 g **Kakaopulver**
90 g **Vollrohrzucker** oder **Rohrohrzucker**
2 EL **Goldleinsamen**, geschrotet
1 TL **Backpulver**
1 TL **Backnatron**
½ TL **Meersalz**
2 **Eiweiß**
120 ml **Apfelmus** (ungesüßt)
120 ml fettarme **Buttermilch**
60 g naturbelassene ungesalzene **Mandelbutter**
½ TL **reiner Mandelextrakt**
240 ml frisch gebrühter, sehr heißer **Kaffee**
3 EL **Mandelscheiben,** geröstet

NÄHRWERTE/PORTION:
kcal: 149 (aus Fett: 47) |
Eiweiß: 5 g |
Kohlenhydrate: 23 g |
Fett: 6 g (davon
gesättigte Fettsäuren: 1 g,
Transfettsäuren: 0 g) |
Ballaststoffe: 3 g |
Salz: 221 mg |
Cholesterin: 1 mg

ZUBEREITUNG

1. Backofen auf 175° C vorheizen. Eine runde 24-cm-Springform mit Eat-Clean-Kochspray besprühen und mit 1 EL Mehl bestäuben. Überschüssiges Mehl abschütten.

2. 120 g Mehl, Kakaopulver, Zucker, Leinsamen, Backpulver, Backnatron und Salz in einer großen Schüssel mischen. Eiweiß, Apfelmus, Butter-milch, Mandelbutter und Mandelextrakt unterrühren. Den heißen Kaf-fee vorsichtig mit einem Schneebesen unterschlagen. Der Teig ist dann relativ dünn.

3. Den Teig in die Form gießen. Etwa 40 Minuten im Ofen backen. Für die Garprobe einen Zahnstocher in der Mitte einstechen. Bleibt kein Teig daran hängen, ist der Kuchen gar. Den Kuchen 10 Minuten abküh-len lassen, aus der Form herausholen und auf einen Kuchenrost stellen. Mit gerösteten Mandeln bestreuen und in Stücke schneiden.

Süßkartoffelpudding
mit gewürzten Walnusshaufen

Pudding ist ein traditionelles Dessert, das durch Aufkochen von Milch mit Eiern entsteht. In meiner Version verwende ich Tofu und pürierte Süßkartoffeln als Zutaten. Damit eignet sich dieser delikate Pudding auch für Veganer.

Hinweis: Das Süßkartoffelpüree muss im Voraus zubereitet werden.

ZUTATEN FÜR DEN SÜSSKARTOFFELPUDDING

900 g **Süßkartoffelpüree**
375 g **Seidentofu,** gut abgetropft
2 EL **Honig**
1 TL gemahlene **Vanille**
1 TL frisch gepresster **Zitronensaft**
1 TL fein geriebene **Zitronenschale**
¼ TL gemahlener **Zimt**
Je ⅛ TL gemahlene **Nelken, Muskatnuss** und **Ingwer**
⅛ TL **Meersalz**

ZUTATEN FÜR DIE GEWÜRZTEN WALNUSSHAUFEN

80 g **Walnüsse,** gehackt
2 EL **unraffinierter Zucker**
½ TL frischer **Rosmarin,** fein gehackt
⅛ TL **Cayennepfeffer**
¼ TL **Meersalz**
1 TL **schwarze Melasse** (ungeschwefelt)

NÄHRWERTE/PORTION:
kcal: 184 (aus Fett: 54) |
Eiweiß: 6 g |
Kohlenhydrate: 26 g |
Fett: 6 g (davon
gesättigte Fettsäuren: 1 g,
Transfettsäuren: 0 g) |
Ballaststoffe: 2 g |
Salz: 181 mg |
Cholesterin: 0 mg

ZUBEREITUNG

1. Alle Zutaten für den Pudding in einen Standmixer oder eine Küchenmaschine geben und mixen. Maschine anhalten und mit einem Gummispatel das herunterschieben, was an der Innenseite des Behälters festhängt. Noch einmal 30 Sekunden mixen, bis eine cremige Masse entstanden ist. Masse abgedeckt für mindestens 2 Stunden in den Kühlschrank stellen, damit die Creme fest wird.

2. Backofen auf 175° C vorheizen. Die Walnüsse auf ein Backblech legen und im Ofen etwa 5 Minuten rösten, bis sie zu duften beginnen (aufpassen, dass sie nicht anbrennen). Währenddessen Zucker, Rosmarin, Cayennepfeffer und Salz in einer kleinen Schüssel vermischen. Die gerösteten Nüsse dazugeben und alles gut verrühren. Melasse untermischen, bis alle Nüsse damit überzogen sind. Mithilfe von zwei Teelöffeln kleine Häufchen der Nussmischung auf das Backblech setzen. Für 1 Minute in den Backofen geben. Haufen abkühlen und härten lassen.

3. Zum Servieren etwa 120 g der Puddingcreme in eine Dessertschüssel geben und mit 1 gehäuften EL der Walnusshaufen bestreuen.

Rhabarber-Walnuss-Torta

Das Wort „Torta" hat in verschiedenen Kulturen unterschiedliche Bedeutungen. In Mexico steht „torta" für Sandwich, in Italien für eine Fleisch-Käse-Pastete. In Spanien und Südamerika ist eine „torta" in der Regel ein Kuchen oder eine Torte, so wie in diesem Rezept.

ZUTATEN

80 g **Walnüsse,** gehackt
Schale und Saft von ½ **Orange** (unbehandelt)
40 g getrocknete **Cranberrys**
120 g **Vollkorn-Weizenmehl**
1 ½ TL **Backpulver**
1 TL gemahlener **Zimt**
¼ TL **Meersalz**
1 **Ei**
4 **Eiweiß**
60 g **Vollrohrzucker** oder **Rohrohrzucker**
60 ml natives **Kokosöl**
1 TL **Vanilleextrakt**
200 g **Rhabarber,** in 1–2 cm große Stücke geschnitten
Eat-Clean-Kochspray (siehe Seite 347)

NÄHRWERTE/PORTION:
kcal: 208 (aus Fett: 108) |
Eiweiß: 6 g |
Kohlenhydrate: 15 g |
Fett: 12 g (davon
gesättigte Fettsäuren: 6 g,
Transfettsäuren: 0 g) |
Ballaststoffe: 3 g |
Salz: 99 mg |
Cholesterin: 21 mg

ZUBEREITUNG

1. Backofen auf 175° C vorheizen. Die Walnüsse auf ein Backblech legen und im Ofen etwa 5 Minuten goldbraun rösten. Zur Seite stellen.

2. In einer kleinen Pfanne Orangensaft und Cranberrys verrühren und kurz bei mittelhoher Hitze aufkochen. Vom Herd nehmen und beiseitestellen, damit die Cranberrys aufquellen können.

3. In einer kleinen Schüssel Orangenschale, Mehl, Backpulver, Zimt und Salz mischen.

4. In einer großen Schüssel Ei, Eiweiß, Zucker, Kokosöl und Vanille vermischen. Die trockenen Zutaten aus der kleinen Schüssel dazugeben und gründlich verrühren.

5. Cranberrys durch ein Sieb schütten, der Saft wird nicht mehr gebraucht. Mit einem Gummischaber Cranberrys, geröstete Walnüsse und Rhabarber vorsichtig unterheben. Der resultierende Teig soll dick und grob sein.

6. Eine 23 × 23 cm große Backform leicht mit Eat-Clean-Kochspray besprühen. Den Teig gleichmäßig in der Backform verteilen. Etwa 30 Minuten backen. Für die Garprobe einen Zahnstocher in der Mitte einstechen. Bleibt kein Teig daran hängen, ist der Kuchen fertig. Noch warm servieren.

Portionen: 6
Vorbereitung:
10 Minuten
Zubereitung:
0 Minuten
Abkühlzeit:
1–2 Stunden

Obstkaltschale

Diese wohltuende Kaltschale aus Obst ist ein leichtes Dessert. Wer die Eat-Clean-Diät befolgt, ist damit bestens bedient. Besonders an warmen Sommerabenden stellt diese „Suppe" eine perfekte Erfrischung dar.

ZUTATEN

880 g sehr reife **Cantaloupe-Melone,** klein geschnitten

300 g sehr reife frische **Ananas,** Strunk entfernt, klein geschnitten

160 g frische **Erdbeeren,** halbiert

Saft von 1 **Limette**

480 ml ungesüßter **Kombucha-Tee (Bioqualität)**

frische **Minze** zum Garnieren

NÄHRWERTE/PORTION:
kcal: 83 (aus Fett: 3) |
Eiweiß: 1 g |
Kohlenhydrate: 22 g |
Fett: 0 g (davon
gesättigte Fettsäuren: 0 g,
Transfettsäuren: 0 g) |
Ballaststoffe: 2 g |
Salz: 22 mg |
Cholesterin: 0 mg

ZUBEREITUNG

1. Melonenstücke, Ananasstücke, Erdbeeren und Limettensaft in einen Standmixer oder eine Küchenmaschine geben und mehrere Minuten cremig mixen.

2. Obstcreme etwa 1 bis 2 Stunden abgedeckt in den Kühlschrank stellen. Vor dem Servieren den Kombucha-Tee hineinrühren, aber nicht mehr mixen. Die Suppe in Schüsseln geben und mit etwas Minze garnieren.

Portionen: 4
Vorbereitung:
15 Minuten
Zubereitung:
25–30 Minuten

Heidelbeer-Plinsen

Eine Plinse ist ein runder Eierkuchen, ähnlich einem Crêpe, der mit einer leckeren Füllung versehen und zusammengerollt gegessen wird.

Hinweis: Frischkäse muss im Voraus zubereitet werden.

ZUTATEN FÜR DEN TEIG

60 ml fettarme **Milch** (1,5 % Fett) | 60 ml **Wasser** | 1 **Ei** | 1 **Eiweiß**
½ TL **Honig** | 1 TL **Kokosöl**, zerlassen | 60 g **Vollkorn-Weizenmehl** | 1 Prise **Meersalz** | **Eat-Clean-Kochspray** (siehe Seite 347)

ZUTATEN FÜR DIE KÄSEFÜLLUNG

120 ml **Frischkäse aus Joghurt** (siehe Seite 346)
120 ml fettarmer **Ricotta** | Schale von ½ **Zitrone** (unbehandelt)
1 TL **Honig** | ½ TL **Vanilleextrakt**

ZUTATEN FÜR DIE HEIDELBEERSOSSE

320 g frische oder gefrorene **Heidelbeeren** | Saft von ½ **Zitrone**
1 TL **Honig** | ½ TL **Pfeilwurzelpulver**

NÄHRWERTE/PORTION:
kcal: 178 (aus Fett: 43) |
Eiweiß: 9 g |
Kohlenhydrate: 26 g |
Fett: 5 g (davon
gesättigte Fettsäuren: 2 g,
Transfettsäuren: 0 g) |
Ballaststoffe: 4 g |
Salz: 91 mg |
Cholesterin: 8 mg

ZUBEREITUNG

1. Alle Teigzutaten in einen Standmixer geben und etwa 15 Sekunden pürieren, bis eine homogene Masse ohne sichtbare Klümpchen entstanden ist. Den Mixer anhalten, an der Innenseite des Mixbehälters haftende Bestandteile herunterschieben und noch einmal ein paar Sekunden mixen. Den Teig 15 Minuten im Kühlschrank ruhen lassen.

2. In einer kleinen Schüssel die Zutaten der Käsefüllung gründlich miteinander vermischen. In den Kühlschrank stellen.

3. Die Zutaten der Heidelbeersoße in eine kleine Pfanne geben und unter Rühren 3 bis 5 Minuten köcheln lassen, bis die Heidelbeeren teilweise auseinandergefallen sind. Soße abkühlen lassen, damit sie etwas eindickt.

4. Eine beschichtete Pfanne mit 20 cm Durchmesser erhitzen und mit Eat-Clean-Kochspray besprühen. Einen Schöpflöffel Teig (ca. 60 ml) in die Pfanne geben und den Teig darin verlaufen lassen. Rund 30 Sekunden bei mittlerer Hitze backen, bis sich der Rand leicht bräunlich verfärbt. Die Plinse mit einem Pfannenwender lockern und die Pfanne hin und her rütteln. Sobald sich die Plinse in der Pfanne bewegen lässt, wenden und etwa 10 Sekunden von der anderen Seite backen. Auf einem Teller (oder Backblech) stapeln. Diesen Vorgang wiederholen, bis der Teig aufgebraucht ist, normalerweise reicht er für 5 bis 6 Plinsen.

5. Die einzelnen Plinsen auf einem Teller mit der Käsefüllung bestreichen und vorsichtig aufrollen. Je 60 ml Heidelbeersoße darübergeben.

Beeren-Zitronen-Parfait

Um ein süßes Dessert zuzubereiten, brauchen Sie weder Zucker noch künstliche Süßstoffe. Beeren zum Beispiel sind ganz natürliche Süßmacher und noch dazu gut für Ihre Gesundheit. Beim Genuss dieses verführerischen Parfaits müssen Sie also keinerlei schlechtes Gewissen haben.

Hinweis: Frischkäse muss im Voraus zubereitet werden.

ZUTATEN FÜR DIE ZITRONENCREME

240 ml **Frischkäse aus Joghurt** (siehe Seite 346), gut abgetropft
375 g **Seidentofu,** gut abgetropft
2 EL **Honig**
1 TL frisch gepresster **Zitronensaft**
1 TL fein geriebene **Zitronenschale** (unbehandelt)
½ TL gemahlene **Vanille**
1 kleine Prise **Meersalz**

ZUTATEN FÜR DIE BEERENMISCHUNG

160 g frische oder gefrorene **Heidelbeeren**
150 g frische oder gefrorene **Erdbeeren,** gezupft und geschnitten
1 EL frisch gepresster **Zitronensaft**
½ TL fein geriebene **Zitronenschale** (unbehandelt)
1 TL **Honig**
½ TL **Pfeilwurzelpulver**

ZUM GARNIEREN, NACH WUNSCH

frische **Heidelbeeren** und **Erdbeerhälften**
frische **Minze-Zweiglein**

NÄHRWERTE/PORTION:
kcal: 104 (aus Fett: 15) |
Eiweiß: 6 g |
Kohlenhydrate: 16 g |
Fett: 2 g (davon
gesättigte Fettsäuren: 0 g,
Transfettsäuren: 0 g) |
Ballaststoffe: 1 g |
Salz: 37 mg |
Cholesterin: 0 mg

ZUBEREITUNG

1. Die Zutaten für die Zitronencreme in einen Standmixer geben und pürieren. Den Mixer anhalten, die an der Innenseite des Mixbehälters haftenden Bestandteile herunterschieben und noch einmal 30 Sekunden mixen. Mit einem Gummischaber in einen anderen Behälter geben, abgedeckt für mindestens 2 Stunden in den Kühlschrank stellen.

2. Die Zutaten für die Beerenmischung bei mittlerer Hitze in einem kleinen Topf kurz aufkochen und dann 2 bis 3 Minuten köcheln lassen, bis die Flüssigkeit eindickt (die Beeren sollen ganz bleiben). In eine Schüssel umfüllen und kalt stellen.

3. Die Parfaits in dekorativen Gläsern anrichten, zum Beispiel Martinigläser oder speziellen Parfaitgläser. Dazu jeweils 30 ml Beerenmischung, dann 60 ml Zitronencreme, wieder 30 ml Beeren und abschließend 60 ml Creme schichten. Nach Wunsch mit frischen Beeren und/oder frischer Minze garnieren. Sofort servieren.

Portionen: 8
Vorbereitung:
15 Minuten
Zubereitung:
90 Minuten
Abkühlzeit: 1 Stunde

Pavlova
mit frischen Sommerbeeren

Pavlova ist eine Torte aus einer fettfrei gebackenen Baisermasse, benannt nach der russischen Ballerina Anna Pawlowa. Nur die äußere Hülle der Torte ist hart, das Innere bleibt weich.

Hinweis: Frischkäse muss im Voraus zubereitet werden.

ZUTATEN

4 große **Eiweiß** (Zimmertemperatur) | ⅛ TL **Weinstein-Backpulver**
1 Prise **Meersalz** | 90 g **Rohzucker,** sehr fein gemahlen
1 TL **Pfeilwurzpulver** | 1 TL **klarer Essig**
240 ml **Frischkäse aus Joghurt** (siehe Seite 346) | 1 EL **Agavensirup**
½ TL **Vanilleextrakt** | Schale von ½ **Zitrone** (unbehandelt)
300 g **frische Beerenmischung** (z. B. aus Heidelbeeren, Brombeeren, Himbeeren und Erdbeeren, (in Viertel oder dünne Scheiben geschnitten)
1 bis 2 **Kiwis,** geschält, der Länge nach geviertelt und in Scheiben geschnitten

NÄHRWERTE/PORTION:
kcal: 106 (aus Fett: 1) |
Eiweiß: 5 g |
Kohlenhydrate: 23 g |
Fett: 0 g (davon
gesättigte Fettsäuren: 0 g,
Transfettsäuren: 0 g) |
Ballaststoffe: 2 g |
Salz: 57 mg |
Cholesterin: 0 mg

ZUBEREITUNG

1. Backofen auf 120° C vorheizen und Rost auf der mittleren Schiene platzieren.

2. Backpapier mit der Unterseite nach oben auf ein Backblech legen. Eine 24-cm-Springform darauflegen und mit einem Bleistift den Umriss auf das Backpapier übertragen. Backpapier wieder umdrehen.

3. Eiweiß, Backpulver und Salz mit dem Rührbesen eines elektrischen Handrührgeräts bei höchster Stufe etwa 2 Minuten zu einem festen Eischnee schlagen. Einen Teelöffel Zucker nach dem anderen in den Eischnee geben und bei mittlerer Stufe etwa 2 Minuten weiterrühren, bis sich der Zucker gelöst hat und sich glänzende Spitzen gebildet haben.

4. Pfeilwurzpulver und Essig auf den Eischnee geben. Mit einem Gummispatel vorsichtig unterheben (nicht rühren!). Die Baisermasse im vorgezeichneten Kreis auf dem Backpapier verteilen und glatt streichen. In der Mitte eine kleine Mulde hineindrücken.

5. Die Masse 90 Minuten backen. Backofen ausschalten und das fertige Baiser noch 1 Stunde (oder über Nacht) bei leicht geöffneter Backofentür abkühlen lassen.

6. In einer kleinen Schüssel Frischkäse, Agavensirup, Vanilleextrakt und Zitronenschale vermischen.

7. Das Baiser auf eine Kuchenplatte legen. Die Joghurtmischung darauf verstreichen und mit Beeren und Kiwistücken verzieren. Sofort servieren.

TIPP

Bei der Zubereitung von Baiser ist es sehr wichtig, dass das Eiweiß Zimmertemperatur hat und nicht auch nur einen Tropfen Eigelb enthält. Die verwendeten Küchengeräte müssen vollkommen sauber sein.

Süßungsmittel

Die wenigsten Menschen schaffen es, ohne eine Süßigkeit hie und da durchs Leben zu gehen. Manche haben eine besondere Vorliebe für Süßes und starten bereits mit gesüßtem Kaffee und Müsli in den Tag. Bevor Sie sich weiterhin süßen Verführungen hingeben, lesen Sie einmal gründlich diese beiden Seiten, auf denen ich Ihnen die wichtigsten Informationen zu den verschiedenen Arten von Zucker und chemischen Süßstoffen zusammengestellt habe. Übrigens: Nur weil Süßstoffe kaum Kalorien haben, heißt das noch lange nicht, dass ich sie Ihnen zum Verzehr empfehle. Zucker und Honig genieße ich ab und zu ganz bewusst (Obst sowieso), von allem anderen lasse ich persönlich die Finger, egal ob die gesundheitlichen Risiken nachgewiesen sind oder nicht. Warum sollte ich diesbezüglich überhaupt Risiken eingehen? Ich halte mich lieber an das Echte!

NATÜRLICHE SÜSSMITTEL

AGAVENSIRUP

Andere Bezeichnungen: Agavennektar
Herkunft: Agavenpflanze (aus der auch Tequila hergestellt wird)
Produkte: Agavensirup in Glas-/Plastikbehältern
Risiken: Erhöht nicht so schnell den Blutzuckerspiegel wie Haushaltszucker, sollte aber trotzdem nur in Maßen verwendet werden.

STEVIA

Andere Bezeichnungen: Truvia
Herkunft: Stevia-Pflanze
Produkte: flüssig oder pulverförmig
Risiken: natürliches, kalorienarmes Süßungsmittel, das bisher als sicher angesehen wird.
Hinweis: Sparsam verwenden, da es einen leicht bitteren Nachgeschmack hat.

UNRAFFINIERTER ZUCKER

Andere Bezeichnungen: Rohzucker, Gerstenmalz oder -zucker, schwarze Melasse, Zuckerrohr, Zuckerrohrzucker, Zuckerrohrsaftkristalle, Rohrohrzucker, Demerara-Zucker, verdampfter Zuckerrohrsaft, Ahornsirup, Melasse, Muskovade, Sucanat und Turbinado-Zucker
Herkunft: Früchte, Saft oder Pflanzen
Produkte: in der Regel eigenständig verkauft, aber manchmal in verpackten natürlichen Lebensmitteln enthalten

Risiken: Diese Zuckerprodukte sind zwar weniger verarbeitet, haben aber die gleiche Wirkung auf den Blutstrom wie Zucker. Sie enthalten jedoch mehr Mikronährstoffe als reine Saccharose.

FRUKTOSE

Andere Bezeichnungen: Fruchtzucker, Johannisbrotsirup, Maissirup, kristalline Fruktose, Palmzucker, Sirup, Fruchtsaft, Fruchtsaftkonzentrat und Honig
Herkunft: Honig, Früchte oder Pflanzen
Produkte: Ahornsirup, Agavensirup (siehe oben), Honig, Melasse, Obst, Fruchtsäfte und Fruchtsaftkonzentrate
Risiken: Zu viel Fruktose kann zu Diabetes und Leberschäden führen.

SACCHAROSE

Andere Bezeichnungen: Rübenzucker, Zucker, brauner Zucker, Kristallzucker, Haushaltszucker, Karamell, Streuzucker, Staubzucker, Dextran, Dextrin, goldener Zucker oder Sirup, Farinzucker, Puderzucker, Zuckerrohrsirup, Melasse, Sucrose
Herkunft: Zuckerrohr oder Zuckerrüben
Produkte: Haushaltszucker, Backwaren, Müslimischungen, Desserts, Soßen und fast überall
Risiken: Zu viel Saccharose kann zu Zellschäden, Karies und Diabetes führen.
Hinweis: Wenn Sie diese Art Zucker essen müssen oder wollen, tun Sie es auf vollen Magen,

denn dadurch wird die Belastung für den Blutzucker verringert.

HIGH-FRUCTOSE-CORN-SIRUP (HFCS)
Herkunft: Maisstärke
Produkte: Softdrinks, Backwaren, Gewürze und die meisten anderen verarbeiteten Lebensmittel
Risiken: Es ist gut dokumentiert, dass dieses Produkt zu Blutzuckerspitzen führt, die Freisetzung von Leptin blockiert (das Hormon, das Ihnen mitteilt, dass Sie satt sind, also appetitzügelnd wirkt) und eng mit dem Auftreten von Diabetes und Fettleibigkeit verbunden ist.

Achtung!
Zucker versteckt sich auch hinter folgenden Namen: Dextrose, D-Mannose, Galactose, Glukose, feste Bestandteile (in Flüssigkeiten), Traubenzucker, Invertzucker, Laktose, Malz, Maltodextrin, Maltose und Reissirup.

KÜNSTLICHE SÜSSSTOFFE

SACCHARIN
Andere Bezeichnungen: Sweet n' Low, Tab Soda und Sugar Twin
Herkunft: synthetischer Lebensmittelzusatzstoff
Produkte: Tafelsüßstoffe und Zahnpasta
Risiken: Versuche, ein Verbot dieses Produkts zu erreichen, sind gescheitert. Stattdessen mussten saccharinhaltige Lebensmittel in den USA ab 1978 mit einem Warnhinweis versehen werden. Im Jahr 2000 wurde diese Regelung aber wieder aufgehoben.

ASPARTAM
Andere Bezeichnungen: Equal und NutraSweet
Herkunft: synthetischer Lebensmittelzusatzstoff
Produkte: über 6000 Produkte (Kaugummi, Diätprodukte, Füllungen, Desserts, Joghurt und Vitamine)
Risiken: Über die Gesundheitsgefahren (z. B. Zusammenhang mit Entstehung von Krebs, Alzheimer u. a.) gibt es verschiedene kontroverse Studien. Auf jeden Fall darf Aspartam von Menschen mit der Stoffwechselerkrankung Phenylketonurie nicht konsumiert werden.

Hinweis: Verwenden Sie Aspartam keinesfalls beim Backen, weil es nicht hitzebeständig ist.

SUCRALOSE
Andere Bezeichnungen: Splenda
Herkunft: Chemisch abgewandelter Haushaltszucker
Produkte: Splenda, Süßigkeiten, Marmeladen, Gelees, alkoholfreie Getränke und verpackte Lebensmittel
Risiken: Derzeit gilt Sucralose als sicher, kann aber u. U. zu Verdauungsstörungen führen, weil es wichtige Verdauungsbakterien unterdrückt.
Hinweis: Ist hitzebeständig und kann deshalb auch zum Backen verwendet werden.

CYCLAMAT
Andere Bezeichnungen: Sweet 'n Low und Sugar Twin (Kanada)
Herkunft: synthetischer Lebensmittelzusatzstoff
Produkte: Tafelsüßstoffe
Risiken: In den USA und 55 anderen Ländern ist Cyclamat verboten. In Europa ist es für bestimmte Lebensmittel mit Höchstmengenbeschränkung zugelassen. Schwangere sollten kein Cyclamat zu sich nehmen.

ACESULFAM-K
Andere Bezeichnungen: Ace-K, Sunett und Sweet One
Herkunft: synthetischer Lebensmittelzusatzstoff
Produkte: Kaugummi, Süßigkeiten, Backwaren, alkoholfreie Getränke, Milchprodukte, Konserven und Alkohol
Risiken: Die Sicherheit wird noch diskutiert.
Zusätzlicher Hinweis: Wird in Kombination mit anderen Süßstoffen verwendet, weil es selbst nicht gut schmeckt.

ZUCKERALKOHOLE
Andere Bezeichnungen: Maltitol, Xylitol, Sorbitol, Ethyl Maltol, Erythritol und Mannitol
Herkunft: synthetischer Lebensmittelzusatzstoff
Produkte: Zahnpasta, Mundwasser, Bonbons und Kaugummi
Risiken: Kann zu Magenschmerzen und Durchfall führen.

Zutaten auf Vorrat

13

Zutaten auf Vorrat

Frischkäse

Der Joghurt, den Sie für dieses Rezept verwenden, muss naturbelassen und frei von Gelatine oder anderen Bindemitteln sein.

ZUTATEN

2 l fettarmer **Naturjoghurt** auf Milch- oder Sojabasis

ZUBEREITUNG

1. Ein Sieb mit vier Schichten Mull oder Käseleinen auslegen und auf eine große Schüssel setzen.

2. Joghurt in das vorbereitete Sieb geben und über Nacht im Kühlschrank abtropfen lassen.

3. Flüssigkeit aus der Schüssel abgießen.

Chipotle-Ranchero-Soße

Für Huevos Rancheros auf Seite 25 verwenden.
Diese Soße kann gut im Voraus zubereitet und bis zu eine Woche lang im Kühlschrank aufbewahrt werden. Ihre Huevos Rancheros zum Frühstück können Sie dann ganz fix zubereiten. Die Soße eignet sich aber auch als Zugabe zu Burritos, Tacos und Fajitas – und sogar als Salatdressing!

ZUTATEN

1 TL natives **Olivenöl extra**
130 g **rote Zwiebel,** geschält, gehackt
3 **Knoblauchzehen,** gehackt
½ **rote Paprika,** entkernt und gehackt
2 **Chipotle** (geräucherter Jalapeño-Chili,
   eingelegt in Adobosoße), gehackt
1 TL gemahlener **Kreuzkümmel**
480 ml **cleane Tomatensoße**
60 ml salzarme **Hühner- oder Gemüsebrühe**
½ TL **Meersalz**
¼ TL frisch gemahlener **schwarzer Pfeffer**

ZUBEREITUNG

1. Olivenöl in einem mittelgroßen Topf bei mittlerer Hitze erwärmen. Zwiebeln, Knoblauch und Paprika hinzugeben und 5 Minuten dünsten.

2. Die weiteren Zutaten hinzufügen und 20 bis 25 Minuten köcheln lassen, bis Zwiebeln und Paprika weich sind und sich die Aromen vermischt haben. Mithilfe eines Standmixers oder Pürierstabes cremig mixen. Sofort verwenden oder in einem abgedeckten Behälter bis zu eine Woche im Kühlschrank aufbewahren.

Eat-Clean-Kochspray

ZUTATEN

natives **Olivenöl extra** oder anderes cleanes Speiseöl

ZUBEREITUNG

1. Olivenöl in eine lebensmitteltaugliche Sprühflasche gießen, um damit Pfannen oder Gemüse fettsparend zu besprühen.

Portionen: 6
Vorbereitung:
25 Minuten
Zubereitung:
35 Minuten

Vegetarisches Chili

Für die Frühstücks-Tacos auf Seite 41 verwenden.

ZUTATEN

2 EL natives **Olivenöl extra**
1 große **Zwiebel**, geschält und gewürfelt
1 **rote Paprika**, Samen entfernt und gewürfelt
1 große **Karotte**, geschält und geraspelt
1 **Knoblauchzehe**, geschält und fein gewürfelt
3 EL **Paprikapulver**, edelsüß
1 EL **Kreuzkümmelsamen**, trocken geröstet
½ TL **Cayennepfeffer**
Salz | **Pfeffer**
2 Dosen **Kidneybohnen** (à 250 g)
1 Dose **schwarze Bohnen** (250 g)
1 Dose **Maiskörner** (250 g)
2 Dosen **stückige Tomaten** (à 400 g)
600 ml **Gemüsebrühe**
2 TL getr. **Oregano**
2 TL getr. **Basilikum**
1 Rippchen **dunkle Schokolade** (75 % Kakao), gehackt
Saft von 1 **Zitrone**

NÄHRWERTE/PORTION:
kcal: 329 (aus Fett: 72) |
Eiweiß: 15 g |
Kohlenhydrate: 56 g |
Fett: 8 g |
Ballaststoffe: 15 g |
Salz: 1.190 mg

ZUBEREITUNG

1. Das Öl in einem großen Topf erhitzen, darin Zwiebel, Paprika und Karotte anschwitzen. Paprikapulver, Kreuzkümmelsamen und Chiliflocken zugeben, kräftig mit Salz und Pfeffer würzen und bei kleiner Hitze unter gelegentlichem Rühren 10 Minuten weitergaren.

2. Übrige Zutaten zugeben und zugedeckt 20 Minuten lang simmern lassen. Mit Salz und Pfeffer abschmecken.

Portionen: 16 × 2 EL
Vorbereitung:
10 Minuten
Ruhezeit:
120 Minuten

Kräuterfrischkäse

Dieser Frischkäse eignet sich als Brotaufstrich, Wrap-Füllung oder Pasta-soße. Mit etwas Essig vermischt, erhalten Sie ein cremiges Salatdressing. *Für die Kanapees mit Garnelen und Kräuterfrischkäse auf Seite 73 verwenden.*

ZUTATEN

480 ml **Frischkäse aus Joghurt** (siehe
   Seite 346), gut abgetropft
½ TL **Schalotte,** klein geschnitten
½ TL **Knoblauch,** klein geschnitten
2 TL **Schnittlauchröllchen**
2 TL frisches **Basilikum,** gehackt
1 TL frischer **Dill,** gehackt
1 TL frischer **Zitronensaft**
¼ TL **Meersalz**
⅛ TL frisch gemahlener **schwarzer Pfeffer**

NÄHRWERTE/PORTION:
kcal: 15 (aus Fett: 0) |
Eiweiß: 3 g |
Kohlenhydrate: 1 g |
Fett: 0 g (davon
gesättigte Fettsäuren: 0 g,
Transfettsäuren: 0 g) |
Ballaststoffe: 0 g |
Salz: 40 mg |
Cholesterin: 0 mg

ZUBEREITUNG

1. Alle Zutaten in eine Küchenmaschine oder Mixer geben. Etwa 15 Sekunden mixen, bis die Zutaten verbunden sind und der Frischkäse cremig ist. Möglichst 2 Stunden kalt stellen, damit sich die Mischung setzen kann. Für die Kanapees mit Garnelen und Kräuterfrischkäse werden nur 50 bis 60 ml dieses Aufstrichs benötigt. Den Rest können Sie gegebenenfalls bis zu drei Tage im Kühlschrank aufbewahren.

Portionen: 8 × 2 EL
**Vor- und
Zubereitung:**
10 Minuten

Cleane Cocktailsoße

Für die Meeresfrüchteplatte von Seite 78 verwenden.

ZUTATEN

½ mittelgroße **Tomate,** entkernt
   und fein gehackt
120 ml **Tomatensoße** (ohne Salz)
2 TL **Meerrettich**
2 TL frischer **Zitronensaft**
1 TL **Honig**
½ TL **Worcestersoße**
¼ TL **scharfe Soße,** z. B. Tabasco
½ TL **Meersalz**

NÄHRWERTE/PORTION:
kcal: 11 (aus Fett: 0) |
Eiweiß: 0 g |
Kohlenhydrate: 3 g |
Fett: 0 g (davon
gesättigte Fettsäuren: 0 g,
Transfettsäuren: 0 g) |
Ballaststoffe: 0 g |
Salz: 134 mg |
Cholesterin: 0 mg

ZUBEREITUNG

1. Alle Zutaten in einer kleinen Schüssel gut verrühren und bis zum Servieren kalt stellen.

Pistou mit Frühlingszwiebeln

Portionen: 24 × 2 TL
Vor- und Zubereitung:
10 Minuten

„Pistou" ist das französische Wort für „Pesto"; dieses wird aber ohne Käse zubereitet. Die kalte Soße wird zu Suppen, Pasta und Getreidespeisen gereicht oder dient als Zutat für gegrilltes oder gedämpftes Gemüse.
Für die sommerliche Gemüseplatte auf Seite 58 verwenden.

ZUTATEN

3 **Frühlingszwiebeln,** in etwa
    10 cm große Stücke geschnitten
60 g frisches **Basilikum** | 60 g frische **Minze**
2 **Knoblauchzehen,** zerdrückt | Saft und
    Schale von 1 **Zitrone** (unbehandelt)
2 EL **Rotweinessig** | 30 g **Walnussstücke**
½ TL **Meersalz** | ¼ TL frisch
    gemahlener **schwarzer Pfeffer**
120 ml natives **Olivenöl extra**

NÄHRWERTE/PORTION:
kcal: 34 (aus Fett: 27) |
Eiweiß: 1 g |
Kohlenhydrate: 1 g |
Fett: 3 g (davon
gesättigte Fettsäuren: 0 g,
Transfettsäuren: 0 g) |
Ballaststoffe: 1 g |
Salz: 41 mg |
Cholesterin: 0 mg

ZUBEREITUNG

1. Frühlingszwiebeln, Basilikum, Minze und Knoblauch in eine Küchenmaschine geben und mixen, bis das Gemüse grob gehackt ist.

2. Zitronensaft und -schale, Rotweinessig, Walnussstücke sowie Salz und Pfeffer hinzufügen und erneut mixen. Langsam das Olivenöl zugeben und gut vermischen. Für die Gemüseplatte werden nur 60 ml benötigt. Den Rest mit einer Klarsichtfolie abdecken und bis zu einer Woche im Kühlschrank bzw. bis zu drei Monate im Tiefkühlfach aufbewahren.

Tahinasoße

Portionen: 8 × 2 EL
Vor- und Zubereitung:
5 Minuten

Tahina ist eine Paste aus gemahlenen Sesamkörnern. Sie stammt aus der arabischen Küche und ist eine Grundzutat für Soßen, die mit Fleisch, Gemüse und Salat gereicht werden.
Für Linsenfalafel mit Curry auf Seite 184 verwenden.

ZUTATEN

1 **Knoblauchzehe,** zerdrückt | 120 ml **Tahini,**
gut verrührt | 80 ml frischer **Zitronensaft**
3 EL natives **Olivenöl extra**

NÄHRWERTE/PORTION:
kcal: 144 (aus Fett: 120) |
Eiweiß: 3 g |
Kohlenhydrate: 6 g |
Fett: 13 g (davon
gesättigte Fettsäuren: 2 g,
Transfettsäuren: 0 g) |
Ballaststoffe: 1 g |
Salz: 150 mg |
Cholesterin: 0 mg

ZUBEREITUNG

1. Alle Zutaten außer dem Olivenöl in einen Standmixer oder eine Küchenmaschine geben und pürieren. Während das Gerät läuft, langsam das Olivenöl zugeben. Gut mischen. Gerät anhalten, die an der Innenseite des Behälters haftenden Bestandteile herunterschieben und noch einmal kurz mixen.

Dashi (Ichiban Dashi)

Portionen: 8 × 240 ml
Vorbereitung:
5 Minuten
Zubereitung:
15 Minuten

Dashi ist eine Brühe und in Japan die Basis für viele Suppen und andere Speisen.

Für die japanische Gemüsesuppe mit Tofu auf Seite 94 und Eiereinlaufsuppe von Seite 98 verwenden.

ZUTATEN

2 × (20 × 10 cm) getrockneter **Seetang** (Kombu)
240 ml **Wasser**
20 g **Bonitoflocken (Katsuobushi)**

ZUBEREITUNG

1. Seetang mit 240 ml Wasser in einen mittelgroßen Suppenkochtopf geben und 10 Minuten einweichen lassen. Den Herd auf höchste Stufe stellen. Kurz bevor das Wasser anfängt zu kochen, die Algen herausnehmen und entsorgen.

NÄHRWERTE/PORTION:
kcal: 11 (aus Fett: 0) |
Eiweiß: 2 g |
Kohlenhydrate: 1 g |
Fett: 0 g (davon
gesättigte Fettsäuren: 0 g,
Transfettsäuren: 0 g) |
Ballaststoffe: 1 g |
Salz: 52 mg |
Cholesterin: 2 mg

2. Bonitoflocken hineinrühren und Wasser aufkochen lassen. Wenn sich an der Oberfläche Schaum bildet, diesen entfernen. Durch ein feines Sieb, das mit zwei Schichten Mulltuch ausgelegt wurde, in eine große Suppenschüssel gießen.

Parmesan-Croûtons

Portionen:
4 × 2 Croutons
Vorbereitung:
2 Minuten
Zubereitung:
10 Minuten

Croûtons sind knusprige Würfel oder – so wie in diesem Rezept – auch Scheiben von geröstetem Brot. Selbst zubereitet schmecken sie am allerbesten.

Eine ideale Beigabe für die französische Zwiebelsuppe von Seite 90.

ZUTATEN

8 etwa 0,5 cm dicke Scheiben
    Vollkorn-Baguette
Eat-Clean-Kochspray (siehe Seite 347)
1 Prise **Meersalz**
1 Prise frisch gemahlener **schwarzer Pfeffer**
8 TL frisch geriebener Parmigiano
    Reggiano (Parmesan)

NÄHRWERTE/PORTION:
kcal: 128 (aus Fett: 24) |
Eiweiß: 6 g |
Kohlenhydrate: 20 g |
Fett: 3 g (davon
gesättigte Fettsäuren: 1 g,
Transfettsäuren: 0 g) |
Ballaststoffe: 2 g |
Salz: 322 mg |
Cholesterin: 4 mg

ZUBEREITUNG

1. Backofen auf 175° C vorheizen und Brotscheiben auf ein Backblech legen, mit Eat-Clean-Kochspray besprühen und mit Salz und Pfeffer bestreuen.

2. Auf jede Scheibe 1 TL Parmesan geben. Im Ofen etwa 10 Minuten goldbraun backen.

Portionen: 8 × 1 EL
Vor- und Zubereitung:
5 Minuten

NÄHRWERTE/PORTION:
kcal: 4 (aus Fett: 0) |
Eiweiß: 0 g |
Kohlenhydrate: 1 g |
Fett: 0 g (davon
gesättigte Fettsäuren: 0 g,
Transfettsäuren: 0 g) |
Ballaststoffe: 0 g |
Salz: 34 mg |
Cholesterin: 0 mg

Gurken-Mignonette

Für die Meeresfrüchteplatte von Seite 78 verwenden.

ZUTATEN

30 g **Gurke,** klein gewürfelt,
   geschält und entkernt
1 EL **Schalotte,** in gleich große Würfel
   wie die Gurke geschnitten
60 ml **Champagneressig**
¼ TL frisch gemahlener **schwarzer Pfeffer**
⅛ TL **Meersalz**

ZUBEREITUNG

1. Gurke und Schalotte in eine kleine Schüssel geben. Restliche Zutaten hinzufügen und gut vermischen. Bis zum Servieren in den Kühlschrank stellen.

Portionen: 16 × 2 EL
Vorbereitung:
5 Minuten
Zubereitung:
17–20 Minuten

NÄHRWERTE/PORTION:
kcal: 36 (aus Fett: 5) |
Eiweiß: 1 g |
Kohlenhydrate: 6 g |
Fett: 1 g (davon
gesättigte Fettsäuren: 0 g,
Transfettsäuren: 0 g) |
Ballaststoffe: 1 g |
Salz: 61 mg |
Cholesterin: 0 mg

Knusprige Kräuter-Knoblauch-Croûtons

Es ist so leicht – und so viel gesünder –, Croûtons selbst herzustellen. Und das Beste: Sie können sie ganz nach Ihren Vorlieben geschmacklich anpassen. Hier werden die Croûtons leicht mit Thymian und Rosmarin gewürzt. *Für Röstkartoffeln, Spargel und Friséesalat auf Seite 195 verwenden.*

ZUTATEN

½ Laib **Vollkornbrot,** einen Tag alt,
   in 0,5 cm große Würfel geschnitten
Eat-Clean-Kochspray (siehe Seite 347)
1 **Knoblauchzehe,** klein geschnitten
1 TL frischer **Thymian,** fein gehackt
   (oder ¼ TL getrockneter)
½ TL frischer **Rosmarin,** fein gehackt
¼ TL **Meersalz**
⅛ TL frisch gemahlener **schwarzer Pfeffer**

ZUBEREITUNG

1. Backofen auf 165° C vorheizen. Brotwürfel auf ein Backblech geben und gründlich mit Eat-Clean-Kochspray besprühen. Mit Knoblauch, Thymian, Rosmarin sowie Salz und Pfeffer vermengen. In einer einzelnen Lage auf dem Backblech ausbreiten und 17 bis 20 Minuten im Ofen kross und goldbraun backen. In einem luftdicht verschlossenen Behälter können sie bis zu zwei Wochen aufbewahrt werden.

TIPP *Brauchen Sie Paniermehl? Geben Sie einfach die knusprigen Croûtons in eine Küchenmaschine und zerkleinern Sie sie.*

Portionen:
8 × 60 ml (für 8 Tacos)
**Vor- und
Zubereitung:**
15 Minuten

Salsa aus gegrillter Ananas

Diese pikant-süße Salsa eignet sich perfekt als Zugabe zu Fisch, Geflügel und Schweinefleisch.

Für die Shrimps-Tacos auf Seite 150 verwenden.

ZUTATEN

1 frische **Ananas**
100 g **Yambohne,** gewürfelt
40 g **rote Zwiebel,** geschält, gewürfelt
1 **Jalapeño,** geputzt und entkernt,
  in Würfel geschnitten
1 **Anaheim-Paprika,** geputzt und
  entkernt, in Würfel geschnitten
Saft von ½ **Limette** (unbehandelt)
¼ TL **Meersalz**
⅛ TL frisch gemahlener **schwarzer Pfeffer**
1 gehäufter EL frischer **Koriander,** fein gehackt
1 gehäufter EL frische **Minze,** fein gehackt

ZUBEREITUNG

1. Die grünen Blätter der Ananas entfernen. Mit einem scharfen Küchenmesser das obere und das untere Ende abschneiden. Dann die Ananas großzügig schälen und noch verbleibende holzige Stückchen herausschneiden. Ananas der Länge nach teilen und das holzige Innere herausschneiden. Die Hälften mit der Schnittseite nach unten auf ein Brett legen, in ¼ cm dicke Halbmonde schneiden.

NÄHRWERTE/PORTION:
kcal: 65 (aus Fett: 2) |
Eiweiß: 1 g |
Kohlenhydrate: 17 g |
Fett: 0,1 g (davon
gesättigte Fettsäuren: 0 g,
Transfettsäuren: 0 g) |
Ballaststoffe: 2 g |
Salz: 52 mg |
Cholesterin: 0 mg

2. Einen Grill oder eine Grillpfanne auf höchster Stufe erhitzen. Ananasmonde auf jeder Seite 30 Sekunden grillen, gerade lang genug, dass sich das Grillmuster abzeichnet (nicht übergaren!). Wenn nicht genug Platz auf dem Grill oder in der Pfanne ist, portionsweise arbeiten. Gegrillte Ananas auf ein Schneidebrett legen und in Würfel schneiden. Es werden insgesamt 150 g benötigt. Übrige Ananas in den Kühlschrank stellen.

3. 150 g gegrillte Ananasstücke in eine mittelgroße Schüssel geben. Die restlichen Zutaten hinzufügen und gut vermischen. Nicht verwendete Salsa kann zugedeckt im Kühlschrank bis zu drei Tage aufbewahrt werden.

Portionen: 8 × 2 EL
Vor- und Zubereitung:
10 Minuten

Chimichurri

Argentinische Chimichurri ist eine grüne Soße, die zu gegrilltem Rindfleisch und Bratwürsten serviert wird oder auch als Marinade verwendet wird.
Für die argentinischen Cowboysteaks von Seite 161 verwenden.

ZUTATEN

1 Bund frischer **Koriander,** fein gehackt
½ Bund frische **Petersilie,** fein gehackt
3 **Knoblauchzehen,** klein geschnitten
2 EL gelagerter **Sherryessig**
90 ml natives **Olivenöl extra**
1 TL **Meersalz**
½ TL frisch gemahlener **schwarzer Pfeffer**

NÄHRWERTE/PORTION:
kcal: 70 (aus Fett: 61) |
Eiweiß: 1 g |
Kohlenhydrate: 2 g |
Fett: 7 g (davon gesättigte Fettsäuren: 1 g, Transfettsäuren: 0 g) |
Ballaststoffe: 1 g |
Salz: 207 mg

ZUBEREITUNG

1. Alle Zutaten in einer kleinen Schüssel gut vermischen.

Portionen: 14 × 2 EL
Vor- und Zubereitung:
10 Minuten

Würziger Hummus

Dies ist kein typischer Hummus. Kreuzkümmel und Cayennepfeffer geben ihm ein spezielles Extra, das Ihren Gaumen erfreuen wird.
Für das Gartengemüse von Seite 204 und für den Mittagsteller mit Quinoa und schwarzen Bohnen von Seite 207 verwenden.

ZUTATEN

1 Dose gekochte ungesalzene **Kichererbsen**
1 **Knoblauchzehe**
2 EL **Tahina** (Sesampaste)
Saft von 1 **Zitrone** (unbehandelt)
½ TL gemahlener **Kreuzkümmel**
⅛ TL **Cayennepfeffer**
1 TL **Meersalz**
⅛ TL frisch gemahlener **schwarzer Pfeffer**
60 ml natives **Olivenöl extra**

NÄHRWERTE/PORTION:
kcal: 84 (aus Fett: 55) |
Eiweiß: 2 g |
Kohlenhydrate: 6 g |
Fett: 6 g (davon gesättigte Fettsäuren: 1 g, Transfettsäuren: 0 g) |
Ballaststoffe: 1 g |
Salz: 119 mg

ZUBEREITUNG

1. Alle Zutaten außer dem Olivenöl in eine Küchenmaschine geben und intervallmixen (Puls-Schalter). Die Mischung soll gut vermengt, aber nicht cremig sein. Danach das Öl hineinfließen lassen und die Mischung cremig pürieren. Sollten feste Teile an der Behälterinnenwand festkleben, diese herunterschieben und noch einmal etwa 15 Sekunden mixen.

Jerk-Würzmischung

Jerk-Würzmischungen stammen ursprünglich aus der jamaikanischen
Küche. Sie werden zum Würzen und Marinieren von Fleisch verwendet.
Für die Jamaican-Jerk-Steaks von Seite 220 verwenden.

ZUTATEN

2 TL gemahlener **Piment**
2 TL frischer **Thymian,** gehackt
    (oder 1 TL getrockneter)
2 TL **unraffinierter Zucker** | 2 TL **Meersalz**
2 TL frisch gemahlener **schwarzer
    Pfeffer** | 1 TL **Knoblauchpulver**
1 TL **Zwiebelpulver** | ½ TL gemahlener **Zimt**
½ TL gemahlene **Muskatnuss**
1 **Scotch Bonnet- oder Habañero-
    Chili,** Stiel entfernt und geviertelt

ZUBEREITUNG

1. Alle Zutaten außer der Chilischote in eine Küchenmaschine geben
und intervallmixen (Puls-Schalter). Dann Chili hinzufügen und mixen,
bis die Chilistücke fein gemahlen und alle Zutaten zu einer Creme
püriert sind. Die Gewürzmischung kann abgedeckt im Kühlschrank bis
zu einer Woche aufbewahrt werden.

NÄHRWERTE/PORTION:
kcal: 4 (aus Fett: 0) |
Eiweiß: 0,1 g |
Kohlenhydrate: 1 g |
Fett: 0 g (davon
gesättigte Fettsäuren: 0 g,
Transfettsäuren: 0 g) |
Ballaststoffe: 0,1 g |
Salz: 131 mg |
Cholesterin: 0 mg

Portionen: 8 × 1 EL
Vorbereitung:
5 Minuten
Zubereitung:
2–4 Minuten

Dijon-blanc-Soße

Dies ist eine cleane, leichte Version der klassischen französischen Buttersoße
„Beurre Blanc". Sie müssen alle Zutaten abgemessen bereitstehen haben, da
alles sehr schnell gehen muss.
Für den in Seezunge eingewickelten Spargel von Seite 229 verwenden.

ZUTATEN

1 TL natives **Olivenöl extra** | 1 TL **Schalotte,**
klein geschnitten | 1 EL **Weißweinessig**
60 ml salzarme **Hühnerbrühe**
1 TL **Dijon-Senf** | 30 ml frisch gepresster
Orangensaft | 1 Prise **Meersalz**
1 Prise frisch gemahlener **schwarzer Pfeffer**

ZUBEREITUNG

1. Olivenöl in einer kleinen Pfanne oder
einem niedrigen Kochtopf bei mittlerer
Hitze erhitzen. Schalotte zugeben und 1 bis 2 Minuten (oder bis die
Schalotte weich ist) kurz anbraten. Weißweinessig und Hühnerbrühe
hinzufügen und 1 bis 2 Minuten kochen, bis sich die Flüssigkeitsmenge
halbiert hat. Senf und Orangensaft hineinrühren und mit Salz und Pfeffer
abschmecken. Sofort servieren.

NÄHRWERTE/PORTION:
kcal: 22 (aus Fett: 12) |
Eiweiß: 0 g |
Kohlenhydrate: 3 g |
Fett: 1 g (davon
gesättigte Fettsäuren: 0 g,
Transfettsäuren: 0 g) |
Ballaststoffe: 0 g |
Salz: 114 mg |
Cholesterin: 0 mg

Feigen-Demi-glace

Eine Demi-glace ist eine Soße der klassischen französischen Küche.
Für Filet mignon von Seite 237 verwenden.

ZUTATEN

1 EL **Distelöl**

½ mittelgroße **Zwiebel,** geschält und gewürfelt

1 **Karotte,** geschält und gewürfelt

1 Stange **Sellerie,** gewürfelt

1 **Knoblauchzehe,** gehackt

1 großer Zweig frischer **Thymian,**
   Blätter vom Stängel entfernt

8 Stängel **Petersilie,** jeweils 5–10 cm lang

1 **Lorbeerblatt**

¼ TL schwarze **Pfefferkörner**

1 TL **Tomatenmark**

60 ml **trockener Rotwein**

480 ml plus 1 EL ungesalzener **Kalbsfond** oder sehr salzarme Rinderbrühe

1 TL **Pfeilwurzelpulver**

4 frische **Feigen,** geviertelt (falls keine frischen Feigen
   verfügbar sind, gehen notfalls auch getrocknete)

½ TL **Meersalz**

¼ TL frisch gemahlener **schwarzer Pfeffer**

ZUBEREITUNG

1. Das Distelöl bei mittlerer Hitze in einem flachen Topf mit geradem Rand erhitzen. Zwiebeln, Karotte und Sellerie hinzufügen und unter gelegentlichem Rühren etwa 5 Minuten weich kochen. Knoblauch, Thymian, Petersilie, Lorbeerblatt und Pfefferkörner zugeben und etwa 1 Minute kochen, bis der Knoblauch glasig ist. Tomatenpaste einrühren. Mit Rotwein ablöschen. Den Bratensatz vom Boden mit einem Kochlöffel lösen. Den Alkohol aus dem Wein etwa 1 Minute verdunsten lassen. 480 ml Kalbsfond in den Topf gießen, zum Kochen bringen, Hitze reduzieren und etwa 15 Minuten köcheln lassen, bis die Flüssigkeit um die Hälfte reduziert ist. Durch ein feines Sieb in einen sauberen Topf gießen und auf eine mittelhoch eingestellte Herdplatte stellen.

2. In einer kleinen Schüssel Pfeilwurzelpulver mit 1 EL Kalbsfond klumpenfrei verrühren und anschließend in die Demi-glace einrühren. Feigen hineingeben. Etwa 1 Minute köcheln lassen, bis die Soße eingedickt ist. Mit Salz und Pfeffer würzen und gegebenenfalls noch weiter abschmecken.

NÄHRWERTE/PORTION:
kcal: 121 (aus Fett: 38) |
Eiweiß: 3 g |
Kohlenhydrate: 17 g |
Fett: 1 g (davon
gesättigte Fettsäuren: 0 g,
Transfettsäuren: 0 g) |
Ballaststoffe: 2 g |
Salz: 294 mg |
Cholesterin: 0 mg

Pikante Orangentunke

Für die Kokosshrimps von Seite 249 verwenden.

Portionen: 4 × 1 EL
Vorbereitung:
2 Minuten
Zubereitung:
5 Minuten

NÄHRWERTE/PORTION:
kcal: 37 (aus Fett: 0) |
Eiweiß: 0 g |
Kohlenhydrate: 9 g |
Fett: 0 g (davon
gesättigte Fettsäuren: 0 g,
Transfettsäuren: 0 g) |
Ballaststoffe: 0 g |
Salz: 66 mg |
Cholesterin: 0 mg

ZUTATEN

Saft von 1 **Orange**
½ TL **Honig**
½ TL **Pfeilwurzelpulver**
¼ TL **Sambal Oelek** oder andere Chilisoße
⅛ TL **Meersalz**

ZUBEREITUNG

1. In einem kleinen Topf alle Zutaten vermischen und zum Kochen bringen. Danach etwa 3 Minuten köcheln lassen, bis die Flüssigkeit eingedickt ist.

Tapenade

Portionen: 12 × 1 EL
**Vor- und
Zubereitung:**
10 Minuten

Eine Tapenade ist eine aus der südfranzösischen Küche stammende Olivenpaste. Hauptbestandteile sind Oliven, Kapern, Anchovis und Olivenöl. Diese Paste kann als Dip für Gemüse oder knuspriges Vollkornbrot, als Würzmittel für gebackenen Fisch oder Geflügel oder als geschmackvolle Soße für Vollkorn- und Pastagerichte verwendet werden.
Für die gefüllte Seezunge von Seite 242 verwenden.

ZUTATEN

160 g entsteinte **Oliven** (z. B. Kalamata)
1 **Knoblauchzehe,** klein geschnitten
1 EL **Kapern,** abgetropft
1 frisches **Lorbeerblatt,** fein gehackt
Schale von 1 **Zitrone** (unbehandelt)
2 TL frischer **Zitronensaft**
30 g frische **Petersilie,** gehackt
1 EL frische **Thymianblätter**
1 TL **Dijon-Senf**
¼ TL **Anchovispaste**
¼ TL **rote Paprikaflocken**

NÄHRWERTE/PORTION:
kcal: 45 (aus Fett: 31) |
Eiweiß: 1 g |
Kohlenhydrate: 4 g |
Fett: 0,3 g (davon
gesättigte Fettsäuren: 0,4 g,
Transfettsäuren: 0 g) |
Ballaststoffe: 2 g |
Salz: 382 mg |
Cholesterin: 0 mg

ZUBEREITUNG

1. Alle Zutaten in eine Küchenmaschine geben und intervallmixen, bis alles gut vermischt ist. Mit einem Gummispatel das herunterschieben, was an der Innenseite des Behälters hängen geblieben ist, weitermixen, bis die Masse die Konsistenz einer gröberen Paste hat. Die Paste in eine Schüssel geben.

Cashew-Miso-Dressing

Für den Salat aus kalten Soba-Nudeln benötigen Sie nur etwa 120 ml dieses Dressings. Den Rest können Sie als Zugabe zu einem gemischten Salat, einem Wrap, gedünstetem Gemüse, Reis oder auch gegrilltem Hühnchen oder Fisch verwenden. All diesen Speisen verleiht das Cashew-Miso-Dressing eine pikante asiatische Note.

Für den Salat aus kalten Soba-Nudeln von Seite 270 verwenden.

ZUTATEN

80 ml **Reisweinessig**
2 EL **rotes Miso**
1 **Knoblauchzehe**
2 TL frischer **Ingwer,** gehackt
2 EL **Honig** oder **Agavensirup**
3 EL **Cashewbutter**
1 TL **Sesamöl**
2 EL natives **Olivenöl extra**

NÄHRWERTE/PORTION:
kcal: 48 (aus Fett: 32) |
Eiweiß: 1 g |
Kohlenhydrate: 3 g |
Fett: 4 g (davon
gesättigte Fettsäuren: 1 g,
Transfettsäuren: 0 g) |
Ballaststoffe: 0 g |
Salz: 87 mg |
Cholesterin: 0 mg

ZUBEREITUNG

1. Alle Zutaten außer dem Olivenöl in einen Standmixer oder eine Küchenmaschine geben und gut vermischen. Maschine zwischendurch anhalten und das herunterschieben, was an der Innenseite des Behälters hängen geblieben ist. Langsam das Olivenöl hineingeben und die Mischung glatt pürieren.

Himbeersoße

Für die Mehrkornwaffeln auf Seite 53 verwenden.

ZUTATEN

320 g gefrorene oder frische **Himbeeren**
Saft von ½ **Zitrone** (unbehandelt)
1 TL **Pfeilwurzelpulver**
3 EL **Honig**
1 Prise **Meersalz**

NÄHRWERTE/PORTION:
kcal: 56 (aus Fett: 2) |
Eiweiß: 0 g |
Kohlenhydrate: 14 g |
Fett: 0,3 g (davon
gesättigte Fettsäuren: 0 g,
Transfettsäuren: 0 g) |
Ballaststoffe: 3 g |
Salz: 40 mg |
Cholesterin: 0 mg

ZUBEREITUNG

1. Himbeeren in einen kleinen Schmortopf geben und erhitzen.

2. In einer kleinen Schüssel Zitronensaft und Pfeilwurz vermischen und zu den Himbeeren in den Topf geben. Honig und Meersalz hinzufügen. Unter Rühren aufkochen und dann 3 bis 5 Minuten köcheln lassen, bis die Soße eingedickt ist.

Register

A

Açai
Açai-Heidelbeer-Früh-
stücksshake 29
Acesulfam-K 343
Adobosoße 97, 138, 346
Agavensirup 342
Ahi Poke 241
Ahornsirup 47, 66, 342
Ananas 50, 150, 220,
335, 352
Jamaican-Jerk-Steak in
Ananas-Salat-Wraps 220
Salsa aus gegrillter
Ananas 150
Shrimps-Tacos mit Salsa aus
gegrillter Ananas 150
Anchovis 112, 219, 356
dicke Bohnen mit einer
Vinaigrette aus Zitronen
und Anchovispaste 112
Apfel 30, 66, 69, 105, 197,
281, 286, 315
Pürierte Suppe aus
Pastinaken und Apfel mit
knusprigem Salbei 105
Puten-Apfel-Frühstücks-
frikadelle 66
Schmorpfanne mit
Rote-Bete-Blättern und
Apfelstücken 315
Apfelessig 70, 120, 138,
254, 304
Apfelmus 327 f.
Artischocken 37, 54, 89
Artischockensuppe,
cremige 89
Aspartam 343
Aubergine 133, 146,
176, 188
Lachs am Lagerfeuer mit
gerösteten Paprika und
Aubergine 146
Auberginenlasagne,
vegetarische 188
Avocado 15, 25, 37, 129, 150,
176, 197, 207, 223, 241
Avocadoöl 172, 289
pikanter hawaiianischer
Thunfischsalat mit
Avocado 241
Avocadoöl 172, 289

B

Baba Ghanoush 133
Backnatron 30, 37, 53,
61, 327 f.
Backpulver 30, 37, 53, 61,
65, 69, 327 f., 332
Weinstein-Back-
pulver 340
Bambussprossen 192
Banane 34, 61, 197, 254
Bananen-Walnuss-Brot,
supersaftiges 61
Basilikum 134, 137, 142, 154,
166, 170, 176, 179 f., 183,
200, 215, 234, 238, 246, 258,
266, 348 f.
Beeren-Zitronen-
Parfait 339
Birnen, pochierte 320
Blauschimmelkäse 74, 281
Blütenpollen 29
Bohnen 196 f.
dicke Bohnen 112
dicke Bohnen mit einer

Vinaigrette aus Zitronen
und Anchovispaste 112
Favabohnen 184
gelbe Bohnen 173
grüne Bohnen 173
Kidneybohnen 97, 120
Limabohnen 101, 234
Limabohnen, Tomaten-
Fenchel-Suppe mit 101
Limabohnenpüree, Heilbutt
mit, und Minze 234
Mittagsteller mit Quinoa und
schwarzen Bohnen 207
Pintobohnen 120, 157, 196
Salat mit dreierlei Bohnen
mit gegrilltem Mais und
Paprika 120
schwarze Bohnen 25, 120,
196, 207, 223, 353
Sojabohnen 14, 197, 215
weiße Bohnen 141, 203
Brokkoli 74, 173, 197
Brokkoliquiche mit gedüns-
teten Zwiebeln und
Blauschimmelkäse 74
Brühe
Gemüsebrühe, salz-
arme 86, 93, 97, 101, 105,
111, 115, 154, 173, 191, 215,
253, 304, 315, 346
glutenfreie 172
Hühnerbrühe, salz-
arme 54, 89, 105, 119, 123,
149, 157, 162, 173, 253, 304,
311, 315, 346, 354
Pilzbrühe 111
Rinderbrühe, salz-
arme 90, 230, 261, 303, 355
Brunch 48–83

I

Ingwer 42, 47, 172, 192, 212, 253, 257, 274, 308, 320, 331, 357

J

Jalapeño 65, 97, 120, 123, 129, 146, 149, 250, 346, 352
Cheddar- Jalapeño-Maismuffins 65
Jerk-Würzmischung 354
Joghurt 14, 41, 86, 129, 153, 165, 208, 343, 346
Ziegenmilchjoghurt 153, 208

K

Kakaopulver 77, 328
Kalzium 13, 82, 123, 142 f., 197
Karotten 8, 37, 86, 93 f., 111, 173, 184, 192, 204, 212, 226, 261, 263, 273, 355
Hirschmedaillons in Haselnusskruste mit gerösteten Karotten und Pastinaken 226
Kartoffeln 81, 89, 94, 141 ff., 195, 234, 263, 288, 295, 303, 311 f., 351
Fingerling-Kartoffeln, gegrillte 295
gelbe Kartöffelchen mit Petersilie 312
Potatoes O'Brien 81
Röstkartoffeln, Spargel und Friséesalat mit knusprigen Croûtons 195
Käse 82 f.
Blauschimmelkäse 74, 281
Blauschimmelkäse, Salat aus Nashi-Birnen, Kresse,

Erbsensprossen und 281
Cheddar 65, 82, 169, 311
Feta, Beten, Blutorangen und Rucola 286
Frischkäse 346
Frischkäse; Peperoni, gebratene, mit Baguette und 299
Hüttenkäse 83
Kräuterfrischkäse 348
Mozzarella 82, 180, 188, 266
Parmesan 83, 90, 101, 111, 134, 166, 170, 188, 191, 307, 350
Parmigiano Reggiano 83
Ricotta 83
Ricotta, Bruschetta mit Rote-Bete-Blättern und Walnüssen 292
Ziegenkäse 83
Zwiebelsuppe, französische, mit Parmesan-Croûtons 90
Kefir 29, 37, 42, 45, 65, 165, 219
Caesar Salad mit gegrillter Hühnerbrust mit pikantem Kefir-Cäsar-Dressing 219
Erdbeer-Pfirsich-Kefir-Smoothie mit Chiasamen 45
mit Kefir marinierte Lamm-Kebabs mit Gemüse 165
Kenchinjiru 94
Kichererbsen 183 f., 196, 285, 353
Orzo-Kichererbsen-Salat mit gerösteten roten Paprika und Dill 285
persischer Couscous und Kichererbsen mit Kumquats 183
Kirschen 22, 38, 57, 108, 273, 282
Kirsch-Protein-Happen 38
Pfirsich-Kirsch-

Bellissimo 57
Sommersalat aus Wurzelgemüse mit frischen Kirschen 273
Wintersalat mit Kirschen und Walnüssen 282
Kiwi 340
Knoblauch 25, 33, 54, 66, 70, 81, 86, 89 f., 93, 97, 101 f., 105, 112, 116, 119, 123, 126, 129 f., 133 f., 137 f., 141, 143, 149, 153 f., 157 f., 162, 165 f., 172 f., 184, 191 f., 200, 215, 219, 223, 230, 233 f., 238, 245, 254, 258, 261, 274, 278, 292, 295 f., 299 f., 303 f., 311, 315, 346, 348 f., 351, 353–357
Knoblauchpulver 246, 257
Kohl
Blattkohl 304
Blattkohl, geschmorter 304
Blumenkohl 173
Chinakohl 173
Colcannon mit Grün- und Weißkohl 311
Grünkohl 311
Kohlsuppe nach Mexicali-Art 97
Krautsalat mit Sesam und Mandarinen 308
Rosenkohl 278
Rosenkohlsalat, warmer, mit Walnüssen und Zitrone 278
Rotkohl 173, 308
Senfkohl 173
Stängelkohl 141, 300
Stängelkohl-Pesto 141
Stängelkohl mit getrockneten Tomaten 300
Weißkohl 94, 97, 173, 192, 308, 311
Kohlenhydrate, komplexe 11, 13, 16
Kokosflocken 22
Kokosöl 30, 289, 332, 336

Impressum

Projektleitung: Nikola Hirmer

Übersetzung aus dem amerikanischen Englisch: Claudia Callies

Lektorat: Annette Hartwig

Satz: Knipping Werbung GmbH, Berg am Starnberger See

Layout & Herstellung: Reinhard Soll

Bildredaktion: Susanne Maier

Korrektorat: Susanne Schneider

Umschlaggestaltung und Konzeption: Zeichenpool, München, unter Verwendung eines Fotos von Peter Lueders

Bildnachweis:
Tosca-Reno-Fotos:
Paul Buceta (Fotograf), Valeria Nova (Hair & Make Up), Rachel Burton und Nadia Pizzimenti (Stylist): 10, 17, 19, 82, 143
Rezeptfotos:
Donna Griffith (Fotografin), Claire Stubbs (Food Stylist), Maya Visnyei (Hand Model), Laura Branson, The Prop Room, Robert Kennedy Publishing, Donna Griffith, Claire Stubbs (Requisiten): 23-44, 51-80, 87-140, 147-260, 267-356
Weitere Fotos:
Colourbox.de: 47; iStock: 12 (Magone); RF: 9 (Shutterstock/Vasil Vasilev), 15 (iStock/tinalarsson), 16 (Shutterstock/white whale), 46 (Shutterstock/matka_Wariatka), 263 (iStock/4kodiak); Shutterstock: 83 (Yeko Photo Studio)

Reproduktion: Mohn Media Mohndruck GmbH, Gütersloh
Druck & Bindung: Alcione, Trento

Printed in Italy

ISBN 978-3-517-09571-4

1. Auflage 2017